Couverture:
Bab Mansour, détail de l'encadrement de la baie décoré d'entrelacs sertis de mosaïques de faïence, Meknès.

Les guides thématiques *Museum With No Frontiers (MWNF)*

L'ART ISLAMIQUE EN MÉDITERRANÉE | MAROC

Le Maroc Andalou
À la découverte d'un art de vivre

MUSEUM WITH NO FRONTIERS

UNION EUROPÉENNE
Programme Euromed Héritage

La réalisation de l'Itinéraire-Exposition *LE MAROC ANDALOU : À la découverte d'un art de vivre* a été cofinancée par l'Union Européenne dans le cadre du programme Euromed Héritage et a bénéficié du soutien des institutions marocaines et internationales suivantes:

MINISTÈRE DES AFFAIRES CULTURELLES

Ministère des Affaires Culturelles du Royaume du Maroc

MINISTÈRE DU TOURISME
DU ROYAUME DU MAROC

OFFICE NATIONALE MAROCAIN
DU TOURISME

Ministère du Tourisme du Royaume du Maroc
Office Nationale Marocain du Tourisme

Première édition
© 2000 Ministère des Affaires Culturelles du Royaume du Maroc, Rabat, Maroc
  & Musée Sans Frontières | Museum With No Frontiers (textes et illustrations).
© 2000 Electa España, Madrid, Espagne & Musée Sans Frontières | Museum With No Frontiers.
© 2000 Éditions EDDIF, Casablanca, Maroc.
© 2000 Éditions Édisud, Aix-en-Provence, France.

Deuxième édition
© 2010 Ministère des Affaires Culturelles du Royaume du Maroc, Rabat, Maroc
  & Museum Ohne Grenzen | Museum With No Frontiers (MWNF) (textes et illustrations).
© 2010 Museum Ohne Grenzen | Museum With No Frontiers (MWNF) (eBook).
© 2017 Museum Ohne Grenzen | Museum With No Frontiers (MWNF) (livre de poche).

ISBN 978-3-902782-31-1 (eBook)
      978-3-902782-30-4 (livre de poche)
Tous droits réservés.

Informations: www.museumwnf.org

Museum Ohne Grenzen | Museum With No Frontiers (MWNF) s'efforce d'assurer au mieux la précision et l'exactitude des informations contenues dans ses publications. Pour autant, n'étant lié par aucune charte de garantie, d'engagement ou de représentation, MWNF ne saurait être tenu pour responsable d'éventuelles erreurs, omissions ou approximations. Et décline toute responsabilité en cas d'accident, de quelque nature que ce soit, qui pourrait survenir au cours des visites proposées.

Dans ce contexte nous signalons que toutes les informations pratiques datent du moment de la préparation du livre (1998-2001). Il est donc recommandé de vérifier par soi-même avant de programmer une visite.

Les opinions exprimées dans le présent ouvrage ne reflètent pas nécessairement la position de l'Union Européenne ou de ses États membres.

Musée Sans Frontières
Idée et conception générale
Eva Schubert

Direction du projet
Abdelaziz Touri, Rabat

Comité scientifique
Mhammad Benaboud, Tétouan
Naïma El-Khatib Boujibar, Casablanca
Kamal Lakhdar, Rabat
Mohamed Mezzine, Fès
Abdelaziz Touri, Rabat

Catalogue

Introductions
Abdelaziz Touri
Naïma El-Khatib Boujibar
Mohamed Mezzine

Présentation des circuits
Comité scientifique

Textes techniques
Nadia Hachimi Alaoui, Casablanca

Édition
Naïma El-Khatib Boujibar
Nadia Hachimi Alaoui
Nouria Cherradi

Photographie
Khalil Nemmaoui, Casablanca

Carte générale
José Antonio Dávila Buitrón, Madrid

Tracé des circuits
Rachid Tedjini, Casablanca
Sergio Viguera, Madrid

Introduction générale
L'Art islamique en Méditerranée

Textes
Jamila Binous, Tunis
Mahmoud Hawari, Jérusalem-Est
Manuela Marín, Madrid
Gönül Öney, Izmir

Traduction
Anne-Marie Lapillonne, Marseille

Révision des textes
Gilles Plaisant, Paris

Photographies
Guillermo Maestro Casado, Madrid
Miguel Rodríguez Moreno, Grenade

Carte générale
José Antonio Dávila Buitrón, Madrid

Schémas
Sergio Viguera, Madrid

Plans des monuments
Şakir Çakmak
Ertan Daş
Yekta Demiralp

Maquette et design
Agustina Fernández,
Electa España, Madrid
Christian Eckart,
Museum With No Frontiers, Vienna
(2ème édition)

Coordination locale

Directrices de Production
Nadia Hachimi Alaoui
Nouria Cherradi

Secrétariat
Lamia Moukhliss

Coordination internationale

Coordination générale
Eva Schubert

Coordination comités scientifiques,
traductions, révision des textes
et production des catalogues
Sakina Missoum, Madrid

Remerciements

Ous remercions pour leur collaboration et soutien les personnes et institutions sans lesquelles ce projet n'aurait pu être réalisé:

Archives du Ministère des Affaires Culturelles, Rabat
Association Ader-Fès
Bibliothèque Générale et Archives, Rabat
Bibliothèque Royale al-Hassania, Rabat
Le Carrefour des Arts, Casablanca
Légation américaine de Tanger
La Villa des Arts, Fondation ONA, Casablanca
Les collectivités locales
Les délégués régionaux du Ministère du Tourisme et du Ministère des Affaires Culturelles

ainsi que les conservateurs des musées suivants:
Musée Jamaï, Meknès
Musée Batha, Fès
Musée Ethnographique, Chefchaouen
Musée Ethnographique, Tétouan
Musée Archéologique, Tétouan
École des Arts et Métiers, Tétouan
Musée de la Casbah, Tanger
Musée des Oudayas, Rabat
Musée Archéologique, Rabat

et
Royal Air Maroc

Par ailleurs, Musée Sans Frontières remercie

le Ministère des Affaires Étrangères et de la Coopération espagnol, Agence Espagnole pour la Coopération Internationale au Développement (AECID)

le Ministère Fédéral des Affaires Européennes et Internationales, Autriche
le Ministère des Biens et Affaires culturelles (Musée national des Arts orientaux, Rome), Italie
le Secrétariat d'Etat au Tourisme, Portugal
le Musée des Antiquités de la Méditerranée et du Proche-Orient, Stockholm, Suède

ainsi que le gouvernement de la région du Tyrol (Autriche) où a été mis en place le projet pilote des Itinéraires-Expositions de Musée Sans Frontières.

Références photographiques

Voir page 5 ainsi que
Ann & Peter Jousiffe (Londres), page 20 (Citadelle d'Alep).
Archives "Oronoz Photographes" (Madrid), page 23 (Alhambra, Grenade).
Bibliothèque de l'Université de Cambridge, page 141 (Lettre de Maïmonide).

Introduction générale "L'Art islamique en Méditerranée"
Ettinghaussen R. y Grabar O. (*Arte y Arquitectura del Islam 650-1250*, 1987), page 26 (Mosquée de Damas).
Sönmez Z. (*Başlangıcından 16. Yüzyıla Kadar Anadolu-Türk İslam Mimarisinde Sanatçılar*, 1995), page 27 (Mosquées de Divriği et Istanbul) y page 28 (Mosquée de Sivas)
Viguera S. (Madrid), page 28 (Typologie de minarets)
Ettinghaussen R. y Grabar O. (*Arte y Arquitectura del Islam 1250-1800*, 1987), page 29 (Mosquée et madrasa Sultan Hassan)
Ettinghaussen R. y Grabar O. (*Arte y Arquitectura del Islam 650-1250*, 1987), page 30 (Qasr al-Khayr oriental)
Kuran A. (*Mimar Sinan*, 1986), page 31 (Khan Sultan Aksaray)

Avertissement

Translittération de l'arabe

Nous avons conservé l'orthographe usuelle des mots arabes passés dans l'usage et introduits dans le dictionnaire tels que fondouk, oued, souk, beylik, diwan, hammam... Les mots (arabes ou berbères) qui apparaissent en italique, comme *mihrab, qibla, timchent, sabbat, wast al-dar, balata, ahellil, taguerrabt* ... sont soit accompagnés de leur traduction immédiate (entre parenthèses ou dans le corps du texte), soit repris dans le glossaire où ils sont définis. Pour tous les autres mots, nous avons utilisé un système de transcription simplifié pour lequel nous avons choisi de ne pas transcrire la *hamza* initiale et de ne pas faire de différence entre les voyelles brèves et longues qui sont transcrites en *a, i, ou/u*. Nous avons décidé de ne pas respecter la règle pour certains noms de lieu, comme el-Ateuf, el-Biar, el-Kantara, el-Khemis ... et de lui préférer la transcription en usage en Algérie.

ء	'	ح	h	ز	z	ط	t	ق	q	ه	h
ب	b	خ	kh	س	s	ظ	z	ك	k	و	u/w
ت	t	د	d	ش	sh	ع	'	ل	l	ي	y/i
ث	th	ذ	dh	ص	s	غ	gh	م	m		
ج	j	ر	r	ض	d	ف	f	ن	n		

Les mots qui apparaissent en italique dans le texte, sauf s'ils sont accompagnés de leur traduction entre parenthèses, sont repris dans le glossaire et suivis d'une brève définition.

Ère musulmane

Les dates antérieures à l'ère musulmane (Préhistoire, Antiquité et Antiquité tardive) ne sont données que selon le calendrier chrétien, de même que celles qui sont postérieures à l'établissement du colonialisme en 1830.

Cette émigration est fixée au 1er jour du mois de *Muharram* de l'an 1 de l'Hégire qui correspond au 16 juillet 622 de l'ère chrétienne. L'année musulmane est composée de douze mois lunaires, chaque mois de 29 ou 30 jours. Trente années constituent un cycle dans lequel les 2e, 5e, 7e, 10e, 13e, 16e, 18e, 21e, 24e, 26e, et 29e années sont des années bissextiles de 355 jours; les autres sont des années communes de 354 jours. L'année lunaire musulmane est de dix ou onze jours plus courte que l'année solaire chrétienne. Chaque jour commence, non pas juste après minuit, mais immédiatement après le coucher du soleil, au crépuscule. La majorité des pays musulmans utilisent le calendrier hégirien (qui marque toutes les fêtes religieuses) en parallèle avec le calendrier chrétien.

Mention des dates

Les dates antérieures à l'ère musulmane (Préhistoire, Antiquité et Antiquité tardive) ne sont données que selon le calendrier chrétien, de même que celles qui sont postérieures à l'établissement de la colonisation en 1830.

Abréviations:
début = d.; moitié = m.; première moitié = p. m.; deuxième moitié = d. m.; fin = f.

Quelques précisions d'ordre pratique

Les huit circuits composant l'Itinéraire-Exposition *LE MAROC ANDALOU : À la découverte d'un art de vivre* sont indépendants les uns des autres, et il est ainsi possible de les visiter selon l'ordre que l'on souhaite. Le circuit VII, intitulé "Les Ports du Détroit" s'articule sur trois journées, cette répartition s'est faite selon un critère géographique, la distance entre les étapes étant trop grande. En revanche, le circuit VIII, "Flux et reflux, rayonnement et éclipse" s'étale sur deux journées car le nombre de monuments à visiter y est important.

Pour les circuits dans la médina de Fès, circuits II, III et IV, les indications techniques pour rejoindre un monument ne sont que des propositions, le plus souvent le parcours choisi est le plus simple même si ce n'est pas le plus court. Il est possible d'opter pour un autre parcours, ou encore de bouleverser l'ordre de visite des monuments.

Au Maroc, le problème de la transcription des noms propres arabes se pose, ce qui peut rendre difficile l'orientation puisqu'un monument peut être orthographié de plusieurs manières.

D'une manière générale au Maroc, seules les personnes de confession musulmane sont habilitées à pénétrer dans les lieux de culte, à l'exception, en particulier, du mausolée de Moulay Ismaïl à Meknès. Ces informations sont reprises dans les textes techniques.

Les indications techniques concernant la visite des monuments correspondent à celles en vigueur lors de la rédaction du présent catalogue. Lors de notre visite, certains monuments étaient fermés au public, l'information est reprise dans les textes techniques. Musée Sans Frontières décline toute responsabilité quant aux éventuelles modifications surgies postérieurement. Il est donc recommandé de vérifier par soi-même avant de programmer une visite.

Par ailleurs, il est important de tenir compte du fait que le vendredi, les heures d'ouverture de certains monuments peuvent être modifiées aux environs de 12 heures afin que le gardien puisse se rendre à la mosquée. Cette modification pouvant varier, elle ne peut être donnée dans les indications techniques et nous vous demandons d'en tenir compte lors de votre visite.

Les musées nationaux sont fermés le mardi, ceux d'entre eux qui se trouvent dans les locaux d'une administration sont fermés le week-end.

Musée Sans Frontières décline toute responsabilité quant aux incidents qui pourraient survenir lors de la visite de l'Itinéraire-Exposition.

Nadia Hachimi Alaoui
Directrice de Production

Sommaire

15 **L'art islamique en Méditerranée**
Jamila Binous, Mahmoud Hawari,
Manuela Marín, Gönül Öney

35 **Aperçu Historique**
Abdelaziz Touri

50 **Le Maroc Andalou**
Naïma El-Khatib Boujibar
Mohamed Mezzine

64 **Circuit I**
La Ville Royale
Moulay Ismaïl
Mohamed Mezzine

86 **Circuit II**
Journée d'un taleb à Fès
La calligraphie
Mohamed Mezzine

110 **Circuit III**
Journée d'un artisan à Fès
Mohamed Mezzine, Naïma El-Khatib Boujibar
La céramique
Naïma El-Khatib Boujibar

130 **Circuit IV**
Journée d'un juif à Fès
Maïmonide
Mohamed Mezzine

142 **Circuit V**
Chefchaouen, la cité sainte
de la montagne rifaine
Saïda El-Horra, Princesse de Chefchaouen
Naïma El-Khatib Boujibar

162 **Circuit VI**
Tétouan, le patio d'une civilisation
La musique andalouse
Mhammad Benaboud

182 **Circuit VII** (3 jours)
Les ports du Détroit
Ibn Battouta
Naïma El-Khatib Boujibar

214 **Circuit VIII** (2 jours)
Flux et reflux, rayonnement et éclipse
Le zellige – Le tapis de Rabat
Kamal Lakhdar

249 **Glossaire**

253 **Index des Personnages historiques**

258 **Orientation bibliographique**

259 **Auteurs**

LES DYNASTIES ISLAMIQUES EN MÉDITERRANÉE

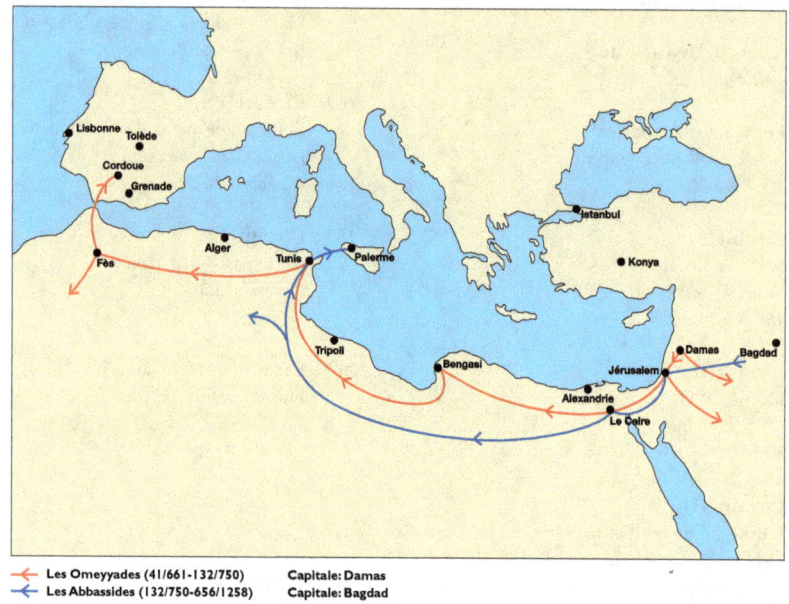

← Les Omeyyades (41/661-132/750)   Capitale: Damas
← Les Abbassides (132/750-656/1258)   Capitale: Bagdad

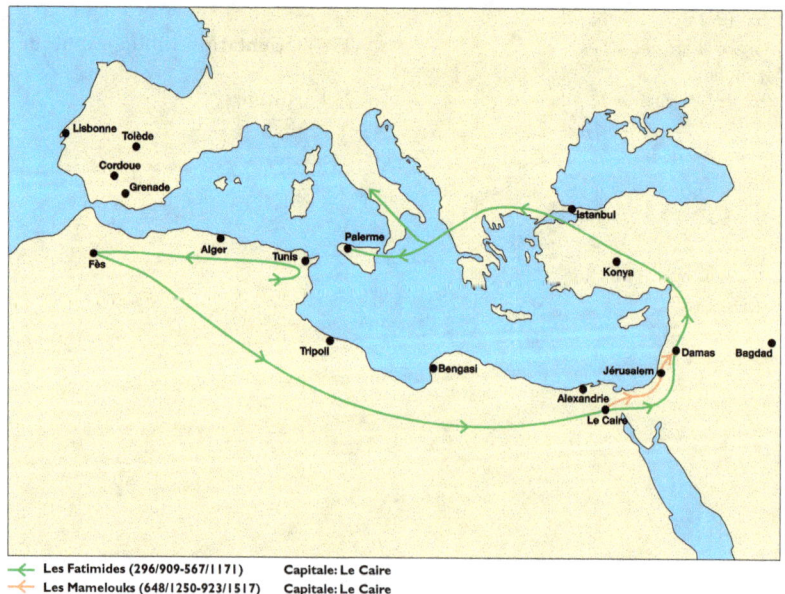

← Les Fatimides (296/909-567/1171)   Capitale: Le Caire
← Les Mamelouks (648/1250-923/1517)   Capitale: Le Caire

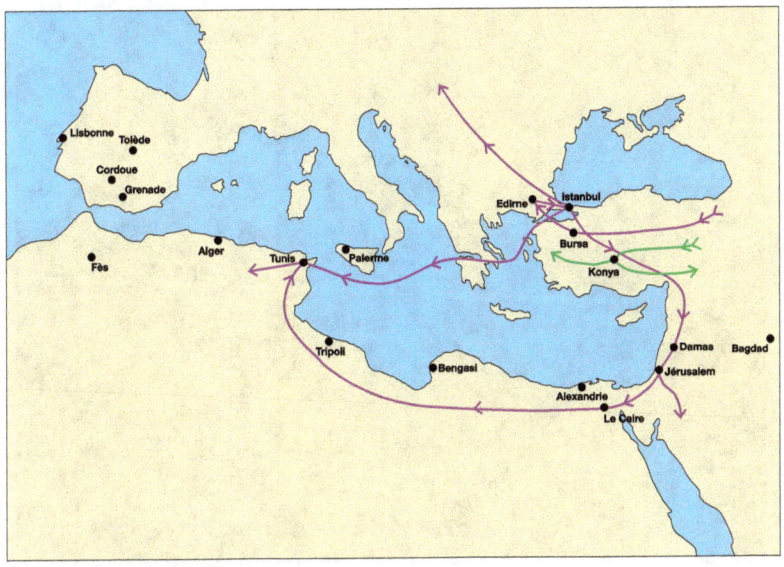

← Les Seldjoukides (571/1075-718/1318)   Capitale: Konya
← Les Ottomans (699/1299-1340/1922)   Capitale: Istanbul

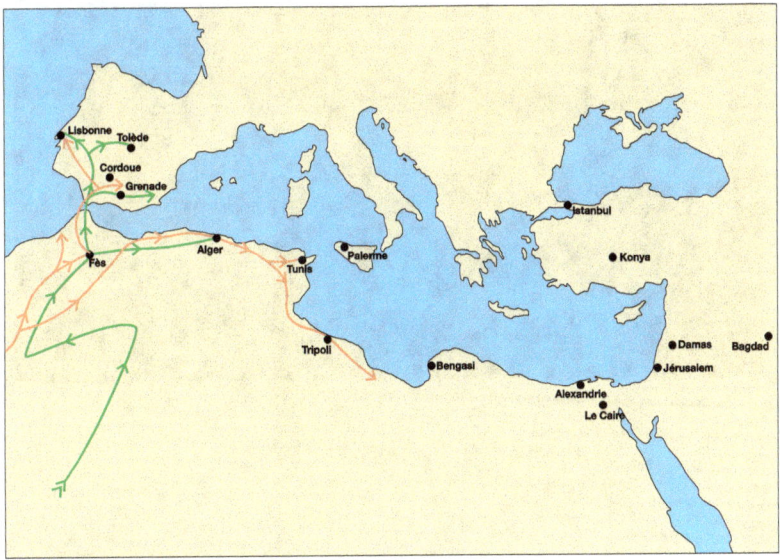

← Les Almoravides (427/1036-541/1147)   Capitale: Marrakech
← Les Almohades (515/1121-667/1269)   Capitale: Marrakech

*Qusayr 'Amra,
peinture murale de la
Salle d'Audiences,
Badiya de Jordanie.*

L'ART ISLAMIQUE EN MÉDITERRANÉE

Jamila Binous
Mahmoud Hawari
Manuela Marín
Gönül Öney

Le patrimoine islamique en Méditerranée

Depuis la première moitié du Ier/VIIe siècle, l'histoire du bassin méditerranéen se partage, de façon étonnamment équitable, entre deux cultures, la culture islamique d'une part et la culture chrétienne occidentale d'autre part. Cette très longue histoire de conflits et de contacts a contribué à créer un mythe largement répandu dans l'imaginaire collectif, fondé sur l'image de l'autre comme étant l'ennemi irréductible, étranger et inconnu et, par là même, incompréhensible. Il est vrai que ces siècles sont ponctués de batailles, depuis les temps où les musulmans s'étendent à partir de la péninsule Arabique et prennent possession du Croissant Fertile, de l'Égypte et, plus tard, de l'Afrique du Nord, de la Sicile et de la péninsule Ibérique – et pénètrent en Europe occidentale jusqu'au sud de la France. Au début du IIe/VIIIe siècle, la Méditerranée est sous contrôle islamique.
Cette énergie à se déployer, d'une intensité rarement égalée dans l'histoire de l'humanité, ne peut se développer qu'au nom d'une religion qui se considère comme l'héritière des deux religions qui la précèdent, le judaïsme et le christianisme. Mais ce serait extrêmement réducteur d'expliquer le développement de l'islam en termes de religion uniquement. L'une des images très répandues en Occident présente l'islam comme une religion de simples dogmes, adaptée aux besoins du petit peuple, disséminée par de vulgaires guerriers sortis du désert, le Coran gravé sur la lame de leurs épées. Cette image grossière est très éloignée de la complexité intellectuelle d'un message religieux qui transforme le monde dès son commencement. Elle identifie ce message à une menace militaire et justifie par conséquent une réaction dans les mêmes termes. En fait, elle réduit l'ensemble d'une culture à l'une de ses composantes uniquement – la religion – et la dépossède ainsi de son potentiel à évoluer et à changer.
Les pays méditerranéens qui sont progressivement intégrés dans le monde musulman commencent leur parcours à des points de départ très différents. Les formes de vie islamique qui commencent à se développer dans chacun de ces pays sont par conséquent distinctes malgré l'unité qui résulte de leur adhésion commune au nouveau dogme religieux. La capacité à assimiler les éléments de cultures antérieures (hellénistique, romaine, etc.) constitue précisément l'une des caractéristiques qui définissent les sociétés islamiques. Lorsque les observations se limitent à la zone géographique de la Méditerranée, qui est extrêmement diversifiée au plan culturel à l'époque de l'émergence de l'islam, on remarque rapidement que ce moment initial ne présente aucune rupture avec le passé et on en vient à réaliser qu'il n'est pas concevable

d'imaginer un monde islamique monolithique et immuable, suivant aveuglément un message religieux inaltérable.

S'il convient de choisir un *leitmotiv* définissant tout le bassin méditerranéen, c'est bien la diversité d'expression mêlée à l'harmonie de sentiment, sentiment plus culturel que religieux. Dans la péninsule Ibérique – pour commencer par le périmètre occidental de la Méditerranée –, la présence de l'islam, imposée initialement par les conquêtes militaires, génère une société qui se différencie clairement de la société chrétienne, tout en étant continuellement en contact avec elle. L'importance de l'expression culturelle de cette société islamique se ressent encore même après qu'elle a cessé d'exister en tant que telle et donne naissance à ce qui constitue probablement l'un des éléments les plus originaux de la culture hispanique, l'art mudéjar. Au Maroc et en Tunisie, l'héritage d'al-Andalus (l'Espagne musulmane) est assimilé dans les formes artistiques locales et continue d'exister de nos jours. La Méditerranée occidentale produit des formes d'expression originales qui reflètent son évolution historique conflictuelle et plurielle.

Insérée entre l'Orient et l'Occident, la mer Méditerranée est dotée d'enclaves terrestres, lieux historiques majeurs témoins des siècles passés, notamment la Sicile. Conquise par les Arabes établis en Tunisie, la Sicile continue de perpétuer la mémoire culturelle et historique de l'islam, longtemps après que la présence politique des musulmans sur l'île eut disparu. La présence de formes esthétiques siculo-normandes que révèlent les monuments architecturaux démontre clairement que l'histoire de ces régions ne peut s'expliquer sans la compréhension de la diversité des expériences sociales, économiques et culturelles qui s'épanouissent sur ces terres.

Tout à fait à l'opposé, donc, de l'image immuable et constante à laquelle il est fait allusion plus haut, l'histoire de l'islam en Méditerranée se caractérise par une surprenante diversité, née de la fusion entre peuples et ethnies, déserts et terres fertiles. S'il apparaît clairement que la religion adoptée par la majorité est l'islam depuis le Moyen Âge, il est également vrai que les minorités religieuses maintiennent historiquement leur présence. La langue du Coran, l'arabe classique, coexiste avec d'autres langues de même qu'avec d'autres dialectes arabes. Dans ce cadre d'indéniable unité (religion musulmane, langue et culture arabes), chaque société évolue et relève les défis de l'histoire à sa façon propre.

L'émergence et le développement de l'art islamique

Sur l'ensemble des territoires de civilisations aussi anciennes que diverses, un nouvel art apparaît, mêlé aux images de la foi islamique qui émerge à la fin du

IIe/VIIIe siècle et qui, en moins d'un siècle, s'impose avec succès. À sa façon, cet art donne naissance à des créations et à des innovations qui reposent sur des formules et des procédés architecturaux et décoratifs d'unification régionale. Il s'inspire simultanément des traditions artistiques qui le précèdent : traditions gréco-romaine et byzantine, sassanide, wisigothique, berbère ou encore d'Asie centrale.

L'objectif initial de l'art islamique consiste à répondre aux besoins de la religion et aux divers aspects de la vie socio-économique. De nouveaux édifices religieux voient le jour, notamment les mosquées et les sanctuaires. L'architecture joue ainsi un rôle central dans l'art islamique, puisque de nombreux arts s'y rattachent. Cependant, hormis l'architecture, un ensemble d'arts mineurs apparaît et trouve son expression artistique dans une variété de matériaux, notamment le bois, la poterie, les métaux, le verre, etc. En poterie, une grande variété de techniques de vernissage est employée, notamment, parmi les groupes les plus utilisés, les céramiques peintes polychromes. Du verre d'une grande beauté est produit, atteignant le sommet de l'art avec le verre orné de couleurs dorées et vives vernissées. Le bronze incrusté d'argent ou de cuivre constitue la méthode la plus sophistiquée du travail du métal. Des textiles et des tapis d'excellente qualité, à motifs géométriques, animaliers ou humains, sont confectionnés. Des manuscrits enluminés de miniatures représentent l'aboutissement spectaculaire de l'art du livre. Ces différentes formes d'art mineur témoignent de l'éclat remarquable de l'art islamique.

Toutefois, l'art figuratif est exclu du domaine liturgique islamique, ce qui signifie qu'il est banni du cœur de la civilisation islamique et qu'il n'est toléré qu'à sa périphérie. Les reliefs sont rares dans la décoration des monuments et les sculptures sont pratiquement planes. Mais l'extrême richesse des ornementations des panneaux de stuc somptueusement ciselés, des panneaux de bois sculptés, des faïences murales et des mosaïques vernissées de même que des frises à stalactites, ou *mouqarnas*, compensent cette absence. Les éléments décoratifs empruntés à la nature – feuilles, fleurs, branches – sont généralement stylisés à l'extrême et sont si complexes qu'ils font rarement penser à leur source d'origine. L'entrelacement et la combinaison de motifs géométriques, notamment les losanges et les polygones étoilés, forment des réseaux entrelacés qui recouvrent entièrement les surfaces, créant des formes qui prennent souvent le nom d'arabesques. L'introduction d'éléments épigraphiques dans l'ornementation des monuments, des meubles et de divers objets représente une innovation du répertoire décoratif. Les artisans musulmans savent utiliser la beauté de la calligraphie arabe, la langue du Livre sacré, le Coran, non seulement pour transcrire des versets coraniques mais dans toutes ses variantes, comme simple motif de décoration de l'ornementation des panneaux de stuc et des encadrements de panneaux.

Dôme du Rocher, Jérusalem.

L'art se met également au service des souverains. Les architectes construisent, pour leurs mécènes, des palais, des mosquées, des écoles, des hôpitaux, des bains publics, des caravansérails et des mausolées qui portent parfois leur nom. L'art islamique est, avant tout, un art dynastique. Chaque tendance y contribue en apportant un renouvellement partiel ou complet des formes artistiques, en fonction du cadre historique, de la prospérité dont jouissent les États et des traditions de chaque peuple. L'art islamique, malgré son unité relative, permet la diversité, donnant naissance à différents styles, chacun étant assimilé à une dynastie.

La dynastie omeyyade (41/661-132/750), qui transfère la capitale du califat à Damas, représente un aboutissement singulier de l'histoire de l'islam. Elle absorbe et intègre l'héritage hellénistique et byzantin de façon à refondre la tradition classique méditerranéenne en un nouveau moule innovateur. L'art islamique naît donc en Syrie et l'architecture, nettement islamique du fait de la personnalité de ses fondateurs, continue également à offrir cette relation à l'art hellénistique et byzantin. Le Dôme du Rocher à Jérusalem, premier sanctuaire islamique monumental, la Grande Mosquée de Damas, qui sert de modèle aux mosquées ultérieures, et les palais du désert de Syrie, de Jordanie et de Palestine en constituent les monuments les plus importants.

Lorsque le califat abbasside (132/750-656/1258) succède à la dynastie omeyyade, le centre politique de l'islam se déplace de la Méditerranée vers Bagdad, en Mésopotamie. Ce facteur contribue à influencer le développement de la civilisation islamique et tous les aspects culturels et artistiques portent les stigmates de ce changement. L'art et l'architecture abbassides subissent l'influence de trois traditions majeures : sassanide, asiatique et seldjoukide.

L'influence de l'Asie centrale est déjà présente dans l'architecture sassanide, mais à Samarra, cette influence se retrouve dans le style du stuc avec ses ornementations en arabesques qui se répandent rapidement dans le monde islamique. L'influence des monuments abbassides se ressent dans les édifices construits au cours de cette période dans les autres provinces de l'Empire, tout particulièrement en Égypte et en Ifriqiya. Au Caire, la mosquée Ibn Touloun (262/876-265/879) est un véritable chef-d'œuvre, admirable pour son plan et son unité de conception. La Grande Mosquée abbasside de Samarra lui sert de modèle, tout particulièrement son minaret hélicoïdal. À Kairouan, capitale de l'Ifriqiya, les vassaux des califes abbassides, les Aghlabides (184/800-296/909), embellissent la Grande Mosquée, l'une des plus exemplaires du Maghreb dont le *mihrab* est recouvert de faïences de Mésopotamie.

Les Fatimides (296/909-567/1171) règnent sur une période remarquable de l'histoire des pays méditerranéens islamiques, l'Afrique du Nord, la Sicile, l'Égypte et la Syrie. Seuls restent quelques exemples de ces constructions architecturales, témoins de leur gloire passée : dans le Maghreb central, la Qal'a des Beni Hammad et la mosquée de Mahdia ; en Sicile, la Cuba (*Koubba*) et la Zisa (*al-'Aziza*) à Palerme, construites par les artistes fatimides sous le règne du roi normand Guillaume II ; au Caire, la mos-

Mosquée de Kairouan, mihrab, Tunisie.

Mosquée de Kairouan, minaret, Tunisie.

L'art islamique en Méditerranée

Citadelle d'Alep, vue de l'entrée, Syrie.

Complexe Qalawun, Le Caire, Égypte.

quée al-Azhar constitue l'exemple le plus remarquable de l'architecture fatimide en Égypte.

Les Ayyoubides (567/1171-648/1250), qui renversent la dynastie fatimide au Caire, sont des mécènes importants dans le domaine de l'architecture. Ils fondent des institutions religieuses (*madrasas*, *khanqa*s) afin de propager l'islam sunnite, des mausolées et des établissements de bienfaisance sociale, de même que des fortifications imposantes en vue de faire front aux conflits militaires avec les Croisés. La Citadelle d'Alep en Syrie constitue un magnifique exemple de leur architecture militaire.

Les Mamelouks (648/1250-922/1517), successeurs des Ayyoubides, résistent vaillamment aux Croisés et aux Mongols, parviennent à obtenir l'unité de la Syrie et de l'Égypte et fondent un puissant empire. La richesse et le luxe de la cour du sultan mamelouk au Caire poussent les artistes et les architectes à atteindre un style d'architecture extraordinairement élégant. Pour le monde islamique, la période mamelouke marque un essor et une renaissance. L'enthousiasme à créer des édifices religieux et à reconstruire les édifices existants place les Mamelouks parmi les plus grands mécènes dans les domaines de l'art et de l'architecture dans l'histoire de l'islam. La mosquée de Hassan (757/1356), mosquée funéraire construite selon un plan cruciforme, les branches de la croix étant formées de quatre *iwan*s autour d'une cour centrale, est typique de cette époque.

L'art islamique en Méditerranée

L'Anatolie est le berceau de deux grandes dynasties islamiques : les Seldjoukides (571/1075-718/1318), qui introduisent l'islam dans la région, et les Ottomans (699/1299-1340/1922), qui entraînent la fin de l'Empire byzantin avec la prise de Constantinople et assoient leur hégémonie dans la région.

Un style distinctif de l'art et de l'architecture seldjoukides s'épanouit avec des influences d'Asie centrale, d'Iran, de Mésopotamie et de Syrie qui s'entremêlent à des éléments du patrimoine de l'Anatolie chrétienne et de l'Antiquité. Konya, la nouvelle capitale de l'Anatolie centrale, ainsi que d'autres villes, s'enrichissent d'édifices dans le nouveau style seldjoukide. De nombreuses mosquées, *madrasas*, *turbés* et *caravansérails*, richement décorés de stuc et de faïence aux diverses représentations figuratives, survivent encore.

Mosquée Selimiye, vue générale, Edirne, Turquie.

Avec la désintégration des Émirats seldjoukides et le déclin de Byzance, les Ottomans peuvent étendre leur territoire et transfèrent rapidement leur capitale d'Iznik à Bursa puis à Edirne. La conquête de Constantinople en 858/1453 par le sultan Mehmet II donne l'élan nécessaire à la transition entre un État émergeant et un grand empire. Une superpuissance qui étend ses frontières jusqu'à Vienne, y compris les Balkans à l'ouest et l'Iran à l'est, de même qu'en Afrique du Nord, de l'Égypte à l'Algérie, transformant la Méditerranée orientale en mer ottomane. La course en vue de surpasser la grandeur des églises byzantines héritées, dont la Sainte-Sophie constitue l'exemple le plus frappant, culmine avec la construction de grandes mosquées à Istanbul. La mosquée Süleymaniye, construite au Xe/XVIe siècle par le célèbre architecte ottoman Sinan, en est l'exemple le plus significatif et incarne le point culminant de l'harmonie architecturale des édifices à coupoles. La plupart des grandes mosquées ottomanes font

Céramique du palais Kubadabad, Musée Karatay, Konya, Turquie.

Grande Mosquée de Cordoue, mihrab, Espagne.

Dar al-Jund, Madinat al-Zahra', Espagne.

partie d'un grand ensemble d'édifices, *külliye,* comprenant des *madrasas,* une école coranique, une bibliothèque, un hôpital (*darüssifa*), une auberge (*tabkhane*), une cuisine publique, un *caravansérail* et des mausolées (*turbés*). À partir du début du XIIe/XVIIIe siècle, au cours de la "Période des Tulipes", l'architecture et le style décoratif ottomans reflètent l'influence du style baroque et rococo français, annonçant la période d'occidentalisation de l'art et de l'architecture.

Al-Andalus, dans la partie occidentale du monde islamique, devient le berceau d'une expression artistique et culturelle brillante. Abd al-Rahman Ier y fonde un califat ommeyade indépendant (138/750-422/1031) avec Cordoue pour capitale. La Grande Mosquée de cette ville ouvre la voie aux tendances artistiques innovatrices, notamment avec les doubles arcs bicolores superposés et les panneaux à ornementation végétale, qui sont passées dans le répertoire des formes artistiques andalousiennes.

Au cours du Ve/XIe siècle, le califat de Cordoue se divise en de multiples principautés qui ne sont pas en mesure d'éviter l'avancée progressive de la reconquête initiée par les États chrétiens au nord-ouest de la péninsule Ibérique. Ces roitelets ou rois de Taïfa font appel aux Almoravides en 479/1086 et aux Almohades en 540/1145 en vue de repousser l'arrivée des chrétiens et de rétablir l'unité partielle d'al-Andalus.

Par leur intervention dans la péninsule Ibérique, les Almoravides (427/1036-541/1147) entrent en contact avec une nouvelle civilisation et tombent rapidement sous le charme du raffinement de l'art andalousien, comme le reflète leur capitale, Marrakech, où ils construisent une grande mosquée et des palais. L'influence de l'architecture de Cordoue et d'autres capitales, notamment Séville, se ressent dans tous les monuments almoravides de Tlemcen, Alger ou Fès.

Mosquée de Tinmel, vue aérienne, Maroc.

L'art islamique occidental atteint son apogée sous le règne des Almohades (515/1121-667/1269), qui étendent leur hégémonie jusqu'en Tunisie. Au cours de cette période, la créativité artistique favorisée par les souverains almoravides se renouvelle et des chefs-d'œuvre de l'art islamique font leur apparition. La Grande Mosquée de Séville avec son minaret la Giralda, la Koutoubiya à Marrakech, la mosquée Hassan à Rabat et la mosquée de Tinmal érigée au sommet des montagnes de l'Atlas au Maroc en sont les exemples les plus remarquables.

Avec la dissolution de l'Empire almohade, la dynastie nasride (629/1232-897/1492) s'installe à Grenade et vit une période de splendeur au cours du VIIIᵉ/XIVᵉ siècle. La civilisation de Grenade devient un modèle culturel pour les siècles à venir en Espagne (l'art mudéjar) et, particulièrement, au Maroc, où cette tradition artistique a bénéficié d'une grande popularité et est pré-

Tour des Dames et jardins, l'Alhambra, Grenade, Espagne.

servée jusqu'à nos jours dans les domaines de l'architecture, de la décoration, de la musique et de la gastronomie. Les célèbres palais et forts de *al-Hamra'* (l'Alhambra) à Grenade marquent l'aboutissement suprême de l'art andalousien, avec toutes les caractéristiques de son répertoire artistique.

Parallèlement, au Maroc, les Mérinides (641/1243-876/1471) succèdent aux Almohades, alors qu'en Algérie règnent les Abd al-Wadids (633/1235-922/1516) et en Tunisie

L'art islamiquee en Méditerranée

Mértola, vue générale, Portugal.

les Hafsides (625/1228-941/1534). Les Mérinides perpétuent l'art andalousien, l'enrichissant de nouveaux éléments. Ils embellissent leur capitale Fès par une abondance de mosquées, palais et *madrasa*s, considérés comme étant, avec leurs mosaïques de céramique et leurs revêtements de *zellige* dans les décorations murales, les œuvres les plus parfaites de l'art islamique. Les dynasties marocaines suivantes, les Saadiens (933/1527-1070/1659) et les Alaouites (1070/1659 à nos jours), perpétuent la tradition artistique des Andalous exilés de leur terre natale en 897/1492. Ils continuent de construire et de décorer leurs monuments en utilisant les mêmes formules et les mêmes thèmes décoratifs que les dynasties précédentes, ajoutant des touches innovatrices caractéristiques de leur génie créatif. Au début du XIe/XVIIe siècle, les immigrés d'al-Andalus (les Morisques), qui s'établissent dans les villes du nord du Maroc, introduisent de nombreuses

Frise épigraphique en caractères cursifs sur carreaux de faïence, Madrasa Bouinaniya, Meknès, Maroc.

L'art islamique en Méditerranée

Qal'a des Beni Hammad, minaret, Algérie.

Tombeau des Saadiens, Marrakech, Maroc.

caractéristiques de l'art andalousien. Aujourd'hui, le Maroc est l'un des rares pays à perpétuer les traditions andalousiennes dans son architecture et son ameublement, modernisées par l'introduction de techniques et de styles architecturaux du XXe siècle.

L'ARCHITECTURE ISLAMIQUE

De façon générale, l'architecture islamique peut être classée en deux catégories : religieuse, avec notamment les mosquées, les *madrasa*s, les mausolées, et séculaire, tout particulièrement avec les palais, les *caravansérails*, les fortifications, etc.

Architecture religieuse

Les mosquées

Pour des raisons évidentes, la mosquée se trouve au cœur de l'architecture islamique. Elle représente le clair symbole de la foi qu'elle sert. Très tôt, les musulmans comprennent ce rôle symbolique qui constitue un facteur important dans la création d'indices visuels appropriés dans le domaine de la construction : les minarets, coupoles, *mihrab*s, *minbar*s, etc.
La cour de la maison du Prophète à Médine représente la première mosquée de l'islam, sans raffinements architecturaux. Les premières mosquées construites par les musulmans au fur et à mesure de l'expansion de leur empire sont simples. À partir de ces édifices se développe la mosquée du vendredi (*jami'*), dont les traits essentiels n'ont pas changé depuis 1400 ans. Son plan général consiste en une grande cour entourée d'arcades, avec un nombre de rangées plus élevé sur le côté orienté vers La Mecque (*qibla*) que sur les autres côtés. La Grande Mosquée omeyyade de Damas, dont le plan s'inspire de celui de la mosquée du Prophète, sert de modèle aux nombreuses mosquées construites dans les différentes provinces du monde islamique.

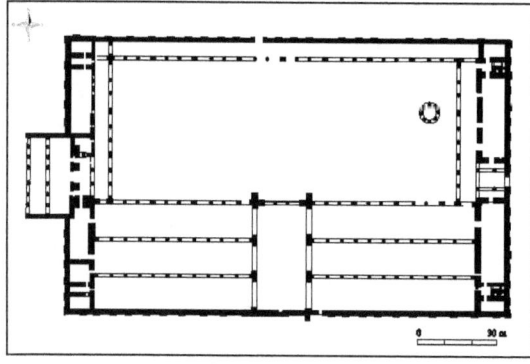

Mosquée omeyyade de Damas, Syrie.

Deux autres types de mosquées se développent en Anatolie et, plus tard, sur les territoires ottomans : les mosquées basilicales et les mosquées à coupoles. Le premier type consiste en une simple salle à piliers ou basilique, style influencé par la tradition romaine tardive et par la tradition byzantine de Syrie, introduite avec quelques modifications au Ve/XIe siècle.
Le deuxième type de mosquées, qui se développe au cours de la période ottomane, organise l'espace intérieur

sous un dôme unique. Les architectes ottomans créent dans les grandes mosquées impériales un nouveau style de construction à coupoles qui réunit la tradition de la mosquée islamique et la construction des édifices à coupoles en Anatolie. Le dôme principal repose sur une structure hexagonale et les baies latérales sont couronnées de coupoles plus petites. L'importance d'un espace intérieur dominé par un dôme unique devient le point de départ d'un style diffusé au Xe/XVIe siècle. Au cours de cette période, les mosquées deviennent des complexes multifonctionnels à caractère social, composés d'une *zaouïa*, d'une *madrasa*, d'une cuisine publique, de bains, d'un *caravansérail* et du mausolée du fondateur. La mosquée Süleymaniye à Istanbul, construite en 965/1557 par le grand architecte Sinan, constitue l'exemple suprême de ce style.

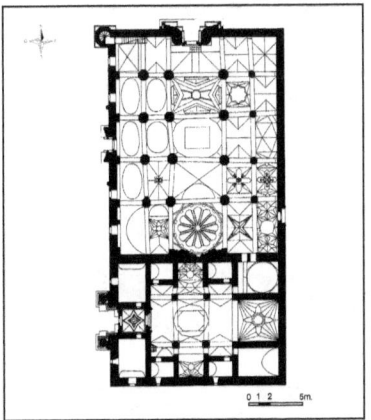

Grande Mosquée de Divriği, Turquie.

Le minaret du haut duquel le *muezzin* appelle les fidèles à la prière constitue l'indice le plus saillant de la mosquée. En Syrie, le minaret traditionnel consiste en une tour carrée construite en pierre. Dans l'Égypte mamelouke, les minarets sont divisés en trois zones distinctes : une section carrée à la base, une section médiane octogonale et une section cylindrique au sommet, surplombée d'une petite coupole. Les fûts sont richement décorés et la transition entre deux sections se fait au moyen d'un bandeau de *mouqarnas*. Les minarets d'Afrique du Nord et d'Espagne, qui partagent leur tour carrée avec la Syrie, sont décorés de panneaux à motifs autour de fenêtres jumelées. Pendant l'époque ottomane, les minarets octogonaux ou cylindriques remplacent la tour carrée. Il s'agit souvent de hauts minarets effilés, et bien que les mosquées ne possèdent généralement qu'un seul minaret, dans les grandes villes, elles peuvent avoir deux, quatre, voire six minarets.

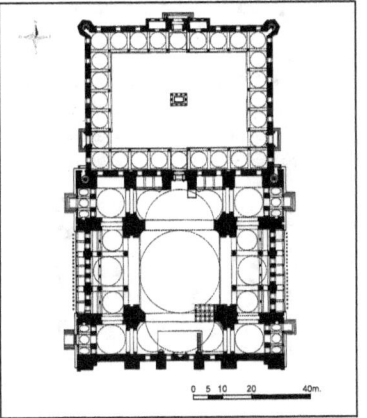

Mosquée Süleymaniye, Istanbul, Turquie.

Typologie de minarets.

Les madrasas

Il est probable que les Seldjoukides ont construit leurs premières *madrasa*s en Perse au début du Ve/XIe siècle. Il ne s'agit encore que de petites structures dotées d'une cour surmontée d'un dôme et de deux *iwan*s latéraux. Un autre type de *madrasa*s se développe ultérieurement avec une cour ouverte et un *iwan* central entouré d'arcades. Au cours du VIe/XIIe siècle en Anatolie, la *madrasa* devient multifonctionnelle et sert d'école de médecine, d'hôpital psychiatrique, d'hospice équipé d'une cuisine publique (*imaret*) et d'un mausolée.

Le développement de l'islam sunnite orthodoxe atteint un nouvel apogée en Syrie et en Égypte avec les Zengides et les Ayyoubides (VIe/XIIe-début VIIe/XIIIe siècles). Cette époque voit l'introduction de la *madrasa* fondée par un dirigeant civique ou politique, dans le but de développer la jurisprudence islamique. Ce type d'établissement est financé par des biens de mainmorte (*waqf*), généralement les revenus de terres ou de propriétés, comme les vergers, les échoppes dans un marché (*souk*) ou les bains publics (*hammam*). La *madrasa*

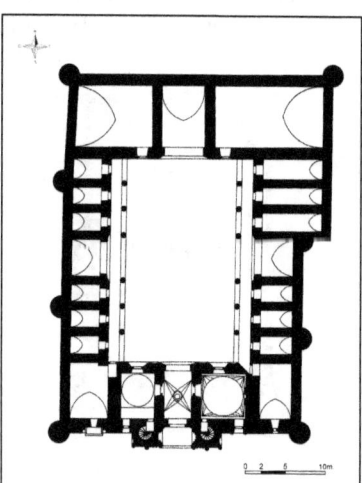

Madrasa de Sivas Gök, Turquie.

suit généralement un plan cruciforme avec une cour centrale entourée de quatre *iwan*s. Très vite, la *madrasa* devient une forme architecturale dominante avec des mosquées adoptant leur plan à quatre *iwan*s. La *madrasa* perd progressivement son seul rôle religieux et de fonction politique comme instrument de propagande et tend à avoir une fonction civique plus large, servant de mosquée du prêche et de mausolée pour le bienfaiteur.

La construction de *madrasa*s en Égypte, et tout particulièrement au Caire, apporte un nouveau souffle avec l'arrivée des Mamelouks. La *madrasa* cairote typique de cette époque est une structure multifonctionnelle à quatre *iwans* avec un portail à stalactites (*mouqarnas*) et de splendides façades. Avec l'arrivée des Ottomans au début du Xe/XVIe siècle, la double fondation – généralement une mosquée-*madrasa* – devient un grand centre très répandu qui jouit de la protection impériale. L'*iwan* disparaît progressivement, remplacé par une salle à coupole dominante. L'augmentation considérable du nombre de cellules pour étudiants surmontées de coupoles constitue l'un des éléments qui caractérisent les *madrasa*s ottomanes.

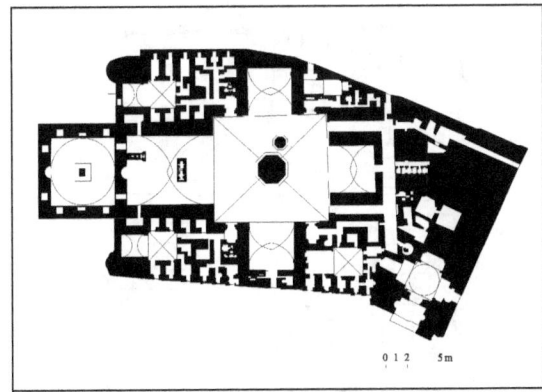

Mosquée et Madrasa Sultan Hassan, Le Caire, Égypte.

La *khanqa* constitue l'un des types d'édifices qui, du fait de sa fonction et de sa forme, peut être associé à la *madrasa*. Ce terme indique une institution plutôt qu'un type particulier d'édifice, qui abrite les membres d'un ordre mystique musulman. Il existe de nombreux autres termes synonymes de *khanqa*, utilisés par les historiens musulmans : au Maghreb, *zaouïa* ; dans les territoires ottomans, *tekke* et, le terme le plus généralement utilisé, *ribat*. Le soufisme domine constamment la *khanqa*, en provenance de Perse orientale au cours du IVe/Xe siècle. Dans sa forme la plus simple, une *khanqa* est une maison rassemblant un groupe d'étudiants autour d'un maître (*cheikh*). Celle-ci est dotée de salles de réunion, de prière et communautaires. La création de *khanqa*s se développe sous les Seldjoukides au cours des Ve/XIe et VIe/XIIe siècles et bénéficie de l'étroite association entre le soufisme et le *madhhab* (doctrine) shafiite favorisés par l'élite au pouvoir.

Les mausolées

Dans les sources islamiques, la terminologie servant à désigner le type de construction des mausolées est très riche. Le terme descriptif usuel *turbé* se réfère à la fonction d'inhumation de l'édifice. Un autre terme, la *koubba*, se réfère à son élément le plus identifiable, la coupole, et s'applique souvent à une construction qui commémore les prophètes bibliques, les compagnons du Prophète Muhammad et des notables religieux ou militaires. La fonction des mausolées ne se limite pas simplement à un lieu d'inhumation et de commé-

Qasr al-Khayr oriental, Syrie.

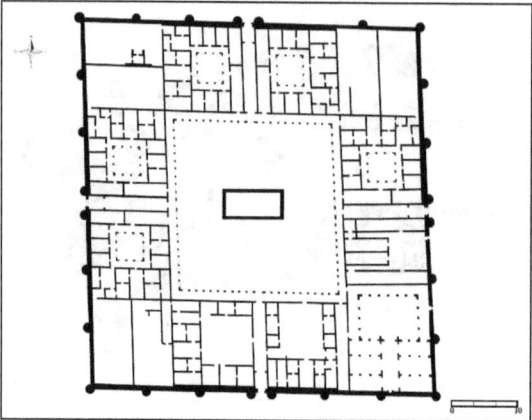

moration, mais joue également un rôle important dans la religion "populaire". Ils sont vénérés comme des tombeaux de saints locaux et sont devenus des lieux de pèlerinage. Très souvent, la structure du mausolée est embellie par des citations du Coran et est dotée d'un *mihrab*, afin d'en faire un lieu propice à la prière. Dans certains cas, le mausolée fait partie d'une institution commune. Les formes des mausolées islamiques de l'époque médiévale sont variées mais la forme traditionnelle consiste en un quadrilatère recouvert d'une coupole.

Architecture séculaire

Les palais

La période omeyyade se caractérise par des palais et des bains publics somptueux dans les lointaines régions désertiques. Leur plan de base découle des modèles de campements militaires romains. Malgré leur décoration éclectique, ils constituent les meilleurs exemples du style décoratif islamique naissant. Les mosaïques, les peintures

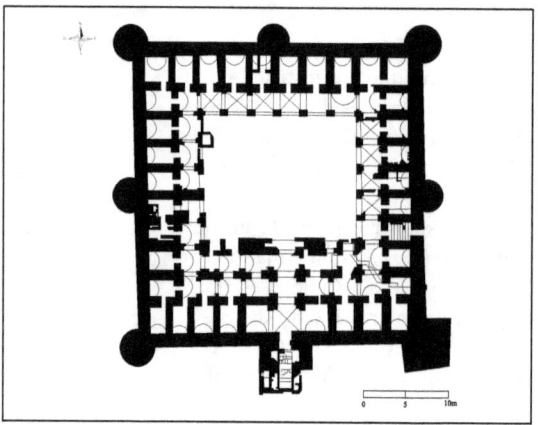

Ribat de Sousse, Tunisie.

murales, les sculptures en stuc ou en pierre sont les moyens utilisés pour cette remarquable variété de décorations et de thèmes. Les palais abbassides en Irak, notamment ceux de Samarra et d'Ukhaidir, suivent le même plan que leurs prédécesseurs omeyyades mais se caractérisent par des dimensions plus imposantes, par l'utilisation de grands *iwans*, de coupoles et de cours, et par l'utilisation intensive de décorations en stuc. Les palais de la fin de la période islamique élaborent un nouveau style distinctif, plus décoratif et moins monumental. L'Alhambra constitue probablement l'exemple le plus remarquable de palais royaux ou princiers. La grande superficie du palais est fragmentée en une série d'unités indépendantes : jardins, pavillons et cours.

Cependant, l'élément le plus singulier de l'Alhambra est la décoration qui produit un effet extraordinaire à l'intérieur de l'édifice.

Les caravansérails

Un *caravansérail* se réfère généralement à une grande structure qui offre le gîte aux voyageurs et aux commerçants. Il s'agit normalement d'un espace carré ou rectangulaire, avec une entrée monumentale en saillie et des tours qui flanquent l'enceinte extérieure. Une cour centrale est entourée de portiques et de pièces réservées à l'hébergement des voyageurs et au stockage des marchandises, et qui abritent également des écuries pour les animaux.

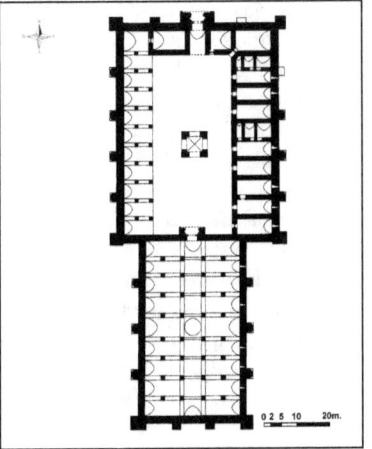

Han Sultan Aksaray, Turquie.

Cette typologie d'édifice répond à une grande variété de fonctions, comme le démontrent ses différentes dénominations : khan, han, fondouk, ribat. Ces termes ne sont que le reflet de différences linguistiques régionales et ne désignent pas véritablement des fonctions ou des types distinctifs. Les sources architecturales des différents types de *caravansérails* ne sont pas aisément identifiables. Certaines découlent probablement du *castrum* ou campement militaire romain, dont les palais omeyyades du désert se rapprochent. D'autres types d'édifices qui existent en Mésopotamie et en Perse sont associés à l'architecture domestique.

Organisation urbaine

À partir du IIIe/Xe siècle, chaque ville, quelle que soit son importance, se dote d'enceintes fortifiées et de tours, de grandes portes élaborées et d'une puissante citadelle (*qal'a* ou *casbah*), symbole du pouvoir établi. Celles-ci sont des constructions massives réalisées avec des matériaux typiques de la région où elles sont édifiées : pierre de taille en Syrie, Palestine et Égypte ou brique, pierre de taille et terre battue dans la péninsule Ibérique et en Afrique du Nord. Le *ribat* constitue un exemple unique d'architecture militaire. Techniquement, il s'agit d'un palais fortifié conçu pour les guerriers de l'islam engagés, temporairement ou de façon permanente, à défendre les frontières. Le *ribat* de Sousse en Tunisie comporte des similitudes avec les premiers palais islamiques, mais présente des différences dans l'organisation intérieure pour ce qui est de la grande salle, de la mosquée et du minaret.

La division de la plupart des villes islamiques en quartiers est basée sur l'affinité ethnique et religieuse et constitue, par ailleurs, un système d'organisation urbaine qui facilite l'administration de la population. La mosquée est toujours présente dans le quartier. Un bain public, une fontaine, un four et un ensemble de magasins se trouvent soit à l'intérieur du périmètre du quartier, soit à proximité. Sa structure se compose d'un réseau de rues et d'impasses, et d'un ensemble de maisons. En fonction de la région et de l'époque, les maisons présentent différentes caractéristiques régies par les traditions historiques et culturelles, le climat et les matériaux de construction disponibles.

Le marché (*souk*), qui fonctionne comme le centre névralgique du commerce local, constitue l'élément le plus caractéristique des villes islamiques. Sa distance par rapport à la mosquée détermine l'organisation spatiale par corps de métiers. Par exemple, les professions considérées comme propres et honorables (libraires, parfumeurs, tailleurs) se trouvent à proximité immédiate de la mosquée, tandis que les métiers bruyants et nauséabonds (forgerons, tanneurs, teinturiers) s'en éloignent progressivement. Cette distribution géographique répond à des impératifs qui s'appuient sur des critères purement techniques.

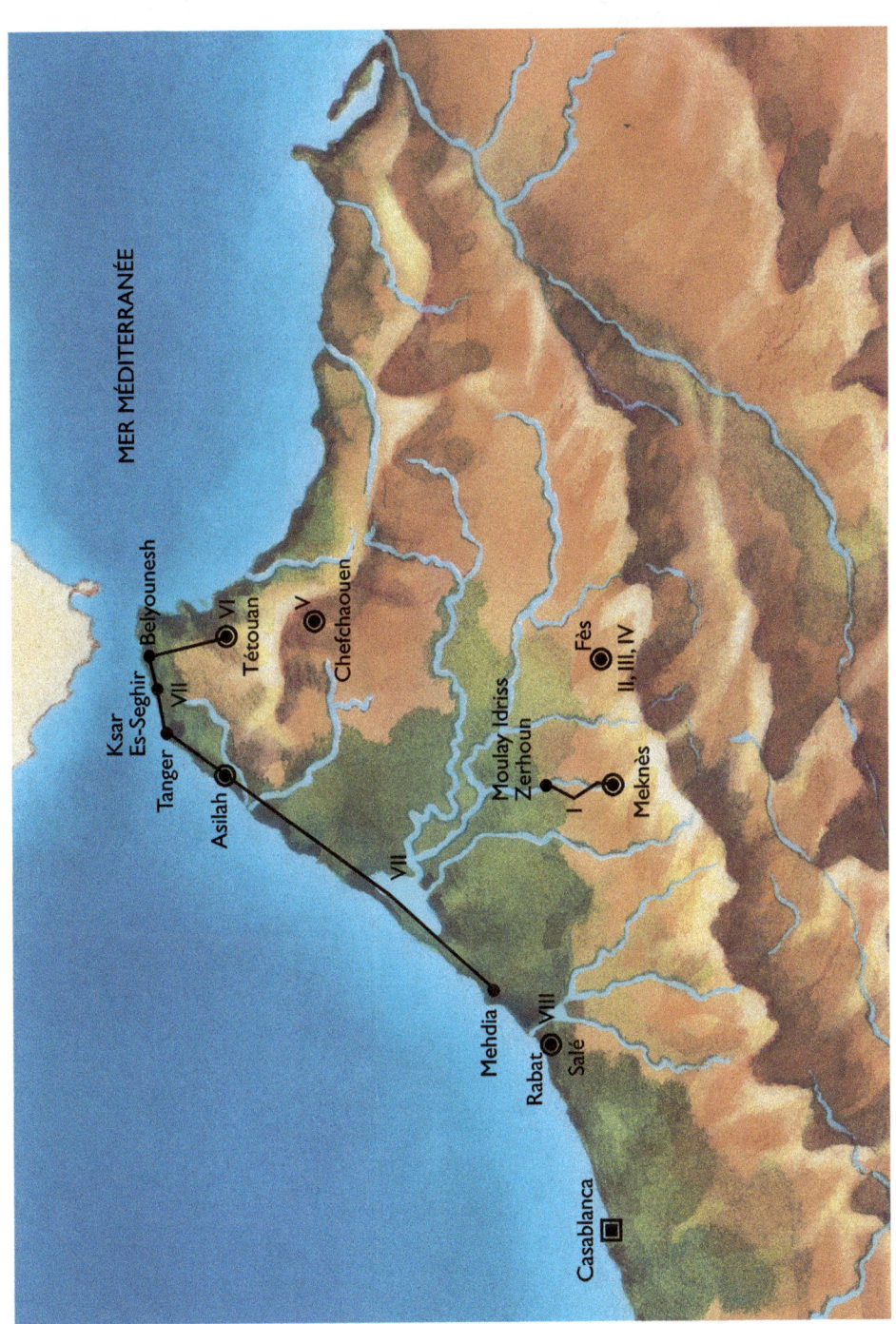

*Le Détroit de Gibraltar
vu depuis Belyounesh.*

APERÇU HISTORIQUE

Abdelaziz Touri

La grande saga du Maroc andalou se confond avec l'épopée de l'Islam en Occident. L'implantation de l'islam, en Afrique du Nord en général, et au Maroc en particulier, en lieu et place des cultes officiels ou locaux, dont le christianisme et dans une certaine mesure le judaïsme, n'a été ni facile, ni rapide. La conquête de l'Égypte, et celle de l'Espagne, par exemple, auront duré à peine trois années chacune, celle de l'Irak quatre années, et celle de la Syrie six, mais il faudra aux armées de l'Islam plus d'un demi-siècle de lutte presque continue (26/647-91/710) pour s'implanter définitivement au Maghreb.

L'islamisation du Maroc prend fermement pied avec Moussa Ibn Nosayr qui, au début du IIe/VIIIe siècle, réussit la conversion des habitants et leur intégration dans l'armée d'Allah. C'est d'ailleurs sur ces contingents rudes et belliqueux qu'il fondera la conquête musulmane de l'Espagne. Cette politique permit de trouver un exutoire favorable à l'Islam, car ne pouvant désarmer les Berbères, il en fit le fer de lance de sa propagation. Le messager arabe et le néophyte berbère furent ainsi engagés dans un processus irréversible qui donnera naissance, en ce Maghreb extrême, à l'un des foyers les plus brillants de la civilisation islamique, un foyer qui sera, pour plus de sept siècles, un foyer hispano-maghrébin.

C'est que, aussitôt installé dans sa nouvelle condition, l'Islam marocain ne tarda guère à porter ses regards sur la Péninsule ibérique voisine, et à s'y transporter. Nous sommes en 92/711, Tarik Ibn Ziyad, célèbre et énigmatique berbère nouvellement converti, et général aux ordres de Moussa Ibn Nosayr, conduit les armées musulmanes d'Occident pour entamer la conquête de ce qui allait devenir al-Andalus. Quarante ans plus tard, alors que le califat Omeyyade agonisait en Orient, nous le retrouvons ressuscité en Espagne avec l'aide des Berbères. Dès lors, les destins des deux rives du détroit devinrent indissociables, et l'on assista, tout au long des siècles que dura l'Islam andalou, à un mouvement incessant d'échanges et d'interpénétration. Entre 91/710 et 122/740, l'Islam progressa donc de façon spectaculaire. Mais c'est un islam berbère, qui va se manifester, de façon de plus en plus autonome, vis-à-vis de l'autorité califale de Damas.

En effet, pour des raisons qui semblent se rattacher en premier lieu à la politique d'exploitation fiscale lourde et impopulaire, une révolte éclata, en 122/740, dans la région des plaines atlantiques. C'est la révolte kharijite, du nom de cette doctrine religieuse intransigeante apparue en Orient, en 37/658, au moment de la première grande crise du Califat. Le mouvement prit de l'importance puis se divisa rapidement entre plusieurs tendances et essaima, pour atteindre, entre autres parties de l'Empire, le Maghreb.

Au Maroc, une principauté kharijite est créée dans le Tafilalet, au sud-est du pays. Elle fonde Sijilmassa, cité-caravanière de grande importance, dont le rôle dans le commerce saharien restera très actif jusqu'au VIe/XIIe siècle.

La révolte kharijite née au Maroc, atteignit vite le reste du Maghreb et lui permit d'acquérir son indépendance vis-à-vis de la tutelle orientale, car malgré la restructuration du califat par les Abbassides, à partir du milieu du IIe/VIIIe siècle, l'Occident musulman se rendra souverain sous la férule de trois dynasties: l'Omeyyade en Espagne, l'Idrisside au Maroc, la Rustémide en Algérie.

Aperçu historique

Moulay Idriss Zerhoun, vue panoramique.

Mais, à la fin du IIe/d. IXe siècle, l'image du Maroc est celle d'un pays divisé entre plusieurs entités. Outre la principauté de Sijilmassa, existent celles de Nakkour dans le Rif, et des Berghouatas dans les plaines et plateaux atlantiques, alors que dans le reste du pays des tribus et des confédérations de tribus vivaient en totale indépendance.

C'est dans ces circonstances de division que naquit, à Volubilis, la première grande dynastie musulmane du Maroc, celle des Idrissides, qui réalisa, pour la première fois dans l'histoire, l'unification du pays et fonda la ville de Fès.

Rappelons que l'avènement des Idrissides trouve ses racines dans la crise du Califat d'Orient qui avait divisé les musulmans entre partisans du gendre du Prophète, Ali, qui donnèrent naissance au chiisme, et son rival, Mou'awiya, qui fondera la dynastie Omeyyade à Damas avant que celle-ci ne soit supplantée par celle des Abbassides aux alentours de 132/750.

En 169/786, Idriss Ibn Abdallah échappa à la répression abbasside et vint se réfugier au Maroc. Il s'installa à Oualili, antique Volubilis, en 171/788, au milieu d'une région indépendante à la fois de l'influence des Kharijites de Sijilmassa, et de celle des Berghouatas du Tamesna. Fort du prestige de ses origines chérifiennes, en tant que descendant du Prophète, il fut très bien accueilli par les Berbères autochtones qui lui prêtèrent allégeance et le reconnurent comme Imam. Il fonda la dynastie les Idrissides et prit le titre d'Idriss Ier.

Le règne d'Idriss Ier ne dura que trois ans (171/788-174/791). Mais, avec une rapidité déconcertante, il put asseoir son autorité, mener des campagnes de pacification et rallier à lui nombre de tribus, au point de créer un État centralisé qui eut très vite une grande renommée, au point d'inquiéter le Grand Calife de Bagdad qui fit assassiner le monarque.

Les succès des Idrissides attirèrent beaucoup de monde à Oualili, première capitale du royaume, qui devint vite exiguë. Aussi, Idriss fonda-t-il en 172/789, sur la rive droite de l'oued Fès, à l'emplacement du quartier actuel des Andalous, une nouvelle capitale: *madinat Fas*, ville de Fès.

Fondée pour être le siège du gouvernement, la ville d'Idriss allait être promise à un remarquable destin. Située en position de carrefour, au milieu de riches plaines, elle profita d'arrivées successives d'immigrants andalous et ifriqiyens pour se hisser au rang de grande métropole économique, spirituelle et religieuse. Ses succès inaugureront le cycle de création dynastique des grandes cités, car, à l'instar des Idrissides, presque toutes les dynasties marocaines fonderont une capitale ou une ville: Marrakech pour les Almoravides, Rabat pour les Almohades, Fès *Jdid*, ou Fès la Neuve, pour les Mérinides et Meknès pour les Alaouites.

En 193/809, *madinat Fas* verra naître sur la rive gauche du même oued Fès, aujourd'hui rive des Kairouanais, une nouvelle cité. Ce dédoublement voulu par Idriss II, fils et successeur du fondateur de la dynastie, entraîna une rivalité entre les deux rives. Elle fut somme toute bénéfique, car chaque fois "la cité-double" n'en sortit que plus grande et plus rayonnante.

Sur le plan politique, les deux premiers monarques ont pu mener une action dynamique et jeter les bases d'une véritable organisation étatique. S'inspirant des modèles orientaux, Idriss II (192/808-212/828), en particulier, dota son royaume d'une administration, d'une armée, d'une capitale nouvelle et d'une monnaie. Mais les vingt années de son règne ne lui permirent pas d'étendre son autorité à l'ensemble du Maroc. Son royaume s'arrêtait, grosso modo, aux frontières de l'ancienne Mauritanie Tingitane. Il réussit, néanmoins, à rassembler sous son autorité de nombreuses tribus berbères, jusque-là restées indépendantes les unes des autres. La mort mystérieuse d'Idriss II révéla la fragilité des structures mises en place. Son fils et successeur, Mohamed Ibn Idriss (212/828-221/836), commit une erreur fatale: il partagea les possessions de son père entre ses frères. Ainsi débuta une longue période de rivalité entre ceux-ci, entraînant luttes ouvertes et déstabilisations successives. L'instabilité du pouvoir et la faiblesse des princes favorisèrent les interventions étrangères. Fès est prise tantôt par les Fatimides d'Ifriqiya, tantôt par les Omeyyades d'al-Andalus. Les Idrissides, eux, oscillent entre les deux pour se réfugier en définitive dans le nord du pays, où ils restèrent retranchés jusqu'à l'arrivée des Almoravides.

L'émergence de ces derniers sur la scène du pouvoir, au Ve/XIe siècle, marque une étape importante dans l'histoire du Maroc et de toute l'Afrique du Nord. Les Almoravides, gens du *Ribat*, sont des Berbères nomades qui parcouraient le grand désert depuis les oasis du Sud marocain jusqu'au "Pays des Noirs", *Bilad al-Soudan*. Leur richesse provenait de leur entier contrôle du trafic caravanier, de l'importance de leurs troupeaux, mais aussi de leurs butins de guerre et des razzias. Rudes guerriers, peu enclins à la discipline, ils offraient un terrain propice à qui saurait les organiser. Ce fut Abdallah Ibn Yassin. Prédicateur connu pour sa grande piété, son érudition et sa rigueur, il fut appelé par des chefs nomades pour enseigner la

Vue panoramique de la médina de Fès depuis la toiture de la mosquée Qaraouiyine, Fès.

langue arabe et les principes de l'islam à leurs tribus. Avec des talents peu communs d'unificateur, il réussit en peu de temps à lever une petite armée de "moines-soldats", et à lancer des expéditions de guerre sainte contre les tribus animistes subsahariennes.

Aguerris et bien organisés, les Almoravides tournèrent leurs regards vers les régions septentrionales et prirent Sijilmassa en 445/1053-54. Ainsi se déclencha l'une des plus belles aventures qui, au nom de l'islam et du rigorisme religieux, amena la création du premier grand empire berbéro-islamique d'Occident.

En prenant Sijilmassa, les Almoravides s'assuraient la mainmise sur les deux grandes routes de commerce transsaharien: celle de l'ouest qu'ils contrôlaient déjà, et celle nouvellement conquise, débouchant sur Sijilmassa.

La faible résistance qu'ils rencontrèrent à leurs débuts encouragea leurs princes à entreprendre une réelle conquête du Maroc.

Sous la conduite de Youssef Ibn Tachfin (453/1061-500/1107), ils enlevèrent une à une les principales cités et régions de l'époque et poussèrent leurs raids jusqu'au Maghreb central. Aux alentours de 464/1072-466/1074, ils étaient solidement installés au Maroc et dans la moitié ouest de l'Algérie.

En 466/1074, au terme de la chevauchée qui lui permit d'asseoir son autorité sur la plus grande partie du Maghreb, Youssef Ibn Tachfin reçut l'appel à l'aide des *Reyes de Taïfas*. Ces princes musulmans d'Espagne, héritiers du Califat de Cordoue, étaient en réel danger d'extermination par les troupes castillanes.

Alphonse VI de Castille avait en effet poussé ses troupes dans un premier élan de *Reconquista* et put entrer dans Tolède en 477/1085. Ce fut l'acte qui décida les Almoravides à se porter sur l'autre rive du détroit de Gibraltar.

Le choc avec les chrétiens eut lieu, en 478/1086, à Zallaqa, près de Badajoz. Il fut à l'avantage des troupes musulmanes. Youssef en retira un très grand prestige qui lui permit aussi de prendre pied en Andalousie et de conquérir, une à une, les principautés andalouses, minées par la division et la débauche de leurs princes.

Maîtres du Maghreb et d'al-Andalus, les Almoravides réalisèrent pour la première fois dans l'histoire l'unification de la plus grande partie de cet occident islamique. Mais, en prenant al-Andalus, ces farouches guerriers du désert allaient surtout entrer en contact avec une civilisation brillante et raffinée. Leur capitale, Marrakech, créée ex-nihilo aux alentours de 461/1069 pour servir de base à leurs expéditions au Maroc, devint le point de ralliement des savants les plus réputés, des poètes les plus doués et des artistes les plus en vue. La puissance des monarques, la stabilité du pouvoir et la richesse de l'Empire permirent alors l'éclosion d'un art florissant dont les plus belles réalisations verront le jour en terre maghrébine.

Vers le milieu du VIe/XIIe siècle, le pouvoir almoravide est supplanté par celui des Almohades. L'avènement de ces derniers marque, selon certains, "*l'apogée de la prépondérance marocaine*" au Maghreb et en al-Andalus en même temps que l'indépendance totale de l'occident islamique vis-à-vis de la tutelle orientale.

En effet, politiquement indépendant de tout pouvoir étranger, le Maroc almoravide n'en restait pas moins lié, spirituellement, au pouvoir califal de Bagdad. En ne prenant que le titre honorifique d'*Amir al-Mouslimin*, Prince des Musulmans, les monarques almoravides recon-

Mosquée de Tinmel.

naissaient la prééminence religieuse et spirituelle du calife oriental, seul à pouvoir se parer du titre glorieux d'*Amir al-Mou'minin,* Commandeur des Croyants.
Avec Abd al-Moumen Ibn Ali, premier monarque de la dynastie almohade, le pas est franchi et l'ère du califat maghrébin est inaugurée. Aussitôt installé au pouvoir, après une série de campagnes qui le menèrent au-delà des frontières actuelles du Maroc, en Espagne et au Maghreb, il prend le titre de calife. Après lui, tous les monarques de sa propre dynastie comme ceux des dynasties suivantes le prendront. La puissance almohade, née dans un élan de lutte pour un idéal et une mission spirituelle, s'est affirmée d'emblée, grâce à la personnalité des trois premiers souverains: Abd al-Moumen (524/1130-558/1163), Abou Youssef Ya'coub (558/1163-579/1184) et Ya'coub al-Mansour (579/1184-595/1199). Se considérant comme investis d'une mission réformatrice qui clamait l'unicité d'Allah ou *tawhid,* ces monarques étaient tous des combattants.

Abd al-Moumen dut lutter sept ans pour soumettre le Maroc et l'Algérie avant de s'étendre en Tunisie en 546/1152. L'Espagne musulmane se plia à son pouvoir et ses successeurs durent ne jamais baisser les bras face aux attaques chrétiennes. La victoire d'Alarcos, en 591/1195, marque le point culminant de l'effort almohade pour le triomphe de l'Islam. Mais combattants de la guerre sainte en Espagne, les Almohades se devaient aussi de l'être en Ifriqiya, tombée sous influence normande. En reprenant la Tunisie aux Normands et en étendant leur pouvoir jusqu'à Tripoli, ils réussirent pour la première fois à unifier l'ensemble de l'occident musulman au sein d'un seul et même empire, dont le centre fut le Maroc et l'Atlas.

À sa base il y eut un *fqih*, théologien, doublé d'un penseur, Mohamed Ibn Toumert, qui, très tôt, se fit remarquer par son zèle religieux. Très cultivé, bon orateur et fin polémiste, il se mit chaque fois en évidence dans les conférences contradic-

Aperçu historique

Esplanade de la mosquée et tour Hassan, Rabat.

toires et les discussions passionnées qu'il eut à mener dans ses confrontations avec les juristes almoravides. Mais la rue fut le terrain de prédilection de son action réformatrice, fondée sur la censure des mœurs, la réforme morale, et une lutte sans relâche contre l'anthropomorphisme qui donne des attributs humains à Dieu. Atteints par le syndrome de la civilisation, c'est-à-dire l'attachement à la richesse et au bien-être, les Almoravides étaient considérés par Ibn Toumert comme des "anthropomorphistes" qu'il fallait combattre, pour les remplacer par un autre pouvoir qui saurait retourner, dans toutes ses actions, aux sources de l'Islam: le Coran et la Tradition du Prophète.
Pour ce faire, Ibn Toumert, "l'Imam Impeccable", met sur pied une organisation socio-militaire spartiate à Tinmel, au cœur du Haut-Atlas, à une centaine de kilomètres de Marrakech où il avait dû se réfugier vers 519/1125. Là, la petite communauté des premiers Almohades grandit vite, et l'initiation du peuple comme celle de ses futurs guides se fit dans le strict respect des principes du maître. À sa mort, en 524/1130, son disciple le plus proche et le plus fidèle, Abd al-Moumen, en deviendra le chef et, avec un réel talent de conquérant réaliste et infatigable, il réalisera la volonté du maître. À l'exception des Baléares, l'ensemble de l'occident musulman obéira totalement aux Almohades. Et ne serait-ce que pour cela, leur époque peut être considérée comme le véritable âge d'or du Maghreb.
L'unité, la paix et la puissance ainsi créées allaient bien évidemment favoriser

l'éclosion d'une civilisation jugée par de nombreux auteurs comme une civilisation magnifique, d'autant plus que les durs réformateurs des débuts savent entretenir un certain climat de liberté nécessaire à pareil développement.

Quels furent les facteurs réels d'un tel développement? En premier lieu la richesse économique. Les courants commerciaux de l'époque étaient tous sous domination marocaine. Les richesses africaines, l'or et les esclaves, arrivaient à Marrakech, Sijilmassa, Fès ou Ceuta avant de prendre la route du nord vers al-Andalus et l'Europe ou celle de l'est. Les routes maritimes longeaient toutes les côtes de l'empire. Les VIe/XIIe et VIIe/XIIIe siècles, qui marquent le renouveau de la vie économique et principalement commerciale en Europe, étaient dominés par la force almohade. Le dinar d'or de cet empire, comme le dinar almoravide, *morabotin*, avant lui, était la devise la plus demandée sur les marchés européens et méditerranéens.

En second lieu, le mécénat culturel et artistique, exercé par les souverains eux-mêmes et par les notabilités de l'empire. Intellectuels et artistes furent encouragés et protégés. L'époque almohade vit ainsi apparaître de très grands penseurs, philosophes et médecins tels qu'Ibn Tofaïl, Ibn Rochd, Averroès, et Ibn Maïmoun, dit Maïmonide; de grands géographes tels al-Idrissi, etc.

Les réalisations architecturales et urbanistiques de la dynastie almohade furent grandioses et variées, pénétrant aussi à l'intérieur des terres; l'exemple le plus édifiant en est la forteresse de Tinmel.

Cette brillante civilisation déclina bien vite. En une cinquantaine d'années, l'empire se disloqua en plusieurs dynasties. Au Maroc même, la capitale almohade, Marrakech, est investie en 667/1269 par de nouvelles forces issues des confins algéro-marocains, qui vont porter au pouvoir une nouvelle dynastie: celle des Mérinides.

Éleveurs de chameaux et de moutons, ces derniers nomadisaient entre l'oasis de Figuig au sud-est du Maroc et la plaine de la Moulouya. C'est en leur qualité de nomades à la recherche de nouveaux pâturages que, vers 610/1214, ils entament des déplacements plus lointains qui les mèneront jusque dans le Rif, le Saïs, région de Fès et de Meknès, et Taza. Ces incursions dues à des raisons purement économiques et de subsistance n'avaient, à leur début, aucune ambition politique. Mais un concours de circonstances fera naître ces velléités.

C'est, tout d'abord, la faiblesse des souverains almohades qui, après Ya'coub al-Mansour et son fils al-Nassir (595/1199-609/1213) sont manipulés, manœuvrés ou tout simplement déposés par des fac-

Chellah, stèles funéraires du sultan mérinide Abou al-Hassan et de sa femme, Rabat.

Aperçu historique

tions et tribus rivales. C'est ensuite la dislocation de l'empire. À Tunis, les Hafsides se rendent indépendants en 626/1229. Ils sont suivis par les Banou Abd el-Wad qui fondent leur dynastie à Tlemcen. En al-Andalus, la défaite almohade devant les armées chrétiennes à *Las Navas de Tolosa*, en 608/1212, ruina tous les espoirs, et entraîna même l'assassinat du calife almohade (609/1213). La famine et la peste enfin, qui frappent le pays au même moment, finirent par ruiner les dernières forces de l'empire.

L'époque mérinide peut être divisée en deux périodes. La première, de 656/1258 (avènement d'Abou Youssef Ya'coub) à 759/1358 (mort d'Abou Inan), est celle de la construction et de l'apogée. La seconde, qui débute au lendemain de la mort d'Abou Inan et se termine un siècle plus tard, est celle du déclin, des difficultés, et de la dislocation.

Au cours du premier siècle (656/1258-759/1358), la dynastie mérinide réussit à faire retrouver au Maroc une part de sa grandeur passée. Le royaume connaît une extension importante, "de la mer océane à Barça". Avec des souverains énergiques et clairvoyants tels que Abou Saïd Othman (709/1310-731/1331), Abou al-Hassan (731/1331-752/1351), et Abou Inan (752/1351-759/1358), il retrouve une stabilité et une prospérité relatives qui permirent la mise en place de réalisations fort importantes.

Sur le plan intellectuel, l'ère mérinide est celle des médersas. Ces collèges religieux, où l'on formait les fonctionnaires comme les hommes de sciences religieuses, fleurissent un peu partout. Le Maroc est aujourd'hui encore le pays qui a gardé le plus grand nombre de ces monuments qu'on peut admirer à Fès, Meknès ou Salé.

L'ère mérinide est aussi celle où la pensée et la création culturelle et artistique ont connu de belles heures. Il suffit de savoir que c'est l'époque du grand historien Ibn Khaldoun, ou encore celle du grand voyageur Ibn Battouta, pour en saisir l'importance.

Mais l'expansion et le bien-être du premier siècle mérinide devinrent pur souvenir au cours du second siècle de la dynastie. Faiblesse du pouvoir central, difficultés économiques, dangers externes furent la marque de ce siècle.

En effet, les disputes internes des grands de la cour, qui se terminent toujours par des actes de déposition des souverains, entraînent rapidement la paralysie de toutes les structures de l'État. L'empire est même morcelé et deux royaumes indépendants de Fès apparaissent: le royaume de Marrakech et celui de Tafilalet autour de Sijilmassa.

Médersa Bouinaniya, cour intérieure, Meknès.

Privé du commerce transsaharien, concurrencé en mer par les puissances européennes, le pouvoir central se trouve sans ressources. L'Europe conquérante des lendemains de la Renaissance est à ses portes. Elle ne tarda pas à y prendre pied par l'intermédiaire des Portugais qui débarquent à Ceuta, en 817/1415, sonnant le glas des Mérinides et ouvrant le pays à la conquête chrétienne. De 817/1415 à 947/1541, Portugais et Espagnols sont présents dans plusieurs villes et à des points stratégiques tout le long des côtes. C'est ainsi que Ksar Es-Seghir est pris en 862/1458, Anfa en 873/1468-69, Asilah et Tanger en 875/1471, Melilla en 902/1497 par les Espagnols, etc. La réaction d'Abou Zakariya, grand vizir wattasside, qui réussit à arrêter les Portugais au détroit, et à défendre victorieusement Tanger en 840/1437, ne fut qu'une étincelle vite éteinte. L'avènement de la dynastie wattasside, créée par les grands vizirs des Mérinides, n'entraîna guère le déclic espéré.

Mais face aux dangers chrétiens et à la faiblesse du pouvoir central, la réaction marocaine, populaire et religieuse, se met en place et s'organise, s'appuyant sur les confréries qui prennent la tête de la résistance bientôt promue en mouvement de reconquête. C'est l'ère des zaouïas.

Prônant la guerre sainte, le *djihad*, le mouvement engendra principalement l'émergence d'un pouvoir chérifien qui exploita, habilement, la force des marabouts pour reconquérir, dans un premier temps, toutes les places tombées aux mains des chrétiens, et rétablir l'ordre intérieur. Ce nouveau pouvoir est celui des Saadiens, *chorfa*s issus de la région du Draa.

Issus de cette région du sud-est du Maroc, entre Zagora et Tamgrout, ils s'installèrent dans un petit village aux environs de Taroudant, vers le milieu du IXe/XVe siècle. Là, ils prirent vite de l'importance grâce à leur statut de chérif et à la renommée du chef de la confrérie Chadiliya auprès duquel ils vinrent s'installer et qui avait un grand nombre d'adeptes dans la région du Sousse.

L'action saadienne débute en 916/1511, par une première attaque contre Agadir. Sans qu'elle soit un succès, celle-ci est perçue comme le point de départ d'une nouvelle ère et d'une nouvelle force. En effet, durant les quarante-trois ans qui suivirent, la dynastie saadienne prend fermement pied sur la scène nationale en prenant Marrakech aux Wattassides en 931/1525, puis Fès en 961/1554.

Entre-temps, plusieurs places sont reprises aux Portugais: Agadir (947/1541), Safi, Azemmour. Après 957/1550, les Portugais n'étaient plus qu'à Ceuta, Tanger et Mazagan, l'ancienne al-Jadida.

Bastion portugais, Asilah.

Le tournant du siècle se situe en 985/1578. Cette année-là eut lieu sur le sol marocain la bataille dite des Trois Rois dont les conséquences dépassèrent le cadre propre de l'histoire du Maroc pour intéresser l'ensemble du bassin méditerranéen. Mais le Maroc allait en tirer d'importants avantages matériels et surtout un grand prestige international.

La bataille eut lieu à Oued al-Makhazin, dans la région de Larache, le 30 *Yumada I* 985/4 août 1578. Elle se solda par une victoire écrasante des armées saadiennes emmenées par Abd al-Malik et son frère Ahmed, futur al-Mansour, sur les armées portugaises du roi Dom Sebastião (1557-1578). Trois rois y trouvèrent la mort: Abd al-Malik, Dom Sebastião et Mohamed al-Mouttaouakil, neveu d'Abd al-Malik et allié des Portugais.

Le Portugal y perdit son roi et son indépendance car il fut aussitôt rattaché à la couronne d'Espagne. Au Maroc, Ahmed, frère et lieutenant d'Abd al-Malik, devint sultan et prit le titre d'al-Mansour, "Le Victorieux". *"Les puissances européennes sont pleines de considération pour le nouveau monarque que l'on suppose particulièrement riche, après l'acquisition du butin de la bataille".*

En Méditerranée, cette victoire arrêta les convoitises ottomanes sur le Maroc. Al-Mansour put se tourner alors vers l'Afrique subsaharienne pour contrôler son or et ses esclaves, et contrecarrer la suprématie européenne en mer. En 998/1590, les armées marocaines sont à Tombouctou et Gao. Al-Mansour devient aussi *Al-Dhahbi*, "Le Doré". Le commerce caravanier, longtemps détourné vers l'est, retrouve en effet le chemin des cités du Maroc.

En Europe, le Maroc s'allie à l'Espagne de Philippe II, mais, habilement, sait jouer des oppositions anglo-espagnoles.

Fort de ses acquis, al-Mansour est un monarque comblé. Sa cour est brillante. Il s'entoure de poètes et de savants, et aime les livres. Le luxe et le cérémonial de ses apparats frappent les observateurs et les visiteurs étrangers.

Ce prestige retrouvé porte les monarques à œuvrer intérieurement, à inscrire dans la pierre la marque de leur souveraineté et le souvenir de leur pouvoir. Un peu partout donc des travaux de construction ont lieu. Mais c'est surtout la capitale, Marrakech, qu'on s'active à embellir.

Mais la mort d'al-Mansour (1011/1603) marque la fin de l'apogée de la dynastie en même temps que la fin d'une stabilité politique que ce monarque avait su, habilement, préserver. En effet, les querelles successorales ne tardèrent pas à éclater, entraînant le Maroc dans une période d'anarchie de près de soixante ans.

La faiblesse des fils d'al-Mansour est la principale cause des carences du pouvoir. Mais les difficultés économiques vont aggraver la situation. Tout ce qui faisait la force du système économique saadien (sucre, or, caravanes), s'écroule en cinq

Ville et port de Tanger, gravure, Bibliothèque Générale de Rabat.

mois face à la concurrence européenne devenue extrêmement forte. Alors que le Maroc n'arrivait plus à recevoir qu'une caravane tous les trois ans, chaque galion espagnol débarquait à Cadix jusqu'à quatre tonnes en provenance d'Amérique. Par ailleurs, bien que minée par la guerre de Trente ans, l'Europe restait très menaçante et visait la réoccupation des places perdues sur le sol marocain. C'est ainsi que l'Espagne occupa Larache (1018/1610), Mehdia et la Maamora (1023/1614), que le Portugal reprit pied à Tanger et Mazagan (1049/1640), etc. Parallèlement, les confréries religieuses, pour un temps écartées de tout rôle politique, resurgirent et cherchèrent à étendre leur pouvoir. Elles eurent bientôt à leurs côtés des prétendants qui prenaient appui sur l'idéal de guerre sainte contre l'occupant chrétien pour parvenir au pouvoir.

Sur cette toile de fond, vint se tisser un phénomène nouveau au Maroc: la course en mer. Les premières causes de ce phénomène sont à rechercher dans les vagues d'expulsion des musulmans d'Espagne. Des édits d'expulsion frappèrent en effet les musulmans de Castille en 1017/1609, d'Andalousie en 1018/1610, de Catalogne en 1019/1611, de Murcie en 1023/1614. Naturellement, c'est du côté de l'Afrique du Nord que les expulsés se tournent pour trouver refuge.

Les premiers arrivants morisques sur la côte atlantique marocaine sont les Hornachéros, originaires d'Hornachos, une petite ville d'Estrémadure. Ils s'installent à Rabat, dans l'actuelle casbah des Oudayas. Ils sont rejoints, en 1018/1610, par des Andalous qui s'installent eux dans la médina de Rabat. Les deux communautés fondent la République de Salé, quasiment indépendante de tout pouvoir. Cette République développe la lutte en mer contre les chrétiens. *"Quatrième ville corsaire après Alger, Tunis et Tripoli, Salé a, après 1050/1641, les pirates les plus redoutés sur mer"*. Les gains sont énormes. Métaux précieux, captifs, articles manufacturés, produits divers, tous les chargements des navires attaqués sont déversés dans les entrepôts ou dans les matamores salétins. Divisé, le Maroc le restera soixante années durant, jusqu'en 1074/1664, lorsque Moulay Rachid, triomphant de son frère Moulay Mohamed, entreprend la conquête du pays et fonde la dynastie des *chorfa*s alaouites.

Les Alaouites sont originaires du Tafilalet, au sud-est du Maroc. Leur ancêtre,

Embarcations corsaires, port de Salé, gravure, Bibliothèque Générale de Rabat.

Aperçu historique

Casbah des Oudayas, vue générale, Rabat.

Ville de Salé, gravure, Bibliothèque Générale de Rabat.

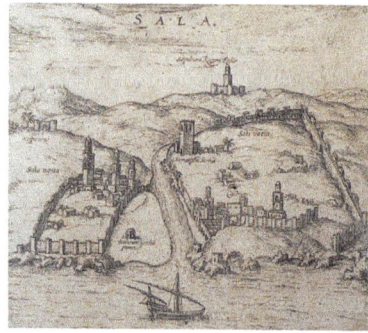

Hassan al-Dakhil, arrive de Yanbô en Arabie, au VIe-VIIe/d. XIIIe. *"Sa famille est aussitôt entourée de la considération due aux membres de la descendance du Prophète"*.
Forts de cet atout, de l'estime que les tribus arabes et berbères leur portaient en raison de leur noblesse mais aussi, sans doute, en raison du charisme des premiers chefs de la famille, les Alaouites réussirent à asseoir leur pouvoir religieux et spirituel. L'anarchie du pays au cours de la première moitié du XIe/XVIIe siècle leur donne la possibilité de tenter l'aventure politique.
Esquissé par Moulay Mohamed, le processus de création d'un pouvoir et d'une dynastie est déclenché par Moulay Rachid qui neutralisera pratiquement tous les pouvoirs locaux, et procédera à l'extension de son autorité en centralisant le pouvoir et en le concentrant entre ses mains. Il eut aussi l'intelligence de ne point se fermer aux aspirations du peuple, ni aux attentes des élites.
Pour conquérir les esprits, et amadouer les habitants de Fès par exemple, il installe sa capitale dans cette ville dévote et commerçante. Il y construit aussi une médersa: la médersa Cherratine. À sa mort, en 1082/1672, *"le Maroc a nettement comme chef l'émir des croyants, et non un simple chef de bande. Il laisse à son successeur un État formé"*.

Aperçu historique

Le successeur de Moulay Rachid est son demi-frère Moulay Ismaïl (1082/1672-1139/1727). Dès son accession au pouvoir, il entame deux grands projets: unifier le pays sous son autorité, et se construire une capitale digne du roi du Maroc qu'il établira à Meknès.

À la mort de Moulay Ismaïl, le Maroc est un pays uni et souverain. Mais cette situation reconquise de haute lutte disparaît aux lendemains immédiats de la mort de son artisan, car l'édifice créé par Moulay Ismaïl reposait entièrement sur sa personne.

Malgré des troubles qui secouèrent le pays pendant plus de trente ans, la dynastie reste en place. L'ensemble du pays reconnaît l'autorité du sultan et son prestige religieux est intact.

Ces atouts sont exploités par Moulay Abdallah (1140/1728-1170/1757) qui, bien que déposé par trois fois, réussit à rétablir l'ordre. Son œuvre sera poursuivie avec ténacité, intelligence et sagesse par son fils et successeur Sidi Mohamed ou Mohamed III (1170/1757-1204/1790).

Très au fait des grandes affaires de son temps, ce sultan entreprend d'ouvrir le pays sur l'Europe en même temps que sur l'Amérique. Sur le plan diplomatique, il reconnaît l'indépendance des États-Unis, entretient des relations amicales avec George Washington, auquel il rend des services à Tunis et à Tripoli grâce à ses ambassades. Sur le plan économique, il signe des traités établis sur le principe de la réciprocité et qui fournissent aux commerçants les garanties essentielles pour leurs marchandises et leurs personnes.

Au Maroc même, il choisit de s'appuyer sur le réseau des ports atlantiques. Il entreprend donc le développement d'Anfa, l'actuelle Casablanca, et de Tanger. Il reprend Mazagan aux Portugais (1079/1769). Il fonde surtout Essaouira, qu'il conçoit sur le modèle français de Saint-Malo, et l'élève au rang de premier port du royaume.

Le XIXe siècle pouvait ainsi être abordé avec des forces retrouvées et une situation rééquilibrée. Mais des difficultés intérieures dues à une longue sécheresse de sept ans (1190/1776-1196/1782), suivie d'une terrible épidémie de peste (1211/1797-1214/1800) arrêtèrent net l'élan de redressement amorcé et provoquèrent de profonds bouleversements. Ceux-ci affectèrent principalement le domaine démographique puisque dans l'ensemble du pays, plus de la moitié de la population a dû mourir. Le Maroc n'eut donc ni la force politique, ni la capacité économique et militaire pour affronter le XIXe siècle dont les événements de la première moitié allaient être déterminants pour son avenir.

Malgré les grands efforts déployés par les trois monarques qui se succédèrent sur le trône de 1206/1792 à 1289/1873, Moulay Slimane, (1206/1792-1237/1822), Moulay Abderrahman (1237/1822-1275/1859), et Sidi Mohamed ou Mohamed IV (1275/1859-1289/1873), les défis étaient trop importants pour être tous relevés. Le danger cette fois-ci est principalement extérieur.

Médersa Cherratine, partie supérieure du mur de la galerie, Fès.

Aperçu historique

En 1830, en effet, les troupes françaises prennent Alger. L'ère des impérialismes européens est inaugurée et le Maroc s'est trouvé en confrontation directe avec la France.

Au premier conflit qui éclate entre les deux nations, la bataille d'Isly près d'Oujda (1260/1844), les troupes marocaines sont vaincues. Ce fut la première défaite marocaine depuis deux siècles. Elle fut lourde de conséquences, car l'Europe, qui voyait en lui un puissant empire dont les frontières arrivaient jusqu'au fleuve Sénégal, se rendit compte de sa fragilité. En 1859-60, l'Espagne put ainsi conquérir Tétouan après une guerre où la désorganisation des forces marocaines eut raison de la bravoure des hommes. Le Maroc se vit imposer d'énormes indemnités de guerre qui l'obligèrent, pour la première fois de son histoire, à contracter un emprunt auprès de la Grande-Bretagne.

Auparavant, et sous la pression anglaise, appuyée par la France et l'Espagne, le Maroc fut obligé de signer un traité très désavantageux pour lui. Au-delà des dispositions commerciales et de navigation défavorables, le traité de 1856 porta atteinte en effet à la liberté d'initiative du sultan et à sa souveraineté dans le domaine juridique. Le Maroc abandonna *"ses droits de justice à l'égard des Européens et d'une partie de ses sujets"*, en reconnaissant le principe d'extraterritorialité et le régime de la protection. La pression européenne était d'autant plus grande que le Maroc commandait l'une des rives du détroit de Gibraltar, *"passage dont la valeur s'est accrue depuis l'ouverture du canal de Suez"*. Mais le plus grave problème dans les relations avec l'Europe a été celui de la protection.

La substitution de l'autorité étrangère à l'autorité marocaine sur ses propres citoyens que le régime de la protection instaura fut un sérieux obstacle à toute tentative de progrès.

La première tâche de Moulay Hassan Ier (1873-1894) fut donc de tenter de résoudre ce problème. Mais toutes ses tentatives furent vouées à l'échec. Bien plus, la Conférence Internationale de Madrid, en 1880, *"crée un dangereux précédent: désormais aucun changement ne peut être introduit au Maroc sans l'accord des puissances"*. Et bien que, en 1906, la conférence d'Algésiras ait reconnu l'intégrité de l'Empire Chérifien, placé sous la garantie des puissances européennes signataires, le Maroc est placé sous une sorte de Protectorat international où la France apparaît comme prépondérante. Le traité du Protectorat proprement dit sera signé le 30 mars 1912, à Fès.

Cet événement qui, aux yeux des puissances, mettait un terme à des décennies de tergiversations politico-diplomatiques entre elles, en même temps qu'il finissait

État du Royaume de Fès, 1140/1728, Bibliothèque Générale de Rabat.

par réduire le Maroc définitivement, alluma, au contraire, la flamme d'une résistance farouche. Pendant les quarante-quatre ans que dura la présence étrangère au Maroc, par l'entremise de la France et de l'Espagne, cette flamme ne dut jamais s'éteindre.

Après avoir été armée durant vingt-deux ans (1912 à 1934), et donné lieu à des épisodes héroïques tels que la guerre du Rif, la résistance du Moyen Atlas, de l'Anti-Atlas et des confins sahariens autour des Aït Baamran, etc., la lutte devint politique et le resta, sans relâche, jusqu'à l'indépendance en 1956 obtenue sous la conduite du Sultan Mohamed V (1927-1961), qui dirigea lui-même la politique d'indépendance au point de préférer la déposition et l'exil à la soumission et au maintien du Protectorat. Le 16 novembre 1955, Mohamed V et sa famille effectuent un retour triomphal au Maroc. Le souverain légitime retrouve son trône et l'indépendance du Maroc est proclamée en mars 1956.

Dans tout ce qu'elle entreprit, la dynastie alaouite régnante fut donc le défenseur de l'unité nationale, la garante de l'affermissement d'une spécificité marocaine. Le champ politique nous a donné la mesure de la lutte engagée par les différents monarques pour l'indépendance et la liberté. Sur le plan de la civilisation, ces mêmes monarques ont su perpétuer dans la forme comme dans l'esprit les acquis des époques précédentes. L'art alaouite est en effet un art de fidélité et de perpétuel retour aux sources. Mais il est aussi, dans plusieurs de ses réalisations, la manifestation de nouvelles orientations, celles-là même qui seront la marque de la création alaouite: goût de la grandeur, unité des thèmes, adjonction de nouvelles formules avec de nouveaux procédés.

Mausolée Mohamed V, vue générale, Rabat.

LE MAROC ANDALOU

Naïma El-Khatib Boujibar, Mohamed Mezzine

Rythmée par le va-et-vient des hommes partis islamiser la Péninsule ibérique au IIe/VIIIe siècle et fuyant sept siècles plus tard la reconquête chrétienne, l'histoire d'al-Andalous s'est confondue avec celle du Maroc. Si l'histoire politique, qui a uni les deux rives, fut mouvementée, le mouvement incessant d'échanges culturels, humains et commerciaux permit l'éclosion d'un art florissant dont les plus belles réalisations trouvèrent le jour au Maroc. Les spécialistes s'accordent pour dire que la double fondation, dans la ville de Fès au milieu du IIIe/IXe siècle, des deux grands sanctuaires que sont les mosquées Qaraouiyine et celle des Andalous marque les débuts véritables de l'art islamique au Maroc. Comme leurs noms l'indiquent, ils sont l'œuvre des immigrants Ifriqiyens, pour le premier, et Cordouans pour le second. De ce fait, ils portent la marque de la double origine de leurs auteurs, qui se manifeste à la fois dans l'architecture et dans le mobilier liturgique. Même au siècle suivant, lorsque le Maroc s'est trouvé en proie aux luttes d'influence que se livraient, au Maghreb, Omeyyades de Cordoue et Fatimides d'Ifriqiya, les créations architecturales et artistiques restent sous la domination de ces confrontations.

En effet, pendant la période idrisside (171/788-363/974), les relations entre les deux rives du Détroit furent dominées par le conflit entre les grandes dynasties de l'Islam de l'époque: les Omeyyades d'al-Andalus et les Abbassides de Baghdad, puis plus tard les Fatimides d'Ifriqiya et d'Égypte. La dynastie idrisside, installée au Maroc, joua, quant à elle, les arbitres, les intermédiaires, les temporisateurs, durant près de deux siècles.

Cette période de luttes intestines se révéla bénéfique pour la création artistique au Maroc. Chaque dynastie rivalisant avec l'autre, dota le pays, notamment sur le

Mosquée des Andalous, cour, Fès.

plan des fondations pieuses, d'œuvres architecturales et mobilières qui marqueront de leur sceau l'art marocain et introduiront ainsi les premiers éléments de l'art andalou.

C'est ainsi que les Fatimides élevèrent les deux mosquées de Fès au rang de *Jama'*, "mosquées-cathédrales", où était prononcé le prêche du vendredi. Le Calife d'Espagne, Abderrahmane II, fera pour sa part agrandir la salle de prière de la Qaraouiyine et édifier le minaret. Cette tour bâtie en pierres de taille, recouverte de chaux à l'époque Mérinide, et présentant certains détails, bandeau en relief, dôme hémisphérique, encadrement de la porte d'accès, la rattachant aux traditions ifriqiyennes et orientales, n'en demeure pas moins un ouvrage de style andalou. De base carrée et d'une hauteur égale au quadruple de sa base, plan et proportions qui rappellent les tours des mosquées de Cordoue, elle deviendra le prototype de tous les minarets ultérieurs du Maroc.

Une autre œuvre maîtresse verra le jour à cette même époque. Il s'agit de la chaire de la mosquée des Andalous. Ce meuble liturgique d'une grande finesse d'exécution, tout en témoignant de façon éloquente de la lutte d'influence entre Fatimides et Omeyyades, révèle l'existence d'un atelier de bois à Fès, le premier semble-t-il au Maroc, capable de maîtriser les différentes techniques décoratives du bois: sculpture, assemblage, tournage et peinture. Ce *minbar*, offert par le vassal des Fatimides, le Ziride Bouloughin, à la mosquée des Andalous en 369/980 lorsqu'il s'empara de la ville de Fès, fut en partie détruit au nom de l'orthodoxie musulmane. Réparé sur les directives du gouverneur omeyyade en 375/986, il fut doté d'un nouveau dossier où furent introduits des motifs d'inspiration orientale.

Au Ve/XIe siècle, avec l'arrivée au pouvoir des Almoravides, on assiste à une très large ouverture du Maghreb occidental aux influences andalouses et une véritable "hispanisation" de l'architecture, de la culture et de l'armée se fait sentir, particulièrement à Fès et à Marrakech.

Si, dans le domaine architectural, les Almoravides n'ont pas été, à proprement parler, les initiateurs ou les premiers introducteurs de l'art architectural anda-

Mosquée Qaraouiyine, minaret, Fès.

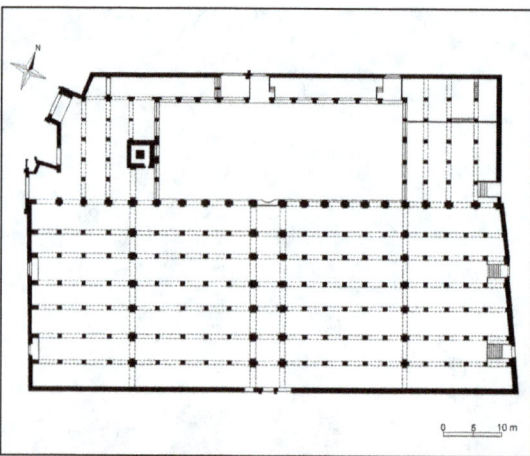

Mosquée Qaraouiyine, plan de la mosquée sous Ali Ibn Youssef, Fès.

Mosquée Qaraouiyine, travée du mihrab, Fès.

nat. Quant à Fès, dès sa conquête en 461/1069, Youssef Ibn Tachfîn y édifie une forteresse, la casbah de Boujloud. Il ordonne la construction de mosquées dans chaque quartier et décide d'agrandir la Qaraouiyine. Son fils Ali, né à *Sebta* (Ceuta) d'une esclave chrétienne, poursuivra son œuvre. Ayant passé une grande partie de sa vie en Espagne, il fut particulièrement séduit par la beauté de l'architecture et de la décoration andalouses et introduisit dans les monuments qu'il fit ériger les nouvelles formules que les architectes andalous de cette époque avaient intégrées à l'héritage cordouan tels que l'arc outrepassé, l'arc rectiligne et les coupoles à nervures.

De 528/1134 à 538/1144, la mosquée Qaraouiyine est réaménagée; sa salle de prière est agrandie de trois nefs et un nouveau *mihrab*, précédé de coupoles couvrant la travée axiale, est édifié. Cette partie de la mosquée, où l'influence andalouse est manifeste, reçoit un soin particulier, tant sur le plan architectural que sur le plan décoratif. Les chapiteaux qui coiffent les nouveaux piliers s'apparentent aux chapiteaux composites de l'art omeyyade occidental en comportant un cavet, quart de cercle concave, au-dessus de deux rangées de feuilles d'acanthe stylisées. Les arcatures qui reposent sur les piliers revêtent des formes variées, empruntées au répertoire andalou, où domine l'arc en plein cintre outrepassé, simple ou adouci de lobes et de lambrequins. Toujours sous la même influence, est introduite pour la première fois au Maroc et dans un monument religieux la sculpture sur plâtre. Le décor floral sur enduit de stuc, qui encadre l'arcature du *mihrab*, et où s'entremêlent harmonieusement des tiges, des rinceaux, associés aux palmes simples ou doubles, lisses ou

lou au Maroc, ils ont, toutefois, largement contribué à sa diffusion à travers l'ensemble des régions. Grands bâtisseurs, ils ont marqué leur passage par la fondation de forteresses et de sanctuaires. Marrakech, capitale de leur royaume, a été la première à bénéficier de leur mécé-

nervurées, est d'une parfaite exécution, et prouve la virtuosité des artisans marocains et leur assimilation complète des techniques importées. Le stuc est également utilisé pour orner la coupole précédant immédiatement le *mihrab*, et autour de laquelle se développe une inscription sculptée en caractères coufiques fleuris, qui mentionne le nom de Ali Ibn Youssef. Ces décors, rehaussés de polychromie, évoquent par leur délicatesse et leur foisonnement les lambris des monuments arabes de la Péninsule ibérique. Le même soin a été apporté dans le travail du bois réalisé selon la même source d'inspiration. Tel le magnifique panneau en bois de cèdre, déposé au musée Batha de Fès, où le décor superpose, sur deux plans, des motifs floraux et des figures géométriques, qui s'entremêlent pour créer des formes nouvelles flattant le regard.

Toutes les réalisations artistiques des princes Almoravides présentent ainsi de nombreuses similitudes avec l'art de la Péninsule ibérique. Mais il faut attendre l'arrivée au pouvoir des Almohades pour voir éclore un art de symbiose maroco-andalou.

Les Almohades, en raison du rigorisme religieux qu'ils prônaient, étaient apparus à leur avènement comme des ennemis de tous les arts d'agrément, et provoquèrent la peur des habitants de Fès, faisant recouvrir d'un épais enduit de chaux le riche décor andalou du *mihrab* de la Qaraouiyine. Cependant, ils ne tardèrent pas à devenir les meilleurs propagateurs de l'art andalou au Maroc et dans toute l'Afrique du Nord.

En possession de ressources financières importantes, prélevées dans les provinces de leur vaste empire, qui s'étendait d'al-Andalus à la Tripolitaine, ils consacrèrent à l'art monumental de gros moyens matériels. Leurs villes et capitales, Séville, Rabat et Marrakech, entre autres, se couvrirent de grands ensembles architecturaux, au milieu desquels s'élevèrent des monuments grandioses de vastes dimensions: enceintes massives en pisé, portes en pierres de taille, et sanctuaires, *"exprimant à la fois la beauté andalouse et la force africaine"*. Ces dimensions nouvelles imposées aux monuments vont renouveler, en les améliorant, les formules artistiques héritées d'al-Andalus. Et c'est dorénavant, pour près d'un demi-siècle, le Maroc qui exportera vers l'Espagne musulmane et les autres provinces ses nouvelles conceptions esthétiques.

Les portes d'accès des solides enceintes de la ville de Rabat et de la casbah des

Remparts almohades, Bab Rouah, arcature et encadrement, Rabat.

Casbah des Oudayas, porte de la casbah, détail des formes architectoniques, Rabat.

bien sur les monuments que dans la transcription des livres saints. Entre l'encadrement et les arcs s'étale un décor floral abstrait, fait de larges palmes lisses, aux lignes épurées, sur lequel se détache à chaque écoinçon une palmette creusée d'ombres douces. Ce type de palme, aux traits épais et aux contours d'une netteté si parfaite qu'elle semble presque surnaturelle, prendra une grande ampleur dans l'ornementation de tous les monuments almohades. Il engendrera même de nouvelles formes architectoniques, consoles, arcs et chapiteaux, que l'on peut admirer sur les façades des portes de la casbah des Oudayas, et qui caractérisent l'art almohade, et contribuent pour une large part à son élégance et à sa beauté.

Dans leurs sanctuaires, les Almohades, tout en imitant le plan basilical en T de la mosquée de Cordoue, apporteront tous leurs soins aux deux nefs perpendiculaires, celle jouxtant le mur de la *qibla*, ou transept, et la nef axiale. Plus larges que les autres nefs, elles seront embellies de coupoles décorées. Le minaret, seul élément de l'édifice religieux visible de l'extérieur, est mis en valeur. Les trois fameuses tours construites par le prince Ya'coub al-Mansour, la Giralda de Séville, la Koutoubiya de Marrakech, et la Tour Hassan de Rabat, qui présentent une unité remarquable, projettent très haut leur silhouette élancée au-dessus des toitures à tuiles vertes des nefs de la salle de prière. Bien que différentes par la taille et la bâtisse, elles semblent avoir été conçues par le même architecte. Le décor qui orne leurs faces, réparti en registres hiérarchisés, recourt aux motifs des arcs polylobés ou à lambrequins et surtout à l'entrelacs géométrique. Ce dernier motif, qui couvre d'un treillis losangé d'autres monuments almohades tels que

Oudayas ne s'ouvriront plus sur un couloir direct comme les portes Andalouses, mais sur un passage coudé; plan qui deviendra une règle générale pour les portes des villes. Les baies de leurs façades, en pierres de taille, supportent une série d'arcs superposés, encadrés d'un bandeau rectangulaire où se loge une inscription en caractères coufiques, aux lettres puissantes et régulières; écriture que privilégièrent les Almohades, aussi

Le Maroc Andalou

Esplanade de la Tour Hassan, façade donnant sur le Bou Regreg, Rabat.

Chellah, minaret, détail du lanterneau revêtu de faïence polychrome, Rabat.

les portes, deviendra un décor classique. Tirant son origine des entrecroisements des arcs de la mosquée de Cordoue, il prendra plus d'ampleur dans la décoration et se renouvellera par l'introduction d'éléments végétaux.

Les Almohades introduiront également, et pour la première fois au Maroc, les revêtements en carreaux de faïence polychrome en les plaçant sur le bandeau supérieur des minarets comme celui de la Koutoubiya. Ce procédé décoratif déjà connu à la *Qal'a* des Beni Hammad, principauté ziride d'Algérie, sera développé et abondamment utilisé ultérieurement aussi bien en Espagne par le royaume nasride que par la dynastie mérinide au Maroc.

En succédent aux Almohades, les Mérinides qui régneront sur le Maroc renouèrent d'étroites relations avec al-Andalus mise à mal par le début de la reconquête chrétienne. Et ce fut l'apogée de l'art andalou au Maroc.

Sur le plan des arts, les Mérinides réaliseront des œuvres où l'on a vu l'accomplissement de l'art hispano-maghrébin, implanté et affirmé par les Almoravides et les Almohades. Grande finesse des styles, décor couvrant sculpté et polychrome, ouverture aux innovations récentes sont les grands traits de l'architecture de l'époque. L'ensemble des réalisations reste en étroite liaison avec l'art andalou des Nasrides.

Poursuivant la tradition du mécénat artistique initié par les Almoravides et les Almohades et qui restera une des grandes caractéristiques de l'art musulman citadin du Maroc, les Mérinides construiront, à l'intérieur des fortifications des villes, des fondations pieuses, mosquées, zaouïas et médersas qui contiennent tout le répertoire des arts décoratifs mérinides.

C'est Abou Youssef, le fondateur de Fès Jdid, qui inaugurera le programme de construction des médersas en bâtissant la

Médersa Bouinaniya, cour, Fès.

Place Nejjarine, fondouk, vue générale, Fès.

première, suivi par Abou Saïd qui augmentera le nombre de ces institutions. Mais le grand mouvement de construction se place sous le règne d'Abou Hassan, qui marque l'apogée de la dynastie, et qui dotera toutes les grandes villes du Royaume d'une médersa. Abou Inan clôturera ce cycle de construction en élevant les deux dernières médersas de cette époque à Fès et Meknès.

Différentes de taille, de proportions et de décor, les médersas, centres d'hébergement pour les étudiants et parfois d'enseignement, s'articulent suivant un même schéma architectural: autour d'un patio à portique, plus ou moins vaste, dont le centre est occupé par un bassin ou par une vasque, s'ordonnent des chambres au rez-de-chaussée et à l'étage, et une salle de prière s'ouvrant sur un des petits côtés de la cour. Les murs du patio, des galeries et de certains couloirs sont richement décorés de mosaïques de faïence, *zellige*, surmontées de plâtre ciselé que surplombent des panneaux de bois sculptés et peints, tandis que dans la salle de prière l'ornementation est concentrée autour du *mihrab* et du plafond. Chefs-d'œuvre artistiques, elles traduisent le goût de l'abondance dans le décor monumental, et toutes les nuances de l'art mérinide.

Des demeures privées, ainsi que des fondouks et des *hammams*, dont il reste quelques exemples ou, tout au moins, quelques éléments architectoniques conservés dans les musées, ont également été construits à la même époque et participent d'un même esprit. Les maisons, qui reprennent avec plus de simplicité les dispositions architecturales et décoratives des médersas, ont également le bas des murs et le sol couverts de mosaïques de faïence, et le haut orné de plâtre et de bois

Le Maroc Andalou

Médersa Bouinaniya, fenêtre en moucharabieh encadrée d'un décor en stuc ciselé, Meknès.

Médersa Attarine, baie d'ouverture de la salle de prière, détail du claustra en stuc ajouré, Fès.

sculptés. Les pièces qui ouvrent sur le patio sont très allongées, avec une alcôve à chaque extrémité. Elles ont le plus souvent un étage sur un demi-niveau intermédiaire, formant une sorte d'entresol, et au rez-de-chaussée sont aménagées des latrines et une fontaine. Les maisons citadines, construites ultérieurement, resteront fidèles à ce plan similaire à celui des maisons nasrides de Grenade.

La conception architecturale des fondouks ou caravansérails, servant à héberger les hommes, les bêtes de somme et à entreposer les marchandises, était similaire à celle des maisons d'habitation. Mais leur entrée était large et non coudée de façon à permettre l'accès aux charrettes. La cour à portique y prenait plus d'importance, tandis que les chambres multiples se faisaient plus petites. Tel se présentait aussi, à Grenade, le fondouk du "Corral del Carbón".

Les *hammams* gardent le plan andalou classique, adopté dès le Ve/XIe siècle. Les trois salles, froide, tiède et chaude, et souvent même la salle de repos, y sont disposées en enfilade.

Toutes ces créations mérinides, où triomphe le décor couvrant, séduisent par la sûreté de leur composition, la délicatesse de leurs coloris, et la finesse de leur exécution. Qu'il s'agisse de l'ornementation sur plâtre, sur bois ou sur carreaux de faïence, les espaces à couvrir étaient divisés en panneaux, bandeaux et registres, dont les masses s'équilibrent parfaitement, avec, pour chaque registre différent, des couleurs nuancées qui s'harmonisent à merveille. Plusieurs plans, obtenus par des défoncements peu profonds, hiérarchisent les décors sur bois et sur plâtre. Les fonds se remplissent de lacis de rinceaux sur lesquels s'attachent des palmes ou des entrelacs géométriques

Le Maroc Andalou

Casbah, Musée, salon d'apparat, coupole en mouqarnas, Tanger.

Médersa Bouinaniya, pilier, frise épigraphique en caractères cursifs sur carreaux de faïence, Meknès.

de cèdre sur semelle avec les techniques d'assemblage à tenons et mortaise attestent le niveau élevé atteint par le travail du bois à cette époque.

L'influence dans la décoration du bois d'al-Andalous du Ve/XIe siècle à Grenade, Tolède, Tarifa apparaît clairement dans le décor floral, la vigueur des reliefs et le luxe de la composition.

Une forme du décor géométrique oriental va se répandre sur tous les supports, bois, plâtre ou *zellige*: l'étoile polygonale au nombre de branches variées. Employée seule ou enserrant dans ses intervalles (particulièrement dans les panneaux de plâtre) des éléments floraux, elle est aussi utilisée pour orner les dômes de charpente. Les plafonds de la médersa Attarine de Fès, joyau de l'art mérinide, couverts d'entrelacs de polygones étoilés, en constituent un bel exemple. Les arcs festonnés et les arcs gaufrés ou à godron prennent le pas sur les arcs lobés.

Les *mouqarnas* ou stalactites réalisées en plâtre ou en bois envahissent également les arcs et les plafonds. Formés d'un groupement de sept petits prismes juxtaposés, que l'on découpe lorsqu'il s'agit du travail du bois, et que l'on moule pour le plâtre, ils engendrent des ensembles décoratifs d'une grande richesse.

Dans le décor épigraphique, les artistes mérinides, tout comme les artistes nasrides de Grenade, ont surtout utilisé les caractères cursifs, souples et élégants, pour couvrir les bordures étroites ou les cartouches circulaires en plâtre des médersas de versets coraniques ou de textes en prose ou en vers à la louange des princes fondateurs et de leurs œuvres. Ils ont continué aussi à se servir des caractères coufiques comme écriture monumentale dans les inscriptions dédicatoires comme celle de la porte du Chel-

et floraux qui enferment dans leurs mailles, palmes, palmettes, et pommes de pins.

Le cèdre ouvragé donne aux édifices religieux et civils à partir de l'époque mérinide, une valeur singulière. Les frises, les corbeaux sculptés, les portiques à linteaux

lah à Rabat, mais en les agrémentant d'un décor de palmes et de fleurons pour meubler les vides entre les espaces supérieurs des hampes des lettres. Ils les ont parfois utilisés à échelle réduite sur les turbans de certains chapiteaux comme ceux de la médersa Attarine de Fès.

Les formes de ces chapiteaux, comme ceux de l'Alhambra de Grenade, marquent une évolution très sensible, par rapport aux chapiteaux des siècles précédents. En effet dans ces chapiteaux à la silhouette plus simple et au décor intérieur plus menu et plus fourni, la division entre les deux parties superposées est très nette; une partie inférieure cylindrique adopte le méandre, au sommet incurvé, issu de la couronne d'acanthe, et une partie supérieure parallélépipédique, de plan généralement carré, qui se couvre d'un décor floral de faible relief, comportant au centre un bandeau sous forme de turban plat sur lequel court parfois une inscription.

Une autre nouveauté des Mérinides et des Nasrides fut la généralisation, au VIIIe/XIVe siècle, du revêtement en *zellige* aussi bien sur les minarets, les murs, les colonnes, que sur les sols. Utilisée pour la composition de marqueteries polychromes, cette technique n'est cependant pas une création mérinide puisque l'on note la présence de *zellige* dans les monuments civils et religieux de Fès dès la fin du VIIe/XIIIe siècle, période antérieure aux constructions principales de l'Alhambra. L'époque mérinide marque ainsi dans le domaine artistique une période de maturité où des styles décoratifs, qui deviendront dorénavant classiques, s'affirment, et où les artistes marocains qui ont acquis dans l'emploi des moyens d'expression une très grande maîtrise, obtiennent des lettres de noblesse pour leurs ateliers fassis.

Fragment de revêtement mural en marqueterie de faïence à décor géométrique, Musée Batha (Num. Inv. C2), Fès.

L'expansion mérinide, tant politique qu'économique, s'étiola au cours du second siècle de la dynastie mais, quand, en 897/1492, la dernière principauté musulmane, celle de Grenade, tombe sous les coups de boutoir de la *Reconquista*, la tradition des départs à la recherche de nouvelles patries était déjà bien ancrée parmi les musulmans andalous, car la cour mérinide, ayant encouragé les familles aristocratiques, savantes ou princières à s'installer dans la Médina de Fès, leur avait ouvert les portes de l'administration, des médersas et des mosquées.

Après la prise de Grenade, en 897/1492, son émir émigre vers Fès avec dix bateaux et plus de 1 130 cadres et hommes de lois. Il était accompagné de 2 919 Andalous du port de Ghadra et de 1 166 de celui de Mankab. Par la suite, l'afflux des Andalous au Maroc s'accéléra, et entre 932/1526 et 977/1570, près de 200 000 Morisques venant de Valence, d'Oliva, d'Alméria, de Cullera, de Castille, de Palmeira et d'Alicante s'y établirent. Pour la période suivante, les chroniqueurs sont très partagés sur le nombre d'Andalous ayant rejoint le Maroc mais,

Mosquée Qaraouiyine, pavillon saadien, Fès.

1614, frappés par les édits d'expulsion, vinrent s'installer au Maroc, dans les villes et les campagnes, surtout entre Rabat-Salé, Meknès, Fès, Chefchaouen, Tétouan et Ouezzane. Les Hornachéros venus d'Estrémadure s'installèrent à Rabat, dans l'actuelle casbah des Oudayas, rejoints par d'autres Andalous; ils participèrent à la course en mer contre les bateaux chrétiens, et créèrent la République de Salé.

Les chroniques arabes et les récits des voyageurs chrétiens au Maroc notent la présence de ces nouveaux venus dans tous les secteurs d'activité, dans les villes comme dans les campagnes. Comme en témoignent les techniques agricoles, la répartition de l'eau et son exploitation minutieuse qui rappellent les *huertas* de Valence, les jets d'eau des palais de l'Alhambra.

L'artisanat dans toutes ses composantes artistiques allait porter la marque de ces artisans venant d'Espagne: le travail du *zellige*, du stuc, du marbre, du bois, du fer, du cuivre, de l'or. À partir du Xe/XVIe siècle, et jusqu'à l'époque contemporaine, les *m'almin* et les artisans du bois, du plâtre et du *zellige* continuent à appliquer, dans l'architecture et le mobilier traditionnel, les formules artistiques héritées de leurs prédécesseurs. Ils puisent encore, pour l'ornementation, dans le répertoire décoratif andalou des Mérinides et des Nasrides, tout en y ajoutant quelques nouveautés venues d'Orient ou rapportées de l'Espagne mudéjar par les émigrés morisques.

Suivant le modèle des pavillons de la Cour des Lions de l'Alhambra, les monarques Saadiens dotent la mosquée Qaraouiyine de deux pavillons accolés aux petits côtés de la cour avec quelques variantes, plus ou moins heureuses,

dans leur ensemble, les sources morisques évoquent le chiffre de 800 000 Andalous venus s'installer au Maroc.

Certes, l'intégration de ces vagues d'immigrants ne se fit pas toujours sans mal. Au IXe/XVe siècle, les Andalous fondèrent Tétouan et au Xe/XVIe siècle, Chefchaouen. Enfin au XIe/XVIIe siècle, les dernières vagues d'Andalous, les Morisques de Castille en 1017/1609, de Catalogne en 1018/1610, de Murcie en 1023/

dues au lieu et à l'époque où ils furent édifiés.

Dès leur accès au pouvoir, à la fin du XIe/XVIIe siècle, les souverains alaouites élèvent à travers tout le royaume des forteresses imposantes, des casbahs, des édifices religieux, mosquées et médersas, dont la plus caractéristique reste la médersa Cherratine de Fès, des palais et des demeures où sont repris les styles andalous enracinés dans le pays. Mais chaque règne est empreint d'un cachet particulier.

À Rabat et Salé, les Morisques émigrés du XIe/XVIIe siècle ont véhiculé avec eux certains thèmes de la renaissance espagnole comme la riche moulure des arcs en plein cintre surhaussé, le traitement des portes des demeures, le modèle des coffres en bois de cèdre, dont les faces délimitées par des colonnettes torses sont encadrées de moulures godronnées, ainsi que des motifs de broderie.

L'influence morisque est encore plus sensible dans les villes du nord, comme Tétouan où l'héritage andalou, dans le domaine architectural et mobilier, demeure assez riche et où une technique de *zellige*, différente de la technique de Fès, sera adoptée et restera, jusqu'à nos jours, une spécialité de la ville. Il s'agit de la découpe des petites pièces de céramique avant la glaçure.

Les mosquées et les demeures de Tétouan et de Chefchaouen, construites au début du XIe/XVIIe, se démarquent également par leur extrême sobriété et l'absence de surfaces décorées. Les minarets des oratoires, d'une simplicité remarquable, sont ornés uniquement de bandeaux de briques et parfois d'arcatures aveugles, et peuvent être comparés aux clochers des églises de style mudéjar d'Espagne. On a rattaché également à l'art de la renaissance et du baroque espagnol les stèles funéraires du Djebel Dersa, conservées au Musée archéologique de Tétouan. De même, certains détails des vêtements des femmes de Chefchaouen, large chapeau, court manteau et guêtres, et des femmes juives de Tétouan et Tanger, ainsi que les motifs des broderies et des bijoux de ces

Casbah, Musée, salon d'apparat, reconstitution du mobilier d'un salon traditionnel, Tanger.

Palais Lebbadi, zellige tétouanais, détail, Tétouan.

Mosquée al-Ansar, Chefchaouen.

Tissu de rideau brodé de Chefchaouen, détail des motifs à caractère andalou, Musée de la Casbah, Chefchaouen.

pagnes restent imprégnés de l'héritage andalou, en particulier la gastronomie et la musique. Des recettes de la cuisine marocaine ont gardé leurs noms d'origine qui remontent aux VIIe/XIIIe et VIIIe/XIVe siècles, telles que la *mrouzia*, un plat aigre-doux, et la *bestela*, tourte à la pâte feuilletée farcie de poulet ou de viande. Et la musique classique marocaine n'est autre que la musique dite andalouse ou la musique dénommée *Gharnatie*, de Grenade.

C'est cet élément de flux et de reflux entre les deux rives du détroit et finalement de symbiose qui illustre l'exposition "Le Maroc Andalou: À la découverte d'un art de vivre". En huit circuits, cette exposition, en couvrant 12 siècles d'histoire, du IIe/VIIIe siècle à nos jours, aborde les différentes facettes de cette influence réciproque.

Si l'organisation de la **Ville Royale** de Meknès (circuit I) est à l'image des cités royales andalouses, la **Journée d'un taleb à Fès** (circuit II) ou encore celle **d'un artisan à Fès** (circuit III) rappelle au visiteur qu'un même style régnait à l'époque médiévale, à l'apogée de la civilisation maroco-andalouse, à Fès et à Grenade. Terre d'accueil, le Maroc sut abriter en toute tolérance juifs et musulmans chassés d'Espagne, et ce particulièrement à Fès qui a abrité la plus grande communauté juive maghrébine où la **Journée d'un juif à Fès** (circuit IV) s'écoulait entre l'atelier et la synagogue. En remontant vers le nord, l'influence andalouse se fait plus présente comme en témoignent **Chefchaouen, la cité sainte de la montagne rifaine** (circuit V) et **Tétouan, le patio d'une civilisation** (circuit VI), ville aussi appelée fille de Grenade. Mais c'est en empruntvilles, rappellent des caractéristiques artistiques de l'Espagne des Xe/XVIe et XIe/XVIIe siècles.

Nombreux aspects de la vie quotidienne dans les villes comme dans certaines cam-

tant à la suite des marchands, des artisans, et des princes la route reliant **Les ports du Détroit** (circuit VII) qui longe les côtes marocaines que l'on comprend mieux l'attrait qu'ont exercé l'une sur l'autre les deux rives du Détroit. Enfin, le site du Bou Regreg referme à lui seul toute l'histoire des relations entre le Maroc et al-Andalus faite de **Flux et reflux, rayonnement et éclipse** (circuit VIII); histoire qui a fait du Nord du Maroc le principal lieu de conservation de ce patrimoine séculaire.

CIRCUIT I

La Ville Royale

Mohamed Mezzine

1.1 MEKNÈS

    I.1.a Musée Jamaï
    I.1.b Grande Mosquée
    I.1.c Médersa Bouinaniya
    I.1.d Bab al-Mansour
    I.1.e Coupole des Ambassadeurs
    I.1.f Mausolée Moulay Ismaïl
    I.1.g Silo à grains
    I.1.h Bassin des Norias
    I.1.i Bab Bardaïn

1.2 MOULAY IDRISS ZERHOUN (option)

    I.2.a Mausolée Moulay Idriss Zerhoun

Moulay Ismaïl

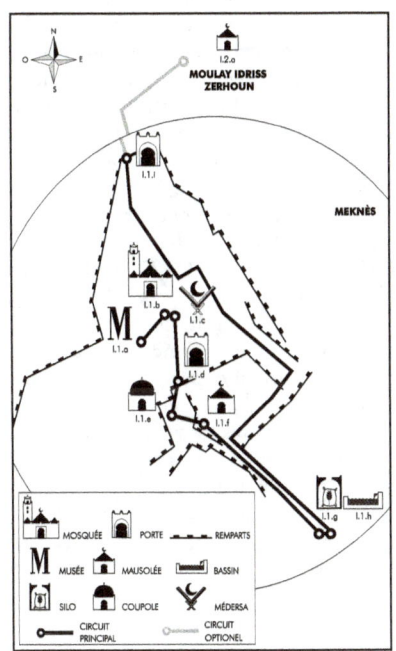

Mausolée Moulay Ismaïl, troisième cour, Meknès.

CIRCUIT 1 *La Ville Royale*

*Bab Mansour,
vue générale, Meknès.*

Dans la culture arabo-musulmane, la place de la "ville royale", cité habitée par les souverains, est primordiale. Elle occupe toujours, tant en al-Andalus qu'au Maghreb ou au Machrek, un large espace. Souvent entourée de remparts, elle englobe, outre les palais du souverain, ses dépendances, ses jardins ou *riyad*s, les quartiers pour la cour et les hauts dignitaires, les quartiers de commerce et les ateliers pour la frappe de la monnaie.

Certes, l'origine de cette organisation de l'espace, en général, et de la ville royale, en particulier, n'est pas andalouse; elle remonte certainement aux Grecs, aux Romains, aux Perses, puis aux dynasties musulmanes du Machrek. Mais le schéma de l'organisation de la cité, particulièrement au Maroc, doit autant à l'influence orientale directe qu'à celle des Andalous. On le retrouve tant à Grenade et à Séville qu'à Fès, Marrakech et Meknès.

Dans toutes les villes d'al-Andalus ou du Maroc, et jusqu'au XIe/XVIIe siècle, le schéma dominant de l'organisation allait être bipolaire: médina d'une part, et ville royale ou casbah d'autre part.

La cité royale de Meknès, telle que l'a conçue le sultan alaouite Moulay Ismaïl, est particulièrement représentative de ce type de ville qui allie l'organisation orientale de l'espace, la décoration fouillée et colorée d'al-Andalus, à l'architecture locale marocaine des grands princes.

À partir d'un ensemble urbain mérinide, le sultan alaouite Moulay Ismaïl (1082/1672-1139/1727), entouré de conseillers, et parmi eux de nombreux Andalous, entreprit, pendant les 55 ans de son règne, d'énormes constructions, le plus souvent en terre battue, mobilisant des milliers de personnes: ouvriers venus de toutes les régions du Maroc, mais aussi esclaves, prisonniers de guerre, et captifs chrétiens.

Nombreux sont les témoignages de chroniqueurs étrangers ayant assisté ou même participé aux travaux, tels que le Français Moüette, retenu prisonnier de 1670 à 1681, qui travailla des années aux monuments élevés par le roi, et qui publia, en 1683, une relation de captivité. Selon son témoignage, Moulay Ismaïl fit d'abord évacuer la casbah almoravide, où il était installé, en faisant abattre les maisons qui lui étaient contiguës. Un espace dégagé apparut, la place al-Hedim, ou "des Décombres", en raison de la quantité de matériaux amassés à cet endroit suite aux démolitions successives, faisant office de barrière naturelle entre la médina et la casbah. Une enceinte fut alors construite séparant la casbah du reste de la ville: enceinte intérieure simple, sans chemin de ronde et bastion, se distinguant de l'enceinte extérieure, haute de 9 à 12 m et percée de portes.

À l'intérieur de la casbah, un vaste quadrilatère, de 500 m sur 1 000 m environ, enserrait les trois palais que Moulay Ismaïl fit construire: le Grand Palais, *Dar al-Kebira*, à l'est de la médina, et le Palais Impérial, *Dar al-Makhzen,* renfermant les palais *Dar al-Medersa* et *Dar al-Mehencha.*

Dar al-Kebira, construit à partir de 1082/1672, était destiné à loger la famille royale et les proches parents du roi. Ensemble architectural indépendant des autres palais de la casbah, s'étendant sur 13,5 ha, il était constitué de plusieurs palais qui comprenaient tous des ensembles fonctionnels: patios, pièces de réception, *hammams*, cuisines, jardins.

À la différence de ce premier palais ismaïlien, édifice très dense et très urbain, le Palais Impérial, *Dar al-Makhzen*, résidence principale de Moulay Ismaïl, occupait un espace assez réduit par rapport aux vastes étendues de jardins, faisant de Meknès, selon l'historien Ibn Zidane, *"une ville dans la campagne et une campagne dans la ville".* Cette partie de la casbah, clôturée de hauts murs, renfermait, sur un espace de 60 ha environ, deux palais séparés l'un de l'autre par une enceinte formant un impressionnant couloir: *Dar al-Medersa* et *Dar al-Mehencha.*

Soucieux de préserver sa cité de toutes menaces, extérieures ou climatiques, le

Coupole des Ambassadeurs, parc et muraille, Meknès.

CIRCUIT I *La Ville Royale*

sultan fit aménager à 500 m du palais d'immenses silos souterrains, greniers à provisions, en prévision des sécheresses ou d'un éventuel état de siège de la cité. Accolé à ces silos un bassin artificiel, le Bassin des Norias, fut aménagé et était destiné à alimenter la ville en eau.

En raison de l'originalité architecturale, de la grandeur et de la beauté de ses monuments publics et privés, tous les voyageurs furent impressionnés par le gigantisme de l'œuvre de Moulay Ismaïl, comme en témoigne la description qu'en donne le père Dominique Busnot, venu à Meknès, en 1704, pour traiter du rachat des prisonniers chrétiens :

"En approchant, cette ville me parut quelque chose de considérable tant par son étendue et le nombre de ses maisons diversifiées, par l'élévation de plusieurs mosquées que par l'agréable variété de ses jardinages, d'où s'élevait une infinité d'arbres fruitiers de toutes espèces; nous voyons l'Alcassave ou Palais du roi, qui paraissait terminer magnifiquement la ville vers le nord. La grandeur de son enceinte, l'élévation de quantité de pavillons couverts de tuiles vernissées avec les pointes de deux ou trois mosquées, nous en donnaient une idée toute autre que celle qui nous est demeurée depuis que nous l'avons vue de près..."

Dans leur richesse de conception et d'aménagement, les palais ismaïliens étaient conformes à cette image fastueuse du palais et des demeures arabes, évoquant patios et fontaines, ombrages et allées, vasques et kiosques. Et si, aujourd'hui, ce qui reste de la cité royale n'est qu'une partie de ce que Moulay Ismaïl a fait construire, le visiteur peut encore rêver aux fastes d'autrefois et apprécier cette *"nature architecturée"* qui répondait parfaitement aux exigences d'une cour princière marocaine au XIe/XVIIe siècle.

Aperçu historique

Meknès, à l'origine *Meknassa al-zitoun*, "Meknès aux oliviers", est née au IVe/Xe siècle avec l'installation, sur les rives de l'oued Boufekrane, d'une fraction de la tribu berbère des Zénètes, les Meknassa. Attirés par la fertilité du sol et l'abondance des eaux, et profitant de la lutte pour le pouvoir qui agitait le nord du Maroc, après la chute de la dynastie Idrisside, ces Berbères donnèrent naissance à une série de petites agglomérations non fortifiées au milieu de jardins.

Lorsque Youssef Ibn Tachfin, prince almoravide, s'empare de ces "cités-jardins" en 455/1063, il y installe une garnison militaire, ou casbah, à l'emplacement de l'actuelle médina. Les Almohades, arrivés à Meknès en 544/1150, se chargeront de l'embellissement de la ville avec la construction de murailles et de fontaines. Mais

Silos à grains, intérieur de la Maison aux Dix Norias, couloir central, Meknès.

CIRCUIT I *La Ville Royale*

Bassin des Norias, enceinte des anciens silos renforcée de contreforts, Meknès.

la ville, ou plutôt les quatre bourgades qui la formaient, étaient modestes, et sa place sur l'échiquier citadin marocain restait très limitée.

De grande citadelle, la ville devint avec l'accession au pouvoir des Mérinides, au milieu du VIIe/XIIIe siècle, une ville commerçante avec ses fondouks, ses médersas et ses mosquées. La cité devint alors la résidence des vizirs, les ministres, tandis que Fès restait la ville des princes. À l'époque d'Abou Inan (752/1351-759/1358), plusieurs familles andalouses vinrent se fixer à Meknès et dans ses environs. Les Cordouans et Sévillans pratiquèrent leur commerce en ville, organisèrent des marchés et influencèrent l'artisanat avec leurs décorations dans le travail du *zellige* et du bois. Ils s'installèrent dans un nouveau quartier qui garda leur nom jusqu'à nos jours: le quartier des Andalous. Certains d'entre eux, surtout ceux provenant de la région de Valence, se fixèrent dans les campagnes environnantes et contribuèrent à faire prospérer une agriculture déjà riche de ses fruits: coings, grenades, pommes de Damas, figues, raisins et olives. La ville de Meknès doit aux Andalous une prospérité que les chroniqueurs des IXe/XVe et X^e/XVIe siècles vont souligner. Prospérité qui a été difficile à maintenir durant les siècles de troubles, de guerres et de famines que connut l'ensemble du pays, surtout durant le IXe/XVe siècle. Léon l'Africain, qui a visité la ville, au début du Xe/XVIe siècle, la décrit comme une belle cité fortifiée, bien peuplée, aux rues aérées et plaisantes.

Mais c'est la volonté du souverain alaouite Moulay Ismaïl (1082/1672-1139/1727), deux siècles plus tard, de se construire une capitale digne du roi du Maroc, qui fit entrer définitivement Meknès dans l'histoire.

Située en plein cœur d'une des régions les plus riches du Maroc, la ville de Meknès offrait l'avantage d'être éloignée des côtes méditerranéennes et atlantiques, et retint ainsi le choix du sultan qui

CIRCUIT I *La Ville Royale*
Meknès

Musée Jamaï, salle d'exposition, Meknès.

sonniers, Moulay Ismaïl tenait à la considération des princes chrétiens, car selon lui, les relations extérieures du Maroc ne pouvaient être positives que si ses princes étaient considérés comme de grands bâtisseurs et de véritables hommes d'État. Les nombreux ambassadeurs du royaume, présents en France, en Angleterre et en Espagne, rapportaient au souverain les fastes des cours européennes. Décidé à se construire des palais capables de rivaliser avec les palais européens, il souhaita ainsi faire de Meknès le "Versailles marocain" et 55 000 hommes, ouvriers ou esclaves chrétiens et musulmans s'attelèrent à la tâche dès 1082/1672.

À la mort du sultan, en 1139/1727, qui s'était maintenu au pouvoir en menant de constantes luttes, la ville allait connaître de nombreuses difficultés. L'autorité centrale ne contrôlant plus tout le pays, Meknès connut des révoltes qui bloquèrent tout développement. Et même si, vers la fin du XIIe/XVIIIe siècle et au début du XIIIe/XIXe, la stabilité était revenue, Meknès ne devait plus retrouver son rôle de capitale politique du pays qu'elle avait occupé de 1082/1672-1139/1727.

I.I MEKNÈS

I.1.a Musée Jamaï

Suivre le panneau Ancienne Médina. Le musée se trouve sur la place al-Hedim. Parking gardé autour de la place. Entrée payante. Horaires: de 9:00 à 12:00 et de 15:00 à 18:00.

décida d'y fixer sa famille, évaluée, souvent avec exagération, à plusieurs épouses et concubines, plusieurs centaines d'enfants et *"quelque deux cents chefs et caïds qui le suivaient deux fois par jour dans ses promenades, les 4 000 Noirs qui formaient sa garde"*.

Soucieux de soigner son image vis-à-vis des délégations et ambassades étrangères venant négocier la libération de leurs pri-

Construit à la fin du XIXe siècle, sous le règne du sultan Moulay Hassan (1873-

CIRCUIT I *La Ville Royale*
Meknès

1894), le palais appartenait à la famille Jamaï, dont les membres furent des vizirs du monarque.
Tombée en disgrâce à la mort de ce dernier, la famille perdit de son rayonnement, et leurs résidences furent transférées au domaine de l'État. Converti en hôpital militaire lors du protectorat, une partie du palais fut attribuée à l'inspection des Beaux-Arts, et il fut par la suite, en 1926, aménagé en musée abritant des collections témoins des traditions artistiques de la ville de Meknès: ferronnerie, tissage, maroquinerie, broderie, dinanderie et orfèvrerie.
Ce palais, élevé sur une surface très étendue, comprend plusieurs annexes et dépendances. Au rez-de-chaussée, on trouvait une mosquée, un *riyad*, un *minzah*, une cour, une petite maison, une cuisine, et un *hammam*. De plus, les annexes extérieures du palais comprenaient un fondouk qui fut transformé en atelier de menuisier, et une fontaine récemment restaurée. L'accès au palais se fait par un portail surmonté d'un porche en saillie recouvert de tuiles vertes. Cette porte a été aménagée à une date récente. Elle a remplacé la porte originale qui se trouvait au-dessous du *sabat* du *riyad*.
Cet ancien palais se distingue par la magnificence de son *riyad* dont on peut admirer l'harmonie avec ses deux bassins en étoiles et sa rigole que coupe un passage fait de *zellige*. Il renferme deux fontaines, et un portique constitué de sept arcades de tailles inégales reposant sur des piliers, et qui communique avec la coupole principale où le vizir recevait ses hôtes. La coupole ou *koubba*, à plafond de bois ciselé, avec ses vitraux et ses grands linteaux de bois, est andalouse de conception et de décoration.

Possibilité de louer une calèche pour faire le circuit après la visite des monuments I.1.b et I.1.c. Il est possible de faire la majorité du circuit à pied pour les bons marcheurs, pour les autres il est nécessaire de prendre la voiture.

I.1.b **Grande Mosquée**

En sortant du musée, prendre la rue sur la gauche, rue Sidi Amor Bouaouda. Suivre cette rue sinueuse qui mène à la mosquée. Accès réservé aux musulmans.

La Grande Mosquée, située au cœur de la médina, semble avoir été construite à l'époque almoravide au Ve/XIe siècle. D'importantes restaurations et agrandissements furent effectuées par le sultan almohade, Mohamed al-Nassir (595/

Grande Mosquée, travée du mihrab, Meknès.

71

CIRCUIT I *La Ville Royale*
Meknès

Médersa Bouinaniya, baie ouverte sur la salle de prière et panneau en moucharabieh de la baie d'entrée, Meknès.

1199-609/1213). Il fit alimenter la mosquée en eau qui provenait de la source Taguema, située à 9 km au sud de la ville. De cette époque, la mosquée a conservé, entre autres, un lustre en cuivre qui représente, avec ceux de la mosquée Qaraouiyine de Fès, un des rares spécimens qui nous soit aujourd'hui parvenu. L'arrivée des Mérinides à Meknès, au milieu du VIIe/XIIIe siècle, marqua l'essor culturel de la cité et de la mosquée, et ce particulièrement sous le règne du sultan Abou al-Hassan (731/1331-751/1351), qui fit construire les trois médersas de la ville (Bouinaniya, al-Cadi et Chouhoud). Il dota la mosquée de nombreuses chaires d'enseignement, et y fit aménager une bibliothèque scientifique, à l'instar de celle de la Qaraouiyine de Fès, où les *tolba* venaient consulter les manuscrits.

L'action des Mérinides ne se limita pas à développer le rôle culturel de la Grande Mosquée, mais ils procédèrent aussi à des restaurations et modifications, d'autant que le minaret de la mosquée s'était effondré, provoquant la mort de sept fidèles. Aujourd'hui, la mosquée, avec ses onze portes, s'élève sur un espace de

CIRCUIT I *La Ville Royale*
Meknès

Médersa Bouinaniya, pilier, lambris de stuc à décor géométrique, floral et épigraphique à caractères coufiques, Meknès.

3 500 m², et est composée de deux parties distinctes:
— la salle de prière, formée de neuf travées, avec un *mihrab* orné de motifs peints et sculptés parfaitement exécutés, bien qu'ils aient été refaits à plusieurs reprises par les différentes dynasties. Sur le côté de la salle de prière, s'élance la *anza* qui servait de *mihrab* pendant la période d'été. Cette *anza* date de l'époque de Moulay Ismaïl. Elle est contemporaine des fontaines élevées sur le côté est du *sahn*.
— la cour intérieure, le *sahn*, de section carrée, entourée par une galerie. Le minaret qui s'élève à l'angle du *sahn* est garni de carreaux de faïence de couleur verte.

I.1.c Médersa Bouinaniya

Au bout de la rue longeant la Grande Mosquée se trouve la médersa.
Entrée payante. Horaires: tous les jours de 9:00 à 12:00 et de 15:00 à 18:00.

Œuvre du sultan mérinide Abou al-Hassan, la médersa fut construite en 736/1336 comme en témoignent deux inscriptions, l'une poétique, surmontant le *mihrab* de la salle de prière, l'autre tracée sur les linteaux en bois du patio, faisant l'éloge du sultan: *"Puissance, réussite et victoire éclatante à notre maître Abou al-Hassan, l'émir des croyants".*
À l'origine nommée médersa *al-Jadida*, la nouvelle médersa, afin de la distinguer de la médersa ancienne d'Abou Youssef Ya'coub, fut rebaptisée par le fils d'Abou al-Hassan, le souverain Abou Inan qui la restaura et lui donna son nom: Bouinaniya.
Couvrant un espace de 315 m², la médersa se distingue, dès l'entrée, par une porte

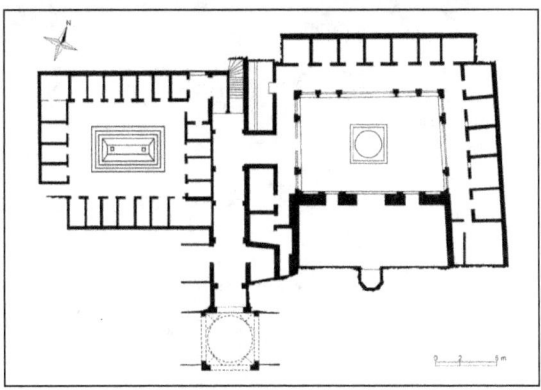

en bois, couverte de pièces en cuivre, à décor finement exécuté. Un long vestibule mène au *sahn*, autour duquel s'organisent les parties principales de l'édifice. Cette cour est ornée, au centre, d'une vasque en marbre en forme de coquille. Des piliers, les uns isolés, les autres encastrés dans le mur, s'élancent jusqu'au niveau le plus élevé, et s'entrecoupent avec des linteaux en bois. Des panneaux en

Médersa Bouinaniya, plan du rez-de-chaussée, Meknès.

CIRCUIT I *La Ville Royale*
Meknès

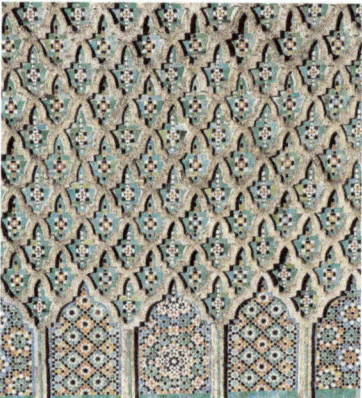

Bab Mansour, baie d'ouverture, détail de l'encadrement au décor en céramique, Meknès.

Bab Mansour, détail de l'encadrement de la baie décoré d'entrelacs sertis de mosaïques de faïence, Meknès.

moucharabieh, fixés entre les piliers, servaient à séparer le *sahn* des galeries. Celles-ci permettent l'accès aux chambres des étudiants situées au rez-de-chaussée; celles situées à l'étage s'ouvrent sur la cour par des fenêtres finement décorées. Dans la salle de prière étaient dispensés les cours aux jeunes étudiants. Celle-ci, assez vaste, est dotée d'un *mihrab* aménagé dans le mur de la *qibla*. Ce *mihrab* est une niche polygonale, dotée de part et d'autre de colonnes qui supportent un arc tracé dans un cadre carré entouré d'une inscription. À l'époque de Moulay Ismaïl fut aménagée à l'entrée de la médersa une coupole. La Bouinaniya de Meknès porte notamment l'empreinte andalouse dans ses éléments décoratifs: les façades intérieures de la médersa sont richement décorées; le sol est revêtu de carreaux de *zellige* composant des figures géométriques; les soubassements des murs sont également garnis de carreaux de *zellige* jusqu'à une hauteur de 1,60 m. Ces compositions sont couronnées par une frise épigraphique dont les caractères sont de couleur noire sur fond clair. Au-dessus, on voit des motifs en stuc de type géométrique, floral et épigraphique. La partie supérieure des façades est ornée de bois sculpté et de panneaux portant des inscriptions coraniques, des formules religieuses, des inscriptions dédicatoires, des motifs végétaux, arabesques, rinceaux...

I.1.d **Bab al-Mansour**

Place al-Hedim. Réaménagée en salle d'exposition, elle se trouve à l'extrémité de la place. Peinte sur toile à l'aquarelle, elle a été l'un des faits marquant "le temps du Maroc" pendant 4 mois à Paris, place de la Concorde.

Porte la plus imposante de Meknès, Bab al-Mansour al-'Alj, "la Porte du Renégat Victorieux", est aussi l'une des plus originales du Maroc. Sa construction, comme l'indique la large inscription en caractères cursifs sur la partie supérieure du monument, débuta à la fin du règne de

CIRCUIT I *La Ville Royale*
Meknès

Moulay Ismaïl et fut achevée par son fils en 1144/1732.

D'accès en chicane, comme la majorité des portes extérieures des villes marocaines, elle s'ouvre sur une baie de 8 m de hauteur, encadrée par deux tours carrées en saillie ouvertes sur des loggias. Ces deux bastions sont eux-mêmes flanqués de deux décrochements plus étroits supportés par deux hautes colonnes en marbre à chapiteaux composites.

Cette porte, remarquable par ses proportions et l'originalité de son plan, l'est aussi par sa riche ornementation dominée par un décor d'entrelacs. Disposés en bandeaux dans l'encadrement de la baie et au-dessus d'arcatures aveugles sur les deux tours, ces réseaux faits de losanges formant treillis sont incrustés de mosaïques de faïence, *zellige*, qui confèrent un charme singulier à cette porte majestueuse. Il est à noter que les fûts et chapiteaux sont en marbre de Carrare, fait exceptionnel. Ce marbre proviendrait semble-t-il, du palais al-Badiya de Marrakech, élevé par le prince saadien Ahmed al-Mansour al-Dhahbi (985/1578-1011/1603).

La porte connut différentes utilisations. Au XIXe siècle, le sultan Moulay Abderrahman fit élever une construction, à gauche en sortant de Bab al-Mansour, qui servait à tenir les réunions des chefs militaires et des hautes personnalités. L'édifice servit de tribunal au pacha de la ville qui y prenait, avec les chefs militaires, le déjeuner, chaque vendredi, après la prière. Devant ce monument, on organisait aussi des cérémonies religieuses et militaires. Ces coutumes se sont maintenues jusqu'à l'instauration du Protectorat en 1912.

I.1.e **Coupole des Ambassadeurs**

Reprendre la voiture et après avoir passé la porte à droite de Bab al-Mansour, suivre le panneau Mausolée Moulay Ismaïl. Parking en face de la coupole sur la place Al-Khayyatin.

Coupole des Ambassadeurs, vue extérieure, Meknès.

CIRCUIT I *La Ville Royale*
Meknès

Entrée payante. Horaires: tous les jours de 9:00 à 12:00 et de 15:00 à 18:00.

Ce pavillon, encore appelé coupole, est un petit édifice accolé à la première enceinte de la ville. Appelée aujourd'hui, "Coupole des Couturiers", nom qui évoque une de ses utilisations récentes, elle fut longtemps connue sous le nom de Coupole des Ambassadeurs. Cette désignation correspond aux fonctions premières de l'édifice car Moulay Ismaïl choisit d'y recevoir les ambassadeurs étrangers venus traiter, entre autres, du rachat des captifs chrétiens.

Construit sur un large espace rectangulaire, 6 m sur 8,20 m, le bâtiment s'inscrit dans un carré de 13,80 m de côté. L'entrée est surmontée d'un porche en saillie qui fut rajouté postérieurement. La porte monumentale est ornée de bandeaux en *zellige* formant des compositions géométriques, et des frises en bois sculpté. De part et d'autre de la coupole s'élève une petite chambre dont le plafond est revêtu de tuiles vertes; son sol est carrelé de *zellige* aux couleurs variées: bleu, jaune, blanc, rouge...

L'intérieur de la coupole, aussi large qu'harmonieuse, est constitué de dix arcades qui se font vis-à-vis portant des motifs en plâtre sculpté, partiellement restaurés. Les piliers qui supportent les arcades sont couverts de mosaïque jusqu'à une hauteur de 2 m. Les soubassements des murs de la coupole sont eux aussi ornés de mosaïque et couronnés par un bandeau en stuc où l'on peut lire l'inscription: *"La puissance est à Allah".*

Cet édifice est essentiellement marqué par sa coupole conique dont l'intrados est décoré de motifs géométriques et floraux.

I.1.f **Mausolée Moulay Ismaïl**

Situé en face de la coupole. Accès autorisé aux non-musulmans.
Entrée gratuite. Horaires: tous les jours de 8:30 à 12:00 et de 15:30 à 18:00.

Le complexe funéraire royal de la casbah de Meknès est situé au sud de *Dar al-Kebira,* entre la première et la troisième enceinte. L'emplacement ne doit rien au hasard car Moulay Ismaïl a choisi comme demeure mortuaire un endroit sanctifié, au préalable, par le tombeau d'un saint local, Sidi Abderrahman al-Majdhoub, poète et mystique du Xe/XVIe siècle. Le sultan Moulay Ahmed al-Dhahbi, fils et successeur de Moulay Ismaïl, a apporté de nombreuses modifications. L'irrégularité des constructions, où certaines pièces semblent comme creusées dans les murailles, témoigne qu'il s'agit d'un ensemble remanié à plusieurs reprises.

Avant d'entrer en détail dans la description de cet immense complexe, il est important de donner une vision générale de cet ensemble funéraire. Les deux koubbas qui ont déterminé le choix de l'endroit par Moulay Ismaïl paraissent avoir été jouxtées, dans un premier temps, par l'enfilade des trois éléments suivants: patio, salle funéraire et salle de lecture coranique. Il semble que les parties annexes n'aient pas été prévues au départ.

Si ce mausolée ne doit rien à ceux infiniment plus complexes du monde oriental, il est en revanche le descendant direct des tombeaux saadiens de Marrakech, dont les origines sont, quant à elles, proprement hispano-maghrébines. Le mausolée Moulay Ismaïl répète ainsi l'enfilade des trois pièces, celle du centre, de plan carré, abritant le tombeau princier, que

CIRCUIT I   *La Ville Royale*
Meknès

Mausolée Moulay Ismaïl, patio, Meknès.

l'on peut comparer à la succession des trois salles de la Rauda de Grenade. De plus, le motif de la salle carrée avec antisalle semble directement inspiré, cette fois, non de l'architecture funéraire, mais de l'architecture palatiale de Grenade.
Le plan initial semble avoir groupé l'enfilade des trois salles à l'est, les dépendances à l'ouest et au sud, c'est-à-dire la grande cour à deux portiques. À l'origine, l'accès au complexe se trouvait au nord, tourné vers *Dar al-Kebira*, l'entrée actuelle datant, elle, de l'époque du Protectorat.

L'entrée et les premières cours

Le premier complexe sur lequel s'ouvre la porte d'accès au mausolée est composé d'une salle d'entrée et de ces annexes: trois cours. Si cette première salle et la première cour ont un caractère fonctionnel de distribution et si la deuxième cour est un lieu de passage, la troisième cour offre un décor qui convient à un endroit où l'on séjourne. Elle se distingue par deux portiques qui se font face sur les côtés est et ouest, avec en son centre une vasque ronde et profonde.

CIRCUIT I *La Ville Royale*

Meknès

Silos à grains, arcatures des voûtes, Meknès.

Un *mihrab* simple et de forme hexagonale fut aménagé au mur du portique est, un second encastré dans le mur est de la cour. Sur les longs côtés de cette troisième cour, deux portes sont condamnées.

Le patio et les salles funéraires

Le patio, situé dans l'angle nord-est du complexe funéraire, est d'un travail soigné, repris lui aussi récemment, mais en réutilisant des éléments anciens. Il est marqué par des colonnes en marbre groupées par trois et couronnées de chapiteaux dont certains sont de type hispano-maghrébin: chapiteau opposant une partie cylindrique à double rangée de feuilles à une partie prismatique lourde avec un décor large de palmes et palmettes, plutôt gravé que sculpté.

Ce patio communique avec les autres salles funéraires par une porte aménagée dans le mur sud et richement décorée. Elle permet d'accéder à une sorte d'antisalle grandement ouverte sur la salle mortuaire par une baie en arc lisse outrepas-

CIRCUIT I   *La Ville Royale*
Meknès

sé et légèrement brisé. Au centre de la salle reposent les stèles funéraires du sultan Moulay Ismaïl, de son successeur Ahmed al-Dhahbi et du sultan Abderrahman Ibn Hicham.

I.1.g **Silo à grains**

Accessible en voiture. À l'extrémité nord de la casbah. Prendre à gauche en sortant du mausolée et franchir la porte Bab al-Rih pour longer le Palais Royal. L'ensemble était autrefois connu sous le nom de Dar al-Makhzen. Suivre la route jusqu'au bout, prendre à droite, se diriger tout droit en passant devant l'entrée principale du Palais Royal (à droite) et plus loin le long du terrain de camping d'où l'on peut apercevoir les silos.
Entrée payante. Horaires: tous les jours de 9:00 à 12:00 et de 15:00 à 18:00.

Œuvre du sultan Moulay Ismaïl, la Maison aux Dix Norias fait partie d'un ensemble tripartite qui se compose d'une bâtisse trapézoïdale, d'une série de voûtes parallèles en berceaux dont les plafonds se sont écroulés, les silos, et d'un bassin trapézoïdal, le Bassin des Norias. Bâtiment à fonction utilitaire, il témoigne de la volonté qu'avait Moulay Ismaïl de doter sa ville d'infrastructures qui lui permettraient d'être prémunie contre les dangers extérieurs et de se développer en sauvegardant son statut de ville impériale comme le furent Fès et Marrakech.

Maison aux Dix Norias

À l'intérieur de cette bâtisse, une série de salles exiguës entourent une pièce centrale plus spacieuse, à voûtes en berceaux sommairement maçonnées, et un couloir contourne ce massif central en doublant un système de 15 pièces recouvertes de voûtes coniques à 12 pans. À l'origine, chaque pièce ronde abritait une noria, c'est-à-dire un puits profond atteignant la nappe phréatique au moyen d'un chape-

Bassin des Norias, vue générale, Meknès.

CIRCUIT 1   *La Ville Royale*

Meknès

*Bab Bardaïn,
vue générale,
entrée extérieure,
Meknès.*

let de godets en forme de vases à fond pointu.
Contigus à cet ensemble hydraulique, des silos furent aménagés; silos trop souvent nommés à tort écuries.

Les silos

Une série de 22 arcades, de 14 arcs chacune dont certains ont été bouchés ultérieurement, se trouve adjacente au mur sud-ouest de la bâtisse aux Dix Norias. Ces couloirs ont été appelés à tort des écuries alors qu'il s'agit là de silos.
Considéré comme l'une des plus belles réalisations du sultan Moulay Ismaïl, le bâtiment était destiné à entreposer les produits alimentaires, particulièrement le blé comme le note l'historien al-Nassiri au XIXe siècle:
"*Moulay Ismaïl ordonna également la construction dans la casbah d'un grenier à provisions aux couloirs en voûte pour le blé et les autres grains, qui pouvait contenir les grains pour tous les habitants du Maroc*".
Les mulets qui amenaient le blé des différentes régions n'accédaient pas par les portes principales de l'édifice mais traversaient une allée qui les menait à des ouvertures circulaires percées dans la terrasse de l'édifice et dans lesquelles le blé était déversé.
La bâtisse, construite sur un espace de 182 m de longueur sur 104 m de largeur, renfermait de larges salles rectangulaires qui étaient en fait des greniers souterrains, même si aujourd'hui tous les plafonds se sont écroulés et s'il n'y a plus de traces des "trous-plafonniers" qui devaient y être pratiqués. Une allée centrale est maintenue praticable jusqu'au mur postérieur. Des piliers soutenant des arcs en plein cintre de 3 m de diamètre divisent la salle en 18 travées et 23 nefs, couvertes à l'origine de voûtes en berceau. Cette partie de la casbah est particulièrement

impressionnante aujourd'hui; l'abandon pittoresque et fleuri convient à merveille à ces séries d'arcades en terre battue.

I.1.h Bassin des Norias

Situé au pied du bâtiment abritant les silos.

Selon l'historien Ibn Zidane, Moulay Ismaïl *"fit aménager à l'intérieur de la casbah une grande pièce d'eau sur laquelle on pouvait se promener en embarcations de plaisance"*. Malgré cette description, les fonctions utilitaires l'emportent sur le caractère de loisir car aucune préoccupation esthétique ne semble avoir prévalu à l'édification du bassin.
Le bassin dit Bassin des Norias, *Sahrij Swani*, est l'un des trois édifices qui constituent le complexe connu aussi sous le nom de Maison aux Dix Norias.
La construction de cet édifice hydraulique visait à assurer les besoins en eau de la population, la ville ayant été à plusieurs reprises l'objet de sièges des tribus de la région, et à alimenter les édifices et les équipements de la ville comme les mosquées, les bains, les maisons, les jardins et les vergers.
Ce bassin artificiel de forme rectangulaire, remarquable par sa taille de 148,75 m sur 319 m et une profondeur moyenne de 1,20 m, était alimenté par les dix norias du bâtiment voisin, au-dessous des silos souterrains, elles-mêmes reliées au bassin par des canalisations en poterie. À l'origine trois hautes murailles crénelées auraient entouré le bassin. Il n'en reste qu'un rempart isolé vers le quartier des Beni Mhamed au sud-ouest, et les bases d'une enceinte d'une épaisseur de plus de 2 m.

Promenade en médina
Il est possible de se rendre à pied au monument I.1.i en traversant la médina. Retourner place al-Hedim. Passé la voûte à gauche du musée Jamaï, se diriger vers la rue Nejjarine spécialisée dans la vente de tissu et de babouches. En prolongeant la rue vers l'ouest, et après s'être engagé dans la rue Sekkarine, on aboutit à une sortie située dans le mur ouest de la médina menant au Mellah. En empruntant cette sortie, et en suivant la ruelle qui contourne les remparts sur l'extérieur, on débouche sur le marché aux épices très coloré, puis sur un marché aux puces non loin des tanneries de Meknès. En entrant de nouveau dans la médina par Bab al-Jdid, reprendre sur la gauche la rue al-Hanaya, la remonter vers le nord en direction de la mosquée Bardaïn à proximité de la porte Bab Bardaïn.

I.1.i Bab Bardaïn

Située à l'extrémité nord de la médina. En voiture, reprendre le boulevard circulaire, la porte se trouve sur votre droite.

Les enceintes de la casbah ismaïlienne étaient percées à l'origine de 20 portes fortifiées surmontées de bastions. Bab Bardaïn, la porte des fabricants de bâts, située dans la partie septentrionale de l'enceinte de la ville, comprend aujourd'hui deux portes séparées par une cour.
La porte ancienne, érigée par Moulay Ismaïl en 1132/1720, se dresse au sommet d'une colline et paraît à la fois majestueuse et élancée entre ses deux tours, en saillie sur la courtine. La partie décorée de cette porte non coudée, inscrite dans un carré dont les côtés mesurent un peu plus de 11 m, a été récemment restaurée.

CIRCUIT I *La Ville Royale*
Moulay Idriss Zerhoun

Cette porte devait tenir au XIIe/XVIIIe siècle, et contrairement à aujourd'hui, un rôle important dans l'économie de Meknès, concentrant sur elle tous les échanges tant commerciaux que diplomatiques avec le nord et donc avec l'étranger. On conçoit ainsi que Moulay Ismaïl ait doté cette entrée de la médina d'une porte digne des quartiers royaux.

Non loin, se trouve la nouvelle porte, Bab Bardaïn. Elle donne sur le mausolée de Moulay Abdallah Ibn Ahmed, le cimetière des Chouhada et le grand cimetière où furent enterrés de nombreux saints de Meknès tels que Cheikh al-Kamal et Sidi al-Harthi.

I.2 MOULAY IDRISS ZERHOUN (option)

I.2.a Mausolée Moulay Idriss Zerhoun

À 28 km de Meknès sur la route de Kénitra se trouve le village de Moulay Idriss. Le mausolée se trouve au centre du village. Accès réservé aux musulmans.

Gros village blanc accroché à la montagne du Zerhoun, la cité-mausolée domine le plateau environnant et regarde vers les ruines romaines de Volubilis. C'est une petite ville, célèbre parce qu'elle abrite le mausolée du prince ayant fondé la première dynastie marocaine musulmane. Moulay Idriss Ibn Abdallah, cinquième descendant d'Ali, gendre du Prophète, fuyant les guerres entre Abbassides et Omeyyades en Arabie, est venu au Maroc où il fut accueilli comme le descendant de la famille du Prophète. Le prince berbère local de Oualili, qui s'était rallié à l'islam, appela les tribus à suivre le Chérif. Mais la mort prématurée de Moulay Idriss, en 176/793, sans doute empoisonné par ordre du Calife abbasside, ne lui laissa pas le temps de donner à sa nouvelle dynastie la structure qu'il aurait voulu. Avant son décès il avait épousé une Berbère du nom de Kenza qui lui donna un fils posthume. Celui-ci portera le nom d'Idriss le second, et continuera l'œuvre de son père.

Le tombeau d'Idriss le père, construit en mausolée avec sa coupole, devint un lieu saint, vénéré par les Marocains. Le monument ne changea pratiquement pas jusqu'au XIe/XVIIe siècle, lorsque le sultan alaouite Moulay Ismaïl donna l'ordre de le démolir et d'acheter les propriétés avoisinantes pour les adjoindre au mausolée. Les travaux durèrent près de trois années, 1131/1719-1133/1721. Moulay Ismaïl y ordonna la prière du vendredi, signe de l'importance donnée au mausolée et à la ville de Moulay Idriss Zerhoun.

En 1237/1822, le sultan alaouite Moulay Abderrahman le fit agrandir et embellir à son tour: il acheta la maison voisine à la coupole, entre ce monument et la *qaysariya*, et la fit démolir pour y édifier une mosquée encore plus belle et plus large. Le mausolée du saint fut alors décoré de nouveau.

La coupole sera agrémentée de belles céramiques, au temps du sultan Sidi Mohamed (1859-1873), par le grand *m'allem*, artisan qualifié de la céramique à Meknès, Ibn Makhlouf.

Le sultan Mohamed V (1927-1961), et son fils, le roi Hassan II (1929-1999), firent refaire les décorations du *Dharih*, mausolée, et élargirent une fois de plus la mosquée.

Aujourd'hui encore, Moulay Idriss est

chaque année l'objet d'un grand pèlerinage à l'occasion du *Moussem* du saint. De nombreuses tribus viennent alors prier dans le mausolée.

L'habit richement décoré de broderies dorées qui recouvre le catafalque du saint est changé une fois l'an ou tous les deux ans, accompagné de cérémonies religieuses auxquelles participent les autorités politiques et religieuses du pays ou de la région.

C'est une véritable fête pleine de chants, de l'odeur du parfum et des sacrifices et du bruit des coups de fusils, pendant laquelle les pèlerins remplissent la ville, en une grande procession.

Volubilis
À 5 km de Moulay Idriss et à 31 km de Meknès, se trouvent les ruines romaines les plus importantes du Maroc. Le site de Volubilis est en effet un des hauts lieux culturels du Maroc. Ancienne capitale du roi Juba II, époux de la fille de Cléopâtre et Marc Antoine, elle renferme toute l'histoire romaine du Maroc.
Accès payant. Ouvert tous les jours.

MOULAY ISMAÏL

Portrait du grand Chérif Moulay Ismaïl, gravure du XVIIIᵉ siecle.

Homme vigoureux, bien bâti, assez grand mais de taille fort déliée, Moulay Ismaïl au *"visage long, plutôt noir que blanc c'est-à-dire fort mulâtre"* était *"l'homme le plus fort et le plus vigoureux de ses États"* selon Saint-Olon, ambassadeur de Louis XIV auprès du sultan.

D'une volonté à toute épreuve –*"Si Dieu m'a donné le royaume, personne ne peut me l'ôter"* se plaisait-il à répéter– mais aussi d'une très grande perspicacité politique, Moulay Ismaïl entendait être toujours le "primus inter pares". Dans les affaires de l'État comme dans les besognes de second ordre, il tenait à être le premier et à donner l'exemple. *"Que ce soit dans la guerre ou bien dans les travaux de paix, comme par exemple dans la construction de Meknès où on le voit fréquemment mettre la main à la pâte tout comme le dernier des manœuvres"*, sa présence effective n'a jamais fait défaut.

Moulay Ismaïl, second sultan de la dynastie alaouite, passa vingt-quatre années de son long règne, 55 ans, à pacifier le pays, à combattre les insoumis et les insurgés, et à construire l'ordre politique. Pour cela il avait besoin d'une armée forte, permanente et dévouée. Il l'organisera autour de contingents noirs de près de 150 000 hommes auxquels il fait prêter serment sur le recueil de *hadiths* de l'imam al-Boukhari, l'un des quatre plus grands traditionalistes de l'Islam; d'où le qualificatif de *'Abids al-Boukhari*, "Esclaves d'al-Boukhari", qu'on leur donna. D'autre part, il avait besoin d'une présence permanente dans tout le territoire. Il l'obtiendra par l'édification à travers le pays de forteresses où il plaça des contingents fortement armés, chargés de maintenir l'ordre ou de contenir les tribus non encore vaincues.

Vers 1111/1700, le règne de Moulay Ismaïl atteint son apogée. L'ensemble du Maroc, la Mauritanie actuelle, le Touat, lui obéissent. Il contrôle la course dont il perçoit 70% de la valeur des cargaisons capturées. Les contacts économiques avec l'Europe reprennent et les maisons commerciales européennes sont présentes à Tétouan, Salé, Safi, et Agadir. Les places occupées par l'Espagne sur la côte atlantique sont reprises. Avec la France et l'Angleterre, de nombreuses ambassades sont échangées. Dans l'ensemble, les relations du Maroc avec les grands pays européens se normalisent et s'intensifient.

Contemporain de Louis XIV, Moulay Ismaïl est considéré par ses contemporains et par presque tous les chroniqueurs comme le plus grand monarque de la dynastie alaouite durant ses deux premiers siècles d'existence. Comme Louis XIV, il tenait à marquer son temps et à laisser indélébile sa marque sur le pays. Il résolut donc d'édifier une ville royale entièrement conçue et planifiée par lui: ce fut la ville royale de Meknès qu'il éleva au rang de capitale.

À la mort du sultan (1139/1727), qui s'était maintenu au pouvoir en menant de constantes luttes, la ville allait connaître de nombreuses difficultés. C'est que l'édifice créé par Moulay Ismaïl reposait entièrement sur sa seule personne. À titre d'exemple, son armée, qui avait été conçue pour être le garant non seulement de la force de l'État mais aussi de sa continuité, devint, par ses agissements et ses interventions directes dans les affaires politiques, un fort agent déstabilisateur. Pendant trente ans et presque sans relâche, elle imposa sa loi, nomma et déposa les sultans. La conséquence fut la ruine du pays: trésor vide, vie économique ruinée, anarchie sociale, etc.

La légende et les chroniques marocaines et étrangères nous ont laissé de lui cette image de grand sultan. Mais les chroniques françaises n'ont retenu des correspondances entre Louis XIV et Moulay Ismaïl que la demande en mariage de la princesse de Conti, que le sultan a fait au roi de France, son frère.

CIRCUIT II

Journée d'un taleb à Fès

Mohamed Mezzine

II.1 FÈS

   II.1.a Musée Batha
   II.1.b Bab al-Guissa
   II.1.c Mosquée al-Guissa
   II.1.d Médersa al-Guissa
   II.1.e Fondouk Sagha
   II.1.f Médersa Attarine
   II.1.g Mausolée Moulay Idriss
   II.1.h Médersa Cherratine
   II.1.i Mosquée Qaraouiyine
   II.1.j Médersa Mesbahiya
   II.1.k Bibliothèque Qaraouiyine

La Calligraphie

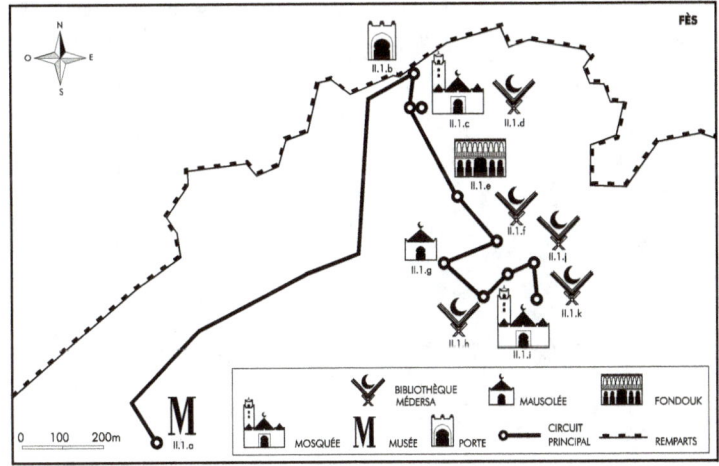

Mosquée Qaraouiyine, pavillon saadien, vasque aux ablutions, Fès.

Aperçu historique de la ville de Fès

Si l'histoire de la ville de Fès qui a vu se succéder plus de sept dynasties en douze siècles se confond avec celle du Maroc, l'histoire de son urbanisation est imbriquée dans son histoire politique, culturelle, économique et religieuse que l'on peut diviser en trois grandes étapes:
— fondation et consolidation de la ville du IIIe/IXe au VIIe/XIIIe siècle,
— l'apogée mérinide du VIIIe/XIVe au début du IXe/XVe siècle,
— renaissance de la ville avec les Saadiens et les Alaouites du Xe/XVIe au XXe siècle.

Dès la fondation de la ville, au IIIe/IXe siècle, deux noyaux distincts apparurent séparés par la rivière, l'*oued Fas*, encore appelé *oued al-Jawahir*, rivière des perles. Siège du pouvoir des Idrissides, la cité de la rive gauche, *adwat al-Qaraouiyin*, avec l'aménagement d'une mosquée, la mosquée *al-Achraf*, et d'une *qaysariya* prit, cependant, rapidement de l'avance sur celle de la rive droite, *adwat al-Andalous*. Grossie au IIIe/IXe et IVe/Xe siècles de quelques milliers de familles andalouses expulsées de Cordoue, venues s'établir sur la rive à laquelle elles donnèrent leur nom, la cité de la rive droite garda un caractère rural, contrairement à celle de la rive gauche qui abrita les quelque deux mille familles kairouanaises venues chercher refuge à Fès.

Chaque rive formant cité fut entourée d'une enceinte. Celles-ci, malgré la grandeur et la solidité des murs, communiquaient entre elles et avec l'extérieur. Fès devint très vite un centre important, attirant de plus en plus l'attention des États de l'époque: Abbassides de Baghdad, Fatimides d'Égypte et Omeyyades d'Espagne.

Convoitée tour à tour par les chefs militaires des principautés berbères de la région, les Zénètes, la ville connut une période de troubles à la fin du IIIe/IXe siècle, à la chute des Idrissides, jusqu'au début du Ve/XIe siècle, et fut partagée entre les frères zénètes al-Guissa et al-Foutouh dont les deux grandes entrées nord et sud portent encore le nom.

En rétablissant l'ordre nécessaire, les Almoravides, nouveaux maîtres du Maroc au Ve/XIe siècle, réaménagèrent la médina en supprimant les remparts qui la partageaient en deux. Ils bâtirent des ponts, comme les ponts Tarrafine et Bab Selsla, facilitant le passage entre les deux rives; les deux villes idrissides ne formèrent alors plus qu'une seule cité dès 462/1070. La nouvelle dynastie régularisa le cours de l'oued *Fas*, organisa la distribution et l'alimentation en eau de la ville, en

Médersa Attarine, niche du mihrab, Fès.

aménageant un système complexe de double canalisation permettant à la fois d'alimenter en eau fraîche les mosquées, les maisons et les ateliers et d'évacuer leurs eaux usées.

Poursuivant l'œuvre de leurs prédécesseurs, les Almohades supprimèrent à leur tour les remparts extérieurs de la ville, symbole de sa puissance. On attribue d'ailleurs à Abd al-Moumen, prince almohade, les paroles suivantes: *"Nous n'avons pas besoin d'être défendus par les murs; nos remparts sont nos épées et notre justice"*.

L'ère de prospérité que connut Fès, alors plaque tournante des routes de l'Empire almohade, particulièrement au VIe/XIIe siècle, fut placée sous le signe des grands travaux: reconstruction des remparts de la ville à la façon almohade, et de la casbah Boujloud après avoir été détruite par le sultan almohade Abd al-Moumen, restauration et agrandissement des deux grandes mosquées de la médina, *al-Qaraouiyine* et *al-Andalus*. On dénombrait ainsi, à l'époque du prince al-Mansour (579/1184-595/1199) 780 mosquées et oratoires, 42 salles d'ablution, 80 fontaines, 93 bains publics, 467 fondouks, 9 082 boutiques, 29 236 maisons.

Mais avec l'accession au pouvoir des Mérinides au $VII^e/XIII^e$ siècle, Fès, dont ils firent leur capitale politique, connut son heure de gloire. Retrouvant une stabilité politique, la ville devint le centre d'une vie culturelle intense, d'une activité commerciale sans précédent, accueillant dans ses fondouks des caravanes entières venant ou allant au Soudan occidental ou en al-Andalus. De grands projets architecturaux, où l'on a vu l'accomplissement de l'art hispano-maghrébin, furent entamés.

Le sultan mérinide, à l'étroit dans la casbah almoravide de Boujloud, décida en

Mausolée Moulay Idriss, paravent d'entrée en bois de cèdre, vue de l'extérieur, Fès.

672/1274, de construire une nouvelle cité jouxtant la médina: *Fas-Jdid*, Fès la Neuve, qui fut construite en quelques années. Destinée à être le symbole de la puissance et la gloire de la nouvelle dynastie, la nouvelle ville porta dans un premier temps le nom emblématique de *al-Madina al-Bayda'*, la ville blanche, par opposition à celle fondée par Moulay Idriss dont les murs, patinés par la marque du temps, étaient déjà vieux de six siècles. Le pouvoir mérinide réserva *Fas Jdid* aux logements des princes, aux demeures des grands dignitaires politiques et militaires de la dynastie, et ils y installèrent la communauté juive installée auparavant en pleine médina près du mausolée Moulay Idriss.

L'originalité du règne mérinide s'affirma, cependant, dans la création de médersas, fondations pieuses à vocation pédagogiques et nouvel instrument de pouvoir.

Ils élevèrent sept médersas à Fès qui devaient servir à la fois à enseigner leur propre idéologie, différente de celle des Almohades, et à propager leur doctrine malékite en formant des fonctionnaires de la justice, de l'administration et de l'État tout-puissant. Le pouvoir mérinide fut soutenu dans cet effort par les Andalous fuyant la reconquête chrétienne. Des savants, des artisans anonymes, des commerçants rejoignirent la capitale mérinide et contribuèrent par leur savoir et leur savoir-faire à la reconstruction de la ville, de ses médersas et de ses mosquées, et à l'embellissement de ses monuments. Le travail de la mosaïque, du *zellige*, du bois et du stuc à la façon andalouse fut propagé par les artisans venus de Séville, de Tolède et de Grenade. Les grands savants andalous, tels Ibn al-Khatib et Ibn Khaldoun, apportèrent leur contribution à l'enseignement dans les médersas et à la Qaraouiyine. Le dernier prince nasride de Grenade, Abou Abdil, ramena d'al-Andalus toute sa fortune et s'installa à Fès avec toute sa suite.

Avec la fin de l'apogée des Mérinides, les difficultés économiques et politiques que connut le Maroc au IXe/XVe siècle n'épargnèrent pas Fès qui ne retrouva son prestige qu'avec l'arrivée des Saadiens au pouvoir à Fès, en 956/1549, et des Alaouites, au Xe/XVIe siècle. Avec les Turcs, les Espagnols et les Portugais aux portes du Maroc, les Saadiens dotèrent la ville de deux bastions, l'un au nord et l'autre au sud, qui visaient à contrôler et protéger la ville de toutes menaces extérieures. D'autre part, le "grand" sultan Ahmed al-Mansour (985/1578-1011/1603) élargit la Qaraouiyine, enrichit sa bibliothèque, régularisa le flux de l'oued *al-Jawahir*, qui traverse la médina, en construisant le barrage d'Abou Touba en amont, à l'entrée sud-ouest de la ville.

Quand les Alaouites arrivèrent au pouvoir, ils s'installèrent d'abord à Fès avant de passer à la conquête du reste du pays. Ils poursuivirent, comme leurs prédécesseurs, l'effort de restauration et de construction d'édifices religieux, culturels et économiques. Les activités économiques, l'artisanat et le commerce furent organisés à Fès, comme à l'époque mérinide au VIIIe/XIVe siècle, avec leurs quartiers, leurs fondouks et leurs ateliers. Les métiers furent regroupés en corporations, *hanta*, contrôlées par un *mouhtasib*. Les fondouks et les marchés se répartissaient dans les différentes parties de la médina: le souk *'Attarine*, marché aux épices, le souk *Chemaine*, marché aux bougies et le souk *Nejjarine* jouxtaient les fondouks *Sagha*, *Staouiniyine* et *Chemaine* au centre de la médina, non loin des grands axes qui la traversent: *Tal'a Lekbira*, la grande montée, et *Tal'a Sghira*, la petite montée. Les marchés de quartier, où se vendaient toutes sortes de marchandises, complétaient les marchés principaux spécialisés qui s'organisaient au centre de la médina. Aux XIIe/XVIIIe et XIIIe/XIXe siècles, la ville de Fès redevint une destination lucrative pour les commerçants de Tlemcen, d'Alger, du Sénégal et de l'Europe. Les fondouks reprirent du service. De nombreux consuls et voyageurs anglais, français, allemands et espagnols l'ont visitée et y ont installé leurs représentants.

Le traité du Protectorat fut signé à Fès en 1912. Le général Lyautey, qui devait organiser ce Protectorat, avait mis en place un système d'administration qui visait à sauvegarder l'identité culturelle de Fès; les édifices religieux et culturels furent préservés et réhabilités. Il créa une nouvelle ville, à l'ouest de *Fas Jdid* et de la médina, pour loger les colons et l'administration de la ville.

Après l'indépendance, la ville allait connaître un départ massif de ses familles commerçantes, parties chercher fortune dans les nouvelles grandes villes du Royaume: Casablanca et Rabat. En 1981, proclamée par l'Unesco patrimoine universel de l'humanité, la ville devait bénéficier de l'attention des intellectuels et des mécènes. Des opérations ciblées de sauvegarde allaient prendre en charge médersas, mosquées et fondouks.

Introduction au circuit

Le système d'enseignement, propre à la civilisation musulmane, reposait sur un enseignement pluridisciplinaire comprenant outre la théologie, pilier du savoir, des disciplines dites profanes comme l'astrologie, les mathématiques ou la médecine, comme en témoigne la traduction littérale du terme arabe *taleb,* désignant l'étudiant à l'université; terme venant du verbe *talaba,* demander, signifiant "le quêteur de science".

Métropole des lettres, des sciences et des arts, la Fès des Mérinides, du VIIe/XIIIe au IXe/XVe siècle, fut à l'apogée de ce système d'enseignement grâce notamment aux encouragements des sultans, eux-mêmes hommes de science et de culture. Fait marquant de l'époque mérinide, l'introduction au Maroc des médersas, répandues au Machrek, depuis le VIe/XIIe siècle, permit à la dynastie d'asseoir son pouvoir en contrant celui des confréries locales, les zaouïas. Offrant, en plus de la formation requise, le gîte et le couvert, ce système d'enseignement était basé sur le mécénat d'État, venant

Mosquée Qaraouiyine, fontaine et pavillon saadien, Fès.

en aide à la vie dévote faite d'abnégation et de détachement du jeune *taleb*. Ces collèges religieux, ou fondations pieuses à vocation pédagogique, étaient destinés à préparer à l'enseignement supérieur dispensé à la Qaraouiyine. Temple du savoir, parmi les plus anciens et les plus célèbres du monde musulman, la mosquée dispensait son enseignement bien avant l'arrivée des Mérinides, sa fondation remontant au IIIe/IXe siècle; mais elle semble avoir acquis son statut d'université sous les Mérinides, qui fixèrent cours et programmes et réglementèrent les examens. Fréquentée par les plus grands *'oulama'* venus des différentes villes du Maroc ou encore de Cordoue, Grenade et Séville, comme Ibn Khaldoun au VIIIe/XIVe siècle, elle contribua à la formation d'une élite intellectuelle qui a joué un rôle de premier plan dans la civilisation arabo-musulmane. Il est à noter que la civilisation urbaine de cette période possédait un caractère fortement hispanique, du fait de l'influence des réfugiés andalous et des liaisons étroites et incessantes entre Fès et Grenade. Les écrivains et artistes passaient fréquemment d'une capitale à l'autre, et la circulation des lettrés était courante et concernait les savants spécialisés dans les sciences dites traditionnelles: philosophie, anatomie, médecine...

La force d'attraction cosmopolite de la ville de Fès, particulièrement au VIIIe/XIVe siècle, y drainait une myriade de populations de jeunes étudiants venus des contrées les plus lointaines du Maghreb, et d'ailleurs, en quête de savoir. Accéder à l'Université de la Qaraouiyine était ainsi le rêve de tout jeune *taleb* comme celui que l'on se propose de suivre, et qui, studieusement, répartissait sa journée entre la médersa, la mosquée et l'université.

Originaire des collines pré-rifaines du nord du pays, le jeune étudiant arriva un jour de marché, accompagné de son père, avec le rêve de devenir '*alim*. De la porte Bab Guissa, ouvrant la médina sur le nord du pays et lieu d'entrée de ceux venant d'al-Andalus, il se rendit à la mosquée al-Guissa, accolée à la porte du même nom. Après y avoir fait ses ablutions, il se consacra à la prière matinale avant de se diriger studieusement vers la médersa attenante à la mosquée. Là, il put y suivre ses premiers cours dispensés par les maîtres issus de la Qaraouiyine ou leurs disciples. Il s'agissait avant tout de démontrer sa capacité à mémoriser le Coran, à en expliquer certains versets, formation de base que tout jeune *taleb* avait reçue au préalable dans les écoles coraniques. En effet, la mémorisation littérale des ouvrages étudiés est la règle d'or de la pédagogie classique: les textes font l'objet d'une lecture commentée par le maître pendant les séances de cours, et sont automatiquement appris par l'étudiant en même temps que ces explications.

Gîte et couvert n'étant assurés qu'à une vingtaine d'élèves à la médersa al-Guissa, notre jeune *taleb*, qui n'avait pu être encore admis dans les prestigieuses "résidences-universités" de la ville, comme les médersas Bouinaniya, Attarine ou Mesbahiya, où l'on offrait hébergement et repas pourvu qu'on se soit fait remarquer par sa persévérance et sa réussite dans les études, alla retrouver son père au caravansérail du quartier, le fondouk Sagha destiné à loger les visiteurs en tout genre.

Partis déjeuner dans une des multiples gargotes du quartier Attarine, souk le plus ancien et le plus animé de la ville, ils se retrouvèrent dans une des ruelles entourant le sanctuaire de Moulay Idriss, fondateur de la ville, où des poutres horizontales mises ici et là à hauteur de tête, forçant les animaux impurs à reculer et les passant à courber la tête, avertissaient chacun qu'ils pénétraient dans un espace sacré. Lieu le plus vénéré de Fès, voire du Maroc, il rassemblait des étudiants, des '*oulama*' ou de simples visiteurs venus se recueillir près du catafalque du saint patron.

Avant de rejoindre son cours, notre *taleb* alla flâner dans la rue Boutouil longeant la Qaraouiyine, et réputée pour ses bouquinistes. Là, des boutiques chargées de manuscrits s'offraient aux *tolba* de Fès. Des traités les plus rudimentaires aux écrits théologiques des grands savants de l'islam, en passant par les livres d'astrologie et de médecine importés du Machrek ou d'al-Andalus, étaient exposés dans des échoppes exiguës.

Musée Batha, galerie ouest, salle centrale du musée, Fès.

Rejoignant son père, le jeune *taleb* prit place dans la vaste salle de prière de la mosquée Qaraouiyine, à coté des nombreux étudiants qui, prévenants, se tenaient poliment derrière leurs maîtres. Après une prière solennelle, dirigée par le grand *mufti* de Fès, les séminaires se formèrent où chaque *'alim*, entouré de ses étudiants, et installé à la place qui lui était réservée, sur une chaise large et surélevée, près d'un pilier, entama son cours.

La vie quotidienne de la "mosquée-université" s'inscrivait autour du culturel, et les cours donnés là, au rythme des appels du *adan*, commençaient dès l'aube, après le rituel de la prière. Cent chaires d'enseignement étaient pourvues à la Qaraouiyine, où les sciences traditionnelles, la jurisprudence, l'exégèse coranique, la tradition prophétique, *hadîth*, tenaient le haut du pavé avec la langue et la grammaire; mais on y enseignait également d'autres disciplines, notamment les sciences rationnelles comme la logique, les mathématiques, la philosophie, la médecine et l'astronomie.

Accolée à la mosquée, la bibliothèque, aménagée au VIIIe/XIVe siècle, venait renforcer le complexe culturel formé par la Qaraouiyine. Venu y préparer son cours du lendemain, notre jeune *taleb*, entouré des copistes qui travaillaient à partir de livres achetés en al-Andalus ou rapportés par les pèlerins revenant d'Orient, se mit à rêver: un jour, il deviendrait peut-être l'un des savants ou imam de la Qaraouiyine.

II.1 FÈS

II.1.a Musée Batha

Suivre le panneau Syndicat d'Initiative. Arrivé place de la Résistance, prendre l'avenue du Batha. L'entrée principale du musée se trouve

CIRCUIT II *Journée d'un taleb à Fès*

Fès

Musée Batha, riyad, portique en bois peint, détail, Fès.

dans la rue Zerktouni sur la gauche. Entrée payante. Horaires: de 8:30 à 12:00 et de 14:30 à 18:00. Fermé le mardi.

Le palais Batha, aujourd'hui reconverti en musée, est situé à l'intersection de la médina Idrisside, *Fas al-Bali*, et la cité Mérinide, *Fas Jdid*, à proximité des jardins Boujloud.
Commencé sous les ordres du sultan alaouite, Moulay al-Hassan, vers la fin du XIXe siècle, pour y accueillir les hôtes de marque, le palais fut achevé sous le règne de son successeur, le sultan Moulay Abdelaziz. D'abord occupé par les services de la Résidence, il devint le siège de l'état-major. En 1916, cet édifice royal changea de fonction pour devenir le Musée des Arts Indigènes.
Composé de deux bâtiments séparés, le palais se distingue par son magnifique *riyad*, attestant de la fonction d'agrément et de résidence estivale du palais. Les galeries longeant le *riyad*, dont les portiques reposent sur des colonnettes en bois peint, sont remarquables par l'ornementation de leur plafond aux motifs géométriques et floraux. Les cours est, qui servaient autrefois d'entrepôt, et ouest du palais sont revêtues de pièces de marbre séparées par des bandeaux en *zellige*.
La galerie bordant la cour ouest du musée abrite les salles où sont exposés des chefs-d'œuvre de l'art marocain:
— manuscrits, poteries et céramiques, pièces de cuivre et d'argent, tapis et tissus, et des pièces de bois, de plâtre et de marbre anciens;
— vestiges ornementaux provenant des maisons anciennes tombées en ruine: portes décorées, poutres sculptées, plâtres ciselés, frises décoratives en bois ou en plâtre, marqueterie de bois précieux rehaussés de nacre, pierres tombales délicatement ouvragées sont répartis dans les différentes salles du musée;
— vitrines abritant les différents modèles de bijoux existant dans la région: bagues ornées de pierres précieuses, massifs bracelets d'argent, fibules ouvragées, colliers formés de piécettes, lourds ornements frontaux agrémentés de pierres de perles ou d'émaux. Les poteries, en faïence polychrome, occupent une grande salle.
Aujourd'hui restauré, le musée est également utilisé pour abriter les manifestations culturelles de la ville de Fès.

Il est préférable de laisser sa voiture sur le parking gardé, place du Batha, et de se rendre par la suite en taxi Bab al-Guissa. Le circuit se fait à pied à l'intérieur de la médina. Compter 1h 30.

II.1.b Bab al-Guissa

Porte située au nord de la médina. Possibilité d'y accéder en voiture en suivant le panneau Palais Jamaï. Parking gardé sur la place al-Guissa.

Ouverte au début du siècle, la porte Bab al-Guissa porte le nom d'une ancienne porte construite, au IVe/Xe siècle, par le prince al-Guissa, sur les anciens remparts. Avec l'élargissement de la ville, les Almohades puis les Mérinides élevèrent de nouveaux remparts, et ouvrirent, au nord de la médina, une nouvelle entrée du nom de la première: Bab al-Guissa.
Restaurée par le sultan mérinide Abou Youssef Ya'coub, au VIIe/XIIIe siècle, elle fut reconstruite après le tremblement de terre de 1147/1735 et la destruction de la médina. Le remblai, qui se trouve aujourd'hui à la sortie de la porte, ne serait, selon al-Qadiri, que l'amoncellement des matériaux sortis des décombres de destructions.
La porte, rendue célèbre par le souk aux oiseaux, qui se tenait à proximité, et par les conteurs qui venaient, autrefois, raconter histoires et légendes populaires, présente une décoration architecturale simple avec quelques *zelliges* et quelques entrelacs de plâtre (restaurés).
Deux autres portes, à quelque 100 m plus bas vers l'est, ouvrent aujourd'hui cette partie de la médina sur la colline des tombeaux mérinides, et sur les nombreuses zaouïas situées à proximité.

À l'est de la porte, le grand hôtel Palais Jamaï, ancien palais du XIXe siècle ayant appartenu au ministre Jamaï du sultan alaouite Moulay Hassan.

Bab al-Guissa, vue générale, Fès.

Mosquée al-Guissa, cour et minaret, Fès.

II.1.c **Mosquée al-Guissa**

Accolée à la porte du même nom.

Située à quelques mètres de la porte al-Guissa, la mosquée al-Guissa reste difficile à dater. Une colonne en marbre, datant de l'époque mérinide, encastrée à l'angle nord-est de l'édifice, porte l'inscription suivante: *"À notre maître Abou al-Hassan, émir des Croyants"*. S'agit-il du sultan mérinide Abou al-Hassan? Il est difficile de répondre à cette question, car Ibn Marzouq, qui a consacré un ouvrage à son maître, le sultan Abou al-Hassan, ne cite pas cette mosquée dans la liste des constructions du sultan, se contentant d'écrire qu'Abou al-Hassan fit construire plusieurs mosquées dans sa capitale Fès.

La mosquée est, en revanche, mentionnée dans le registre des biens *waqf* datant de 964/1557, époque saadienne. Elle fut ensuite élargie et restaurée, au XIIe/XVIIIe siècle, sous le règne du sultan alaouite Sidi Mohamed Ibn Abdallah, lors de la construction de la médersa qui lui est attenante.

L'édifice se distingue par une cour très vaste renfermant en son centre une fontaine, et entourée sur les trois côtés par une galerie. La salle de prière, peu profonde, constituée de deux nefs transversales à cinq travées, présente un *mihrab* richement décoré, la niche du *mihrab*, étant elle-même surmontée d'une série de claustras. Derrière le mur de la *qibla*, s'étend la mosquée des obsèques ou des morts, composée de deux nefs séparées par des arcs brisés reposant sur des piliers de section carrée.

Cet édifice religieux possédait deux chaires d'enseignement et, à l'instar des médersas et des nombreuses mosquées de Fès, il participa activement à la diffusion du savoir et de la culture.

II.1.d **Médersa al-Guissa**

Accolée à la mosquée al-Guissa. Des escaliers permettent d'accéder au bâtiment. La médersa est occupée par les étudiants, mais il est possible de visiter la cour d'où l'on peut voir l'ensemble du bâtiment. Fermée juillet et août.

Communiquant avec la mosquée al-Guissa par une porte aménagée au milieu du côté nord, la médersa fut construite par le sultan alaouite Mohamed Ibn Abdallah (1170/1757-1204/1790). Comme la médersa attenante à la mosquée Moulay Abdallah de *Fas Jdid*, elle se distingue par sa sobriété et par l'absence de décoration, à la différence de la médersa Cherratine, édifiée par le sultan alaouite

Médersa al-Guissa, cour, Fès.

Fondouk Sagha, galeries supérieures, Fès.

Moulay Rachid (1076/1666-1082/ 1672).
La médersa et la mosquée Bab al-Guissa constituent deux entités de même longueur, la médersa étant deux fois moins large que la mosquée. De plan analogue aux demeures andalouses de Grenade et Cordoue, l'édifice renferme une cour de 22 m de long, et d'une largeur de 4,80 m de large. Elle est ornée en son centre d'une vasque en marbre, et la cour est carrelée de *zellige* dont les compositions sont harmonieuses et équilibrées. À l'instar de toutes les médersas, une galerie permet d'accéder aux cellules des étudiants.
Au début du XXe siècle, quarante à soixante étudiants, ou *taleb*, habitaient la médersa, la majorité d'entre eux provenaient de la région des Jbala. En plus des séminaires qui se déroulaient dans la médersa, celle-ci offrait gîte et couvert.

II.1.e **Fondouk Sagha**

Descendre la rue Brad Ayin, en face de la porte principale de la mosquée al-Guissa en direction de la place al-Achabine. Arrivé sur la place, prendre à droite, puis la première à gauche, on débouche sur la place Sagha où se trouve le fondouk.

Construit en 1122/1711, sous le règne du sultan Moulay Ismaïl, le fondouk Sagha est contemporain au fondouk Nejjarine. Le grand portail reste l'élément le plus original de l'édifice, même si, par sa taille et ses compositions décoratives, il rappelle celui du fondouk Nejjarine.
Sur l'arc en plein cintre de l'entrée, dont les écoinçons sont embellis par des carreaux superposés, on peut lire l'inscription suivante: *"Louange à Dieu seul, que Dieu bénis-*

Médersa Attarine, baie d'entrée du patio et vasque centrale de la cour, Fès.

Médersa Attarine, salle de prière, lustre en bronze, Fès.

se celui après lequel il n'y aura plus de prophète. Cette porte bénie a été construite en l'an 1122".

La partie supérieure du portail est ornée d'une série d'arcades aveugles en bois sculpté, surmontées par un petit toit protecteur en tuiles émaillées.

À l'intérieur du bâtiment, une niche monumentale fait face à l'entrée principale décorée de motifs en stuc et mosaïque, rappelant les fontaines murales. Deux étages s'élèvent autour du patio, offrant une parfaite symétrie. Les piliers engagés, les arcs et les corniches sont tapissés de décors en stuc dans leur partie supérieure.

En face du portail d'entrée du fondouk, des escaliers mènent à un café maure traditionnel où il est possible de prendre un verre de thé à la menthe.

II.1.f **Médersa Attarine**

Prendre à gauche la rue longeant le fondouk. À la première intersection, obliquer sur la gauche, puis tourner immédiatement sur la droite. Remonter cette rue étroite qui débouche sur la rue Attarine. Remonter la rue Attarine, la médersa se trouve à l'extrémité.
Entrée payante. Horaires: tous les jours de 9:00 à 12:00 et de 14:30 à 18:00.

Située au nord-ouest de la mosquée Qaraouiyine, dans la rue dont elle tire son nom, la médersa Attarine, fondée en 709/1310-731/1331, est l'un des plus beaux monuments mérinides.
Malgré l'étroitesse du terrain, contraignant les architectes à introduire au plan classique des médersas une variante dans la position de son oratoire, le monument présente une architecture classique propre à ces édifices.
Une entrée coudée s'ouvre sur le vestibule menant à un escalier qui donne accès au 30 petites chambres d'étudiants situées à l'étage, et sur un patio bordé de galeries menant à la salle de prière. Une baie en bois tournée, moucharabieh, donne sur la cour qui renferme une vasque en marbre aux contours découpés. Les deux galeries à 5 baies présentent un agencement original: arcades en bois, reposant sur d'épais piliers tapissés de lambris de mosaïque de faïence et de plâtre ciselé, arcades latérales, reposant elles sur de frêles colonnes de marbre couronnées de chapiteaux, représentatifs des chapiteaux du VIIIe/XIVe siècle.

La salle de prière, dont l'entrée est bordée de panneaux de *zellige*, et dont les écoinçons sont décorés de motifs floraux rarement utilisés à l'époque, se distingue par la décoration de son mur. La baie du *mihrab*, creusée dans le mur, est entourée d'un panneau de plâtre ciselé, et est surmontée de six petites ouvertures dont quatre sont garnies de véritables vitraux sans plomb, technique très peu répandue au Maroc à l'époque.

Au milieu de la salle, sous une coupole en bois, est suspendu un lustre de bronze, contemporain à la médersa, portant une inscription louant le fondateur de l'établissement.

Le travail du plâtre et de la faïence, particulièrement impressionnant par la finesse d'exécution et la richesse de l'ornementation, fait de ce petit édifice un chef-d'œuvre de l'art mérinide.

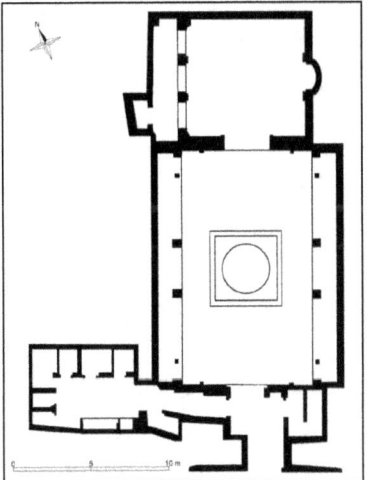

Plan de la médersa Attarine, Fès.

Mausolée Moulay Idriss, tombeau du saint et niche du mihrab, Fès.

II.1.g **Mausolée Moulay Idriss**

Descendre la rue Attarine, en face de la porte principale de la médersa. Sur la gauche, une porte en zellige qui donne sur la rue des bijoutiers sur laquelle s'ouvre une des portes du mausolée. Accès réservé aux musulmans. Il est toutefois possible de voir l'intégralité du monument à travers les 4 portes. Contourner le monument sur la droite, jusqu'à la quatrième porte, la porte principale.

Le mausolée du patron de la ville de Fès, Moulay Idriss ou Idriss II, ou encore Idriss al-Azhar, est inclus dans un ensemble urbain appelé *horm*, "interdit", qui comprend :
1. La "Maison de la Tente", *Dar al-Gaytoun*, logement qu'a occupé Moulay Idriss lors de la construction de la ville, en 192/808.
2. La mosquée *al-Achraf*, "Mosquée des Nobles", où priait le fondateur de la ville.
3. Une fontaine et un bâtiment réservé aux ablutions, *Dar al-Woudou'*.

À l'origine, le mausolée était une large et belle mosquée, la mosquée al-Achraf, construite lors de la fondation de la ville et qui allait perdre une partie de son prestige avec la construction, au IVe/Xe siècle, de la mosquée Qaraouiyine, où fut transférée la prière du vendredi. L'édifice conserva son plan d'origine jusqu'en 707/1308, date à laquelle il fut reconstruit par les *chorfas* idrissides, descendants d'Idriss II. Un siècle plus tard, la mosquée se détériora en partie, et l'un de ses murs s'écroula.

Au IXe/XVe siècle, se propageait au Maroc un mouvement mystique qui appelait à la renaissance des pratiques religieuses soufies. De nombreux saints sillonnaient le pays. Les plus célèbres étaient enterrés dans des mausolées, et étaient entourés d'un cérémonial religieux très important. À la même époque, l'autorité politique mérinide était à la recherche de la sépulture d'Idriss II que les textes anciens avaient située dans la mosquée al-Achraf. Lors des travaux de restauration de la mosquée, en 840/1437, sous la dynastie mérinide, on découvrit le sarcophage d'Idriss II, que l'on croyait enterré à Volubilis, et on érigea à l'emplacement de la découverte une construction convexe afin de la distinguer des tombeaux des autres saints.

Depuis lors, un véritable culte a été instauré dans le mausolée Moulay Idriss. La vénération accordée à ce personnage tient à deux choses : à son origine, Moulay Idriss étant le sixième descendant du Prophète ; et à son rôle politique en tant que fils du fondateur de la dynastie idrisside au Maroc, et fondateur lui-même de la ville de Fès.

À la suite des Mérinides, chaque dynastie s'est employée à embellir ce sanctuaire, et particulièrement le sultan Moulay Ismaïl (1082/1672-1139/1727), qui fit construire une coupole pyramidale verte, koubba, surplombant l'édifice. Recouvert d'un baldaquin en bois sculpté, à incrustations de cuivre et d'or, le tombeau est entouré de nombreuses colonnes en marbre blanc et noir. Il fit aménager dans la cour une magnifique fontaine, et construisit un élégant minaret polychrome, le plus haut de toute la médina. Tous ces travaux auraient été entrepris par des volontaires, et les matériaux fournis gratuitement par les sultans.

Le sultan Moulay Abderrahman fit, à son tour, construire la nouvelle mosquée, en 1239/1824, attenant à la coupole, et la maison d'*al-Gaytoun*, ancienne résidence du Moulay Idriss, fut l'objet d'une restauration qui permit de mettre au jour une petite chambre sans ouverture, et une pierre à ablutions. Les décorations ont, pour la plupart, été restaurées par le roi Mohamed V, après 1956.

Le vestibule richement, mais lourdement, décoré est fermé par une sorte de gigantesque paravent de bois rouge d'une extraordinaire couleur, avec ses lampes et ses lustres. Le sol, pavé d'un *zellige* polychrome, contribue, à côté des lustres, des plafonds ciselés et coloriés, à créer une ambiance de mystère, et ce, particulièrement le soir, lorsque les veilleuses accrochées au dôme forment des guirlandes de lumières dorées.

Un moucharabieh de cèdre délimite cet ensemble urbain, considéré comme sacré, appelé *horm*, et est percé en son centre d'un trou: le tronc des offrandes. Des mosaïques délicates revêtent le soubassement, à côté d'une fontaine protégée d'une petite grille de fer forgé. Au dessus, le mur s'orne de plâtres ciselés, rehaussés de couleurs et de dorures, d'une finesse remarquable. Les entrelacs et les rosaces, ouvragés comme des dentelles, dépassent en perfection les plus belles décorations de ce genre que nous retrouvons dans les médersas. L'ensemble, surmonté de boiseries, s'agrémente d'un auvent de cèdre couvert de tuiles vernissées.

II.1.h **Médersa Cherratine**

Dans la rue Chemaïne, du nom des bougies vendues sur les étals présents dans la rue. Du mausolée, prendre la rue Chemaïne.
Entrée payante. Horaires: tous les jours de 9:00 à 12:00 et de 14:00 à 17:00.

Construite sous la dynastie alaouite, au XIe/XVIIe siècle, par le sultan Moulay

Médersa Cherratine, vantaux en cuivre de la porte d'entrée, Fès.

Mosquée Qaraouiyine, vue aérienne de la cour, Fès.

Rachid, cette médersa devait, selon les chroniqueurs, remplacer une ancienne médersa, la médersa al-Ebridine, qui abritait des étudiants peu scrupuleux de la religion.

Comparée aux médersas mérinides du VIIIe/XIVe siècle, la médersa Cherratine est très peu décorée. Mais elle se distingue par ses dimensions, et par les larges vantaux de cuivre de la porte d'entrée qui s'ouvre sur une grande cour carrée dallée de *zellige*, ornée au centre d'une vasque. Comme la médersa Bouinaniya, elle a un plan simple comportant une salle de prière et des chambres d'étudiants.

La salle de prière est séparée de la cour, à droite de l'entrée, par trois grandes arcades. Les chambres des *tolba* donnent sur les couloirs qui contournent la grande cour. Du côté gauche, vers l'ouest, une entrée séparée donne accès à la salle d'ablutions, à l'extérieur de laquelle se trouve une petite fontaine, dans la rue Cherratine.

La médersa Cherratine n'est pas une "médersa-musée", mais doit être considérée comme une transition entre les merveilles artistiques de l'époque mérinide et les édifices strictement utilitaires qui s'élèveront par la suite, aux XIXe et XXe siècles.

II.1.i Mosquée Qaraouiyine

Rue Boutouil. Retourner vers la médersa Attarine, contourner la médersa sur la gauche pour arriver à la rue Boutouil qui longe la mosquée. Accès réservé aux musulmans. Possibilité de voir la mosquée dans son intégralité à travers les différentes portes.

Une des plus anciennes et des plus prestigieuses mosquées du Maroc et de l'Occident musulman, la Qaraouiyine est également la première université du pays, et une des plus anciennes au monde, fréquentée dès le IIIe/IXe siècle par des étrangers célèbres tels Gerbert d'Aurillac, promu pape à la fin du IXe siècle sous le nom de Sylvestre II.

Située en plein cœur de la médina de Fès, dans l'ancien quartier des Kairouanais, dont elle tire son nom, elle fut fondée, en 242/857, par une noble dame, Fatima al-Fihri. Petit oratoire de 100 m^2 à ses débuts, avec une salle de prière à 4 nefs parallèles au mur de la *qibla*, conformément au plan médinois, elle ne tarda pas à se développer au fil des siècles pour gagner en proportions et en prestige, et devenir, à partir du VIIIe/XIVe siècle, une vaste "mosquée-cathédrale" en mesure d'accueillir, pour la prière du vendredi, plus de 20 000 fidèles.

Sanctuaire renommé, elle fit l'objet de sollicitude et de soins des monarques de chaque dynastie du Maroc. En 344/956, le gouverneur zénète, avec le soutien financier de l'émir de Cordoue, la dote d'un minaret d'une hauteur égale à quatre fois le côté de sa base, visible encore aujourd'hui sous son aspect originel, qui deviendra, sur le plan des normes pour les constructions postérieures, le minaret de référence.

Mosquée Qaraouiyine, travée du mihrab, Fès.

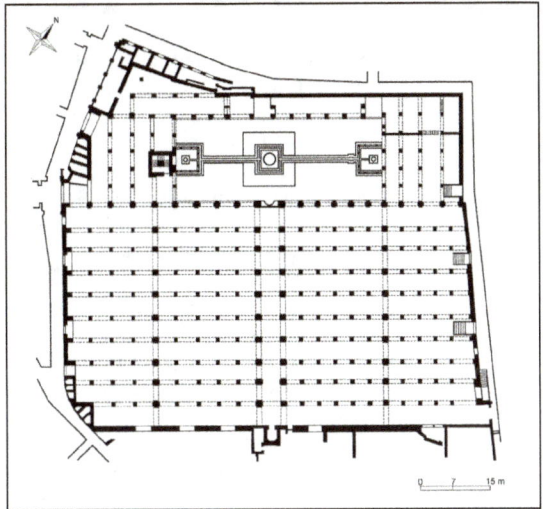

Mosquée Qaraouiyine, plan de la mosquée actuelle, Fès.

Mosquée Qaraouiyine, mihrab, Fès.

Son style architectural et décoratif témoigne de la double influence artistique présente au Maroc à cette époque: influence andalouse dans le traitement de la plateforme et l'ouverture des baies; influence ifriqiyenne de Kairouan que révèle la présence d'un dôme couvrant le sommet, remplaçant le lanternon traditionnel.

Les Almoravides, eux, étendent, au VIe/XIIe siècle, la salle de prière sur le côté est, et l'élargissent en ajoutant des nefs latérales. Ils aménagent la cour, *sahn*, conférant ainsi à la mosquée la taille et la structure qu'elle présente de nos jours. Ali Ibn Youssef, prince almoravide, l'embellit entre 528/1134 et 534/1140, en faisant appel à des architectes andalous qui parent la nef axiale de six coupoles à stalactites, *mouqarnas*, et à nervures. Les enduits de stuc, ciselé et peint, dont elles sont recouvertes utilisent comme motifs décoratifs aussi bien la tige et le rinceau que les palmes simples ou doubles, lisses ou nervurées ainsi que la palmette et la feuille d'acanthe, auxquelles s'ajoutent des inscriptions à caractère coufique ou cursifs andalous. Ces décors, empruntés pour la plupart au riche répertoire floral d'inspiration andalouse, sont introduits pour la première fois au Maroc, et deviendront par la suite des motifs classiques de l'art décoratif marocain.

Les Almohades, à la fin du VIe/XIIe siècle, dotent la cour d'une vasque en marbre, et installent un lustre en bronze qui illumine encore la coupole nervurée de la nef axiale. Considéré comme l'un des plus luxueux modèles du genre, il témoigne de la dextérité des ciseleurs et graveurs sur cuivre de l'époque, dont témoigne, de la même manière, le revêtement en bronze des portes principales de la mosquée. Les Mérinides ajoutent, pour leur part, au VIIIe/XIVe siècle, une petite chambre située dans le minaret pour abriter les instruments astronomiques de mesure: astrolabes, horloges dont une clepsydre pour le calcul des heures de prière.

Les Saadiens, au Xe/XVIe siècle, font construire dans la cour deux pavillons symétriques abritant les vasques pour les ablutions, qui rappellent par leur architecture et leur décoration les pavillons de la Cour des Lions de l'Alhambra de Grenade. De nombreuses rénovations ont été faites par les Alaouites qui ont, notamment, aménagé la célèbre bibliothèque attenante à la mosquée.

II.1.j **Médersa Mesbahiya**

Située dans la rue Boutouil qui longe la mosquée Qaraouiyine, la porte principale de la médersa s'ouvre en face de la porte Bab al-Khassa de la Qaraouiyine. Monument en restauration.

Œuvre du sultan mérinide Abou al-Hassan, en 746/1346, la médersa porte le nom de Mesbah, un jurisconsulte qui a été le premier professeur chargé d'y dispenser un enseignement, après son inauguration en 749/1349. Aussi appelée médersa *al-Khassa*, "la médersa de l'élite", ou médersa *al-Rkham*, la "médersa du marbre", en raison de la place prépondérante qu'occupait le marbre dans la décoration du monument, la médersa se distingue en effet des autres par le magnifique bassin de marbre ramené d'al-Andalus, comme le rapporte l'historien al-Naciri: *"En résumé, on retrouve à Fès, à Meknès et dans tout le Maghreb des constructions du sultan mérinide Abou al-Hassan (731/1331-751/1351). Parmi ces vestiges à Fès, il y a un bloc de marbre blanc transporté de Murcie et pesant 143 quintaux. Il fut débarqué au port de Larache, puis transporté à Ksar Ktama, l'actuel Ksar al-Kabir, par la rivière. Ensuite on le fit transporter sur un chariot de bois que traînèrent les gens des tribus et leurs chefs jusqu'au village des Oulad Mokharreba sur les bords du Sebou. De là, il fut transporté sur ce fleuve jusqu'à son confluent avec l'oued Fas; puis ensuite sur des chars que traînaient des hommes jusqu'à ce qu'il arrivât à la médersa Sahrij, dans l'adwat al-Andalous. Après plusieurs années, le bloc fut transporté de cette médersa à celle d'al-Rkham, que le sultan Abou al-Hassan avait fait construire au sud de la mosquée Qaraouiyine"*.

L'une des plus grandes médersas de Fès, la médersa Mesbahiya, comprend un rez-de-chaussée et trois étages, le troisième ayant été entièrement détruit. L'originalité du bâtiment réside dans la baie dominant la façade nord du patio. Composition unique dans l'architecture religieuse mérinide, du moins à Fès, elle est constituée de deux arcs géminés qui reposent sur des colonnes en marbre. Un bandeau à inscription cursive, encadrant les arcs, est surmonté par trois arcades ajourées, autrefois embellies par un entrelacs en plâtre à décor floral. Cette baie particulière est flanquée de petites arcades aveugles, surmontées par un entrelacs géométrique en plâtre, réseau de losanges très apprécié par les artistes mérinides.

Au début du siècle, cette médersa abritait, avec la médersa Cherratine, le plus grand nombre de *tolba* qui provenaient principalement de Marrakech, et de la région des Doukkala. Les chambres, réparties au rez-de-chaussée et aux étages, pouvaient héberger jusqu'à 140 étudiants. Elle peut être considérée comme une annexe de la Qaraouiyine, vu sa proximité et, à ce titre, ne possède pas de *mihrab*, et donc pas d'oratoire.

L'usure du temps n'a pas épargné la médersa, même si celle-ci conserve encore des spécimens originaux des décors

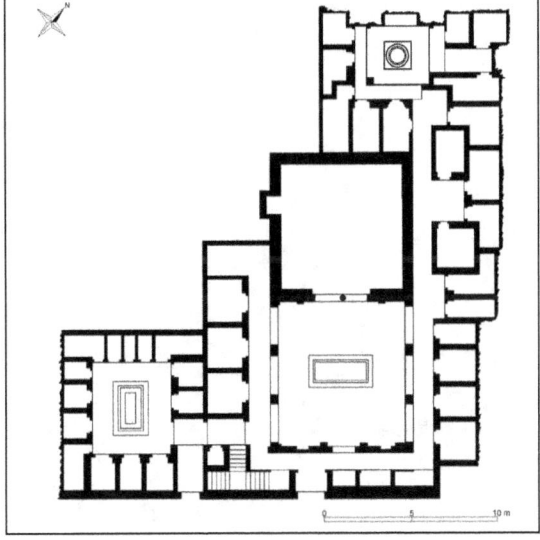

Médersa Mesbahiya, plan du rez-de-chaussée, Fès.

mérinides: épigraphiques, floraux et géométriques. Une restauration a été entreprise dans le début des années 1990, financée par le roi Hassan II.

II.1.k Bibliothèque Qaraouiyine

A l'angle sud-est de la mosquée Qaraouiyine, sur la place Seffarin, place des Dinandiers. Possibilité de visiter la salle de lecture.

Si le bâtiment est récent, sa construction datant du XXe siècle, le fond de la bibliothèque ancienne remonte à l'époque mérinide, au VIIIe/XIVe siècle. Le sultan Abou Inan (751/1351-759/1358), homme de science et de culture, donna l'ordre de fonder une bibliothèque scientifique pour compléter le complexe culturel de la Qaraouiyine. Construite en 750/1350, comme l'indique une longue inscription cursive qui figure encore aujourd'hui à l'entrée de la dite bibliothèque, elle occupait la partie nord-est de la mosquée et fut dotée d'un fond documentaire important. Les ouvrages provenaient du Maghreb, du Machrek et d'al-Andalus. Le sultan mérinide Abou Youssef Ya'coub récupéra de son ennemi, le roi Don Sancho d'Espagne, 13 charges de manuscrits arabes des bibliothèques de Séville, Grenade, Cordoue, Malaga, Alméria, qu'il remit dans un premier temps à la bibliothèque de la médersa Seffarin, construite vers 668/1270, et les déplaça par la suite à la bibliothèque de la mosquée Qaraouiyine.

Fréquentée essentiellement par les étudiants venus de tout le Maghreb, la bibliothèque était dirigée par un responsable, *qayim*, qui gérait la bibliothèque et veillait à la préservation des ouvrages, qui, par mesure de sécurité, ne pouvaient être consultés que sur place. Grâce à ce règlement rigoureux, la bibliothèque a pu conserver son fond documentaire, du moins au VIIIe/XIVe siècle.

Le sultan saadien Ahmed al-Mansour fit construire, au sud-est de la mosquée, un nouveau bâtiment qui allait abriter l'actuelle bibliothèque. Celle-ci communiquait avec la mosquée par une porte située dans le mur de la *qibla* et elle allait porter le nom de son fondateur: *al-Ahmadiya*. Abritant les ouvrages de l'ancienne bibliothèque mérinide, elle fut en plus extrêmement bien achalandée et possédait, en 1021/1613, selon un des conservateurs de l'époque, plus de 32 000 volumes. Moulay

Bibliothèque Qaraouiyine, portail d'entrée, Fès.

CIRCUIT II   *Journée d'un taleb à Fès*
Fès

*Bibliothèque
Qaraouiyine,
salle de lecture, Fès.*

Ismaïl, le sultan alaouite (1082/1672-1139/1727), fit l'échange de captifs chrétiens contre des ouvrages arabes originaux qui faisaient partie du fonds des bibliothèques des villes andalouses.
Mais dès le XIXe siècle, le fonds de la bibliothèque commença à s'amenuiser et une seule salle suffisait à contenir les ouvrages. En 1940, le bâtiment a subi de profondes modifications. On fit construire sur les terrains avoisinants de la bibliothèque al-Ahmadiya une grande salle de lecture de 23 m de longueur. L'intérêt de cette salle réside dans son plafond doté d'une coupole magnifique en bois peint et sculpté. La décoration offre des compositions géométriques variées, à remplissage floral. Ces motifs, ceux tracés sur zelliges, et ceux gravés sur plâtre, présentent des témoignages vivants qui confirment la continuité et la survivance de l'art andalou-maghrébin à Fès. En outre, le fond de la bibliothèque abrite, encore aujourd'hui, des ouvrages andalous parfois rares et uniques.

Pour sortir de la médina, plusieurs possibilités. La plus rapide consiste à descendre la rue des dinandiers en direction de la porte Bab Rcif d'où il est possible de prendre un taxi. Pour les bons marcheurs, il est possible de retourner au musée Batha en 30 minutes. Pour cela retourner vers la médersa Attarine; de là, descendre la rue Attarine et remonter la rue Tal'a Lekbira située dans son prolongement pour sortir Bab Boujloud à proximité du musée Batha.

LA CALLIGRAPHIE

Manuscrit du sultan Mohamed Ibn Abdallah, fin du XIIe / XVIIIe siècle, Bibliothèque Royale de Rabat.

La calligraphie est l'une des plus importantes manifestations artistiques du monde islamique. À la différence des artistes chrétiens, qui pouvaient recourir au figuratif pour exprimer leur dévotion, les artistes arabo-musulmans utilisaient la calligraphie, symbole de l'islam, pour ornementer les édifices religieux.

Dès les premiers siècles de l'islam, l'usage de l'écriture arabe dans les édifices religieux est devenu une norme. La ville de Fès, fondée par les *chorfas* idrissides venus du Machrek, nous livre un répertoire d'inscriptions riches et diversifiées. Deux types d'écriture prédominent dans les monuments de la ville : l'écriture coufique, où les lettres sont gravées sur un fond orné d'arabesques, terminées, en règle générale, par des motifs floraux ; l'écriture cursive, où les lettres souples et sveltes se répartissent de manière équilibrée. Ces deux types d'écriture occupaient une place privilégiée dans les édifices historiques, bien que le cursif, qui diffère selon le type de matériau utilisé et la place qui lui est réservée, prédomine principalement dans l'écriture des manuscrits.

La plus ancienne inscription, datant de l'époque idrisside au IIIe/IXe siècle, fut découverte à la mosquée Qaraouiyine. Il s'agit d'une inscription à caractères coufiques angulaires, dépourvue d'ornements, sculptée sur un linteau en bois de cèdre que l'on peut admirer aujourd'hui au musée Batha de Fès.

Le nombre des inscriptions allait se multiplier au fil des siècles, celles des Almoravides nous sont parvenues en bon état de conservation. Il faut noter que les calligraphes de Fès d'origine arabo-mauresque avaient bénéficié du développement de l'industrie du papier, et ce dès l'époque almohade. Les copistes, véritables artistes calligraphes qui travaillaient à la page ou à la journée, utilisaient déjà au Ve/XIe siècle du papier fabriqué au Maroc, et Fès comptait à elle seule à l'époque 104 fabriques de papier. Ce nombre augmenta avec le temps si bien qu'il atteignait, au milieu du VIIe/XIIIe siècle, 400 fabriques. Ce n'est qu'au IXe/XVe siècle, avec les troubles qu'a connus le Maroc et Fès en particulier, que le papier fut importé de Venise.

Sous les Mérinides, la calligraphie allait trouver tout son prestige avec d'une part, la multiplication d'édifices religieux tels que les sept médersas de Fès, et d'autre part, avec l'arrivée massive d'Andalous, auxquels l'administration mérinide avait ouvert ses portes. Notons que les sultans mérinides pratiquèrent eux-mêmes la calligraphie. Abou al-Hassan et son fils Abou Inan, calligraphes remarquables, écrivirent des exemplaires de Coran qu'ils mirent en *waqf* en faveur des grandes mosquées de l'Islam.

Les calligraphes mérinides utilisaient souvent cinq types d'écriture en fonction de la nature de l'inscription:
— le type *mujawhar*: le plus employé notamment dans les chancelleries,
— le type *mabsut*: réservé à l'écriture du Coran,
— le type *musnad* ou *zimami*: réservé aux actes des "notaires", *adouls*, et aux correspondances privées,
— le type coufique: utilisé principalement dans les édifices religieux.

La calligraphie allait reprendre un nouvel essor avec les Saadiens, sous le règne d'Ahmed al-Mansour (985/1578-1011/1603), qui introduisirent un cours de calligraphie à la mosquée al-Mawassin, à Marrakech. Les calligraphes saadiens se sont distingués par l'ornementation de leurs manuscrits. Ils utilisèrent des motifs végétaux et géométriques associés aux caractères pour tracer des tableaux harmonieux, notamment les pages de garde. L'encre, à base d'*ambar*, d'eau de fleur d'oranger et de rose était préparée de façon minutieuse.

La reproduction des manuscrits allait prendre une grande ampleur sous les Alaouites. À titre d'exemple, le sultan Mohamed Ibn Abdallah (1170/1757-1204/1790) fit envoyer 57 charges de chameaux d'ouvrages originaux devant être réécrits à Fès, haut lieu de la calligraphie. Les calligraphes "alaouites" accordè-

Manuscrit du sultan Mohamed Ibn Abdallah, fin du XIIe/XVIIIe siècle, Bibliothèque Royale de Rabat.

rent une grande importance à la reliure et à la décoration des manuscrits. Ils diversifièrent leurs outils de travail: différents types de plumes en or, et d'encriers en cristal.

L'écriture coufique fut de plus en plus délaissée, jugée trop illisible face à la richesse de l'ornementation, car elle tendait à se confondre avec les motifs végétaux.

Aujourd'hui, la calligraphie est un art luxueux que seules les riches institutions peuvent se permettre de financer, entraînant ainsi la raréfaction de la profession.

CIRCUIT III

Journée d'un artisan à Fès

Mohamed Mezzine, Naïma El-Khatib Boujibar

III.1 FÈS

III.1.a Musée Batha
III.1.b Bab Ftouh
III.1.c Mosquée des Andalous
III.1.d Médersa Sahrij
III.1.e Tanneries Chaouara
III.1.f Fondouk Staouniyine
III.1.g Souk Attarine
III.1.h Maristan Sidi Frej
III.1.i Place Nejjarine: fondouk, fontaine et souk
III.1.j Médersa Bouinaniya
III.1.k Borj Nord, le musée des Armes (option)

La céramique

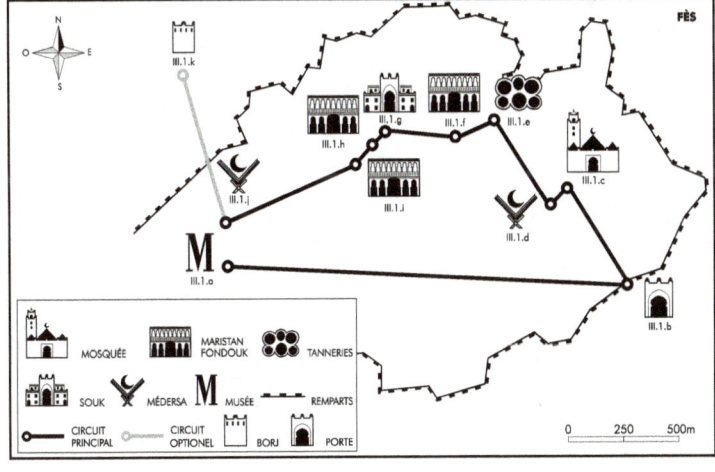

Tanneries Chaouara, fosses et bâtiment annexes, Fès.

Fondouk Staouniyine, galeries, Fès.

Cité aux mille et une boutiques, aux innombrables souks où les produits locaux côtoyaient ceux provenant d'Orient et d'Occident, Fès devint dès le VIe/XIIe siècle, sous les Almohades, une ville "industrieuse". De part et d'autre de l'oued, selon les chroniqueurs de l'époque, tout n'était qu'établissements industriels et artisanaux. Mais devenue capitale politique sous les Mérinides, Fès prit le titre de métropole économique, dès le VIIIe/XIVe siècle. Au centre d'un commerce caravanier, Fès, cité qui, selon Ibn al-Khatib, *"faisait pousser la fortune"*, regroupait les activités commerciales et artisanales les plus florissantes. À l'époque des souverains Abou Inan et Abou al-Hassan, on dénombrait environ 150 corps de métiers regroupés en corporations, *hanta*, gérées par un *mouhtassib*. De plus, dès l'époque mérinide, la topographie économique de Fès se dessine, même si une répartition ordonnée des activités industrielles s'est faite presque d'elle-même, selon l'espace occupé par la ville. La cité aux deux rives réserva ainsi la rive droite, celle des Andalous, à l'industrie, et la rive gauche, celle de la Qaraouiyine, aux commerces.

Équipée très tôt de canaux d'eau, la rive droite regroupait les principales industries de l'époque: ateliers de tissage, scieries, briqueteries, poteries, teinturiers et tanneurs étant, eux, regroupés de part et d'autre de l'oued. Sur la rive gauche, une véritable cité commerciale, la *qaysariya*, abritant des marchés de quartiers comme celui du souk Attarine, complétés par des marchés spécialisés, regroupait les principaux corps de métiers. Ainsi, de façon complémentaire, la rive al-Andalus se réservait aux activités de production, alors que celle de la Qaraouiyine se chargeait de la commercialisation de ces produits dans toute la ville et hors de ses murs.

Plaque tournante du commerce des produits manufacturés, cette partie de la ville renfermait, en plus des commerces en tout genre, des fondouks où négociants juifs et chrétiens pouvaient s'établir. Ces établissements, à l'instar des caravansérails d'Afrique ou des *khans* d'Orient, étaient destinés à héberger chameliers et muletiers ainsi que les voyageurs seuls ou montés; les animaux étaient logés dans la cour, tandis que les hommes trouvaient asile dans les chambres à l'étage.

Située près de la Qaraouiyine et du mausolée Moulay Ismaïl, la *qaysariya* était comparée par Léon l'Africain à une petite ville entourée de murs avec ses 12 portes dont chacune était traversée de chaînes de fer pour que les chevaux et les bêtes ne puissent y pénétrer. Divisée en 15 quartiers, selon la description qu'en fait l'auteur, chacun affecté à un type de commerce, elle réservait une large place à la maroquinerie. Notons que dès le Moyen Âge, le cuir de Fès, le *maroquin*, rivalisa avec celui de Cordoue et avec celui d'Algérie, le *bokhari*. L'artisanat du cuir regroupait plusieurs corps de métiers: les selliers, *serraj*, les babouchiers, *kharraz*, les maroquiniers, *chkayri*, les relieurs de livres, *seffar*. Mais la tannerie était considérée comme l'un des métiers les plus nobles.

Héritier d'une vieille famille de tanneurs venue d'al-Andalus au VIe/XIIe siècle, l'artisan, dont la journée se répartit entre la mosquée, la criée, l'atelier ou le fondouk et que l'on se propose de suivre, est tanneur de son état. Habillé d'une *djellaba* et d'un *selham* blancs, coiffé d'un turban, dès l'aube et comme à son habitude, une fois par semaine, il enfourche son mulet pour se rendre près de la porte Bab Ftouh où les marchands de peaux, arrivés la veille, venaient vendre leurs produits bruts à la criée, non loin de la mosquée des Andalous. On trouvait dans ces marchés, hauts en couleur, des paysans des campagnes avoisinantes, comme ceux du Saïs avec leurs fruits et légumes, des mineurs ou leurs intermédiaires venant de Day et proposant au plus offrant leur cuivre, ou encore des vendeurs de peaux. Les peaux de mouton et de chèvre, les plus recherchées, étaient les plus chères; les grosses peaux de bœuf, de vache et de chameau, beaucoup moins chères, étaient elles vendues, après tannage, aux ateliers fabriquant les harnachements et les chaussures.

De l'autre côté de l'oued, sur la rive de la Qaraouiyine, se trouvaient les quatre tanneries longeant la rivière de la ville où plusieurs dizaines de tanneurs anoblissaient, dans des conditions difficiles, les différentes peaux, non loin de la *qaysariya*. On pouvait suivre à l'odeur, que l'on disait capable de guérir l'asthme et l'anxiété, l'itinéraire de ces peaux, depuis les cuves de lavage et de macération aux couleurs jaunes et rouges jusqu'aux élégantes boutiques de souliers et de babouches.

Laissant ses ouvriers à leur besogne au *Dar Dbagh Chaouara*, la tannerie la plus importante de la ville, notre *m'allem* se dirigea vers le fondouk Staouniyine, car, en plus d'une place à la tannerie, notre artisan y possédait un atelier réservé à la confection des babouches. À la différence des fondouks situés dans les quartiers excentriques, près des grandes portes de la ville, ceux situés au cœur de la *qaysariya*, tels que les fondouks Nejjarine et Staouniyine, servaient à la fois de magasins, où se côtoyaient cordonniers ou tisserands, et de lieux de réunions, car, comme le note l'historien Henri Gaillard,

Souk Attarine, rue Attarine, boutiques, Fès.

CIRCUIT III   *Journée d'un artisan à Fès*

Fès

Panneau de céramique à décor d'entrelacs, Musée Batha (C5), Fès.

"les négociants louent dans ces fondouks une ou plusieurs chambres servant d'entrepôt et ils y viennent quelques heures chaque jour faire leur compte et causer entre eux."

III.1 **FÈS**

III.1.a **Musée Batha**

Suivre le panneau Syndicat d'Initiative. Arrivé place de la Résistance, prendre l'avenue du Batha. L'entrée principale du musée se trouve dans la rue Zerktouni sur la gauche.
Entrée payante. Horaires: de 8:30 à 12:00 et de 14:30 à 18:00. Fermé le mardi.

Inauguré comme musée des Arts Populaires, le musée Batha comprend une collection d'objets traditionnels, dont la plupart sont originaires de Fès. Regroupées dans les salles de la galerie ouest, les différentes collections s'attachent à montrer la variété et la diversité de l'artisanat marocain.
La section des arts islamiques contient des éléments architecturaux tels que des panneaux de céramique rarissimes remontant au VIIIe/XIVe siècle. Les objets de céramique quotidienne occupent une des salles principales du musée. Grands plats à couscous, assiettes aux bords droits ou recourbés, jarres destinées à la conservation de l'eau ou de l'huile, tous ces objets aux noms et aux fonctions bien spécifiques étaient utilisés traditionnellement par des générations dans leur vie quotidienne et tous traduisent le goût raffiné de l'ancienne bourgeoisie marocaine.
Tradition ancienne au Maroc, le travail du bois occupe une large place dans les collections du musée. La poutre en bois de cèdre provenant de la mosquée Qaraouiyine, répertoriée sous le n° 149, datée de 263/877 avec son inscription dédicatoire finement ciselée, atteste l'existence d'un premier atelier de sculpture et de peinture sur bois. Plus tard, les différentes dynasties perpétueront cette tradition mais les Mérinides l'enrichiront en introduisant le bois de cèdre. On aura recours à ce matériau pour couronner les patios des édifices civils et religieux, comme l'attestent les corniches, les corbeaux et semelles ou encore les hautes frises exposées. On peut admirer tout le talent des artisans du bois à travers la riche collection de portes des anciennes demeures bourgeoises au décor en bois assemblé et sculpté.

III.1.b **Bab Ftouh**

Porte est de la Médina. Suivre le panneau Sonx et Lumière. Parking gardé. Le circuit se fait à pied. Il est préférable de se rendre en taxi à Bab Ftouh, car on traverse la médina d'est en ouest et on ressort de la médina à quelques mètres du musée Batha.

Littéralement "la Porte de l'Ouverture" et historiquement de "la Victoire", Bab

Ftouh, située au sud-est de la médina, relie Fès aux régions de l'est, à savoir les campagnes et les villes de l'Oriental, Taza, Oujda, et du nord-est Africain, Tlemcen, Tunis, Tripoli, Le Caire.

Bab Ftouh fut construite au IVe/Xe siècle, sur l'emplacement d'une ancienne porte, Bab al-Qibla; elle fut élevée par Moulay Idriss, fondateur de la ville, et détruite quelques années après.

Lorsqu'au IVe/Xe siècle les deux frères Guissa et Foutouh se partagèrent la ville de Fès, l'un installé sur la rive de la Qaraouiyine, et l'autre sur la rive al-Andalous, ils se livrèrent une guerre, durant de nombreuses années, dont le prince Foutouh sortit victorieux. Ce dernier, régnant sur la rive des Andalous, fit élever une porte, qui depuis porte son nom, et une casbah, à proximité, où il se fixa avec la cour et son armée; son frère, régnant lui sur la rive de la Qaraouiyine, fit de même en construisant une porte, Bab al-Guissa, au nord-est de la ville.

Porte immense et complexe, d'une hauteur de 15 m, sa façade extérieure est constituée d'un arc central flanqué de deux arcs latéraux. À la différence des portes élevées postérieurement, Bab Mahrouk et Bab Boujloud, la porte n'est pas coudée, et si elle a subi de nombreuses restaurations, elle garde encore son plan d'origine. Les matériaux de construction utilisés sont de type local, les briques et le mortier étant produits dans le quartier des potiers ou dans les ateliers d'al-Wajriyyin.

Témoin de l'histoire, cette porte a vu défiler les troupes du sultan mérinide Abou Inan lorsqu'il partit conquérir l'Ifriqiya, espérant que son armée serait victorieuse, à l'instar du nom de la porte.

Bab Ftouh,
vue générale, Fès.

CIRCUIT III *Journée d'un artisan à Fès*
Fés

En empruntant la porte Bab Ftouh pour aller vers la mosquée des Andalous, on trouve la zaouïa (mausolée) de Sidi Ali Boughaleb, avec ses murs blanchis à la chaux et son toit de tuiles vertes. Là est encore et toujours honoré la mémoire de Sidi Ali Boughaleb, originaire d'al-Andalus, qui étudia à Fès. Mort en 517/1124, c'était un savant commentateur des textes sacrés, célèbre pour avoir été l'ami des chats.

III.1.c **Mosquée des Andalous**

Les deux rues partant de la porte Bab Ftouh mènent à la mosquée des Andalous, celle légèrement sur la droite y mène directement. La porte principale de la mosquée se trouve sur une petite place à gradins. Accès réservé aux musulmans, mais des différentes portes on peut en voir l'intérieur.

Lorsque le souverain Idriss II fonda la ville de Fès en l'an 192/808, il fit appel à une large communauté musulmane andalouse qui fit le déplacement. L'installation de ces familles donna lieu à la construction, sur la rive droite de l'oued, d'un quartier portant leur nom, le quartier al-Andalus, et d'une mosquée célébrant leur présence pour faire équilibre avec celle des Kairouanais, implantée sur la rive gauche, la mosquée Qaraouiyine.

Mosquée des Andalous, fontaine de la façade nord, Fès.

Contemporaine de cette dernière, la mosquée des Andalous fut fondée par une femme pieuse Meryem, sœur de Fatima al-Fihri, elle-même fondatrice de la mosquée Qaraouiyine et dont le père originaire de la ville de Kairouan s'installa à Fès et légua à sa mort une grande fortune à ses deux filles.

Modeste édifice à l'origine, *"elle était composée,* selon le géographe al-Bakri (IVe/X^e) siècle, *de sept travées et d'un petit patio planté de noyers et d'autres arbres et recevait une eau abondante d'un canal nommé oued Masmouda".* Agrandie au IVe/Xe siècle par les Omeyyades de Cordoue, elle fut dotée d'un minaret identique et contemporain à celui de la Qaraouiyine.

La porte nord, monumentale, qui compte parmi les œuvres les plus impressionnantes de l'art maghrébin selon G. Marçais, fut construite, en 599/1203-603/1207, par le calife almohade Mohamed al-Nassir, qui portait un intérêt particulier à la médina de Fès. Porte monumentale précédée d'un escalier à 14 marches dominant la façade nord, elle fut embellie de deux coupoles, l'une en plâtre sculpté, l'autre en bois de cèdre à laquelle fut fixé un talisman destiné à empêcher l'entrée des oiseaux dans la mosquée. Cette porte présente des compositions décoratives harmonieuses, en faïence et en bois.

Le calife almohade fit aménager un bassin, une fontaine et un pavillon similaire à celui de la Qaraouiyine. Les Mérinides à leur tour entreprirent des travaux portant sur la restauration de certains plafonds et piliers, et la construction d'une fontaine située dans la façade nord de l'édifice. Sous le règne du Mérinide Abou Inan, on commença à fixer un drapeau blanc au sommet du minaret à l'heure des prières de la journée et un fanal allumé pour les prières nocturnes.

Mosquée des Andalous, portail nord, encadrement de la baie d'ouverture en plâtre sculpté et auvent en bois de cèdre, Fès.

Ces divers aménagements firent de la mosquée des Andalous le second édifice religieux de la ville qui pouvait accueillir jusqu'à 4 200 fidèles. Une chambre au sommet du minaret fut réservée aux 20 muezzins qui assuraient jour et nuit les appels à la prière. Second centre culturel de la ville, ce monument est entouré de deux médersas et possédait sept chaires d'enseignement et deux bibliothèques.

La mosquée des Andalous est, avec la Qaraouiyine, un des monuments de Fès qui garde encore les traces des différentes dynasties marocaines.

III.1.d **Medersa Sahrij**

Rue Yasmina. Prendre la rue Jama' al-Andalus qui longe la mosquée sur la droite, puis les

CIRCUIT III *Journée d'un artisan à Fès*

Fés

Médersa Sahrij, cour avec vue sur la baie d'ouverture de la salle de prière et le bassin, Fès.

escaliers sur la gauche, qui mènent à la quatrième porte de la mosquée. La médersa se trouve dans la rue Yasmina. Horaires: tous les jours de 9:00 à 12:00 et de 14:00 à 18:00. Bâtiment occupé par les étudiants.

Située dans le quartier al-Andalus, cette médersa fut érigée, en 721/1321, par le prince mérinide Abou al-Hassan qui dépensa pour les travaux des sommes considérables dépassant 10 000 dinars. Il désigna un *fqih* et des savants pour l'enseignement, et y fit loger des *tolba* des sciences religieuses et des lecteurs du Coran à qui il octroya bourses, salaires et vêtements.

Le plan de la médersa est simple. Composée d'un bassin, *sahrij*, dont la médersa tire son nom, la cour est entourée de galeries sur les côtés est et ouest qui mènent aux chambres des étudiants.
Une large baie donne accès à la salle de prière où est aménagé le *mihrab*, au milieu du mur de la *qibla* et à l'axe de la porte d'entrée principale. La table de fondation, gravée sur une plaque de marbre, est encastrée dans le mur ouest de cette salle.
Les façades intérieures du patio conservent encore une grande partie de leurs ornements et l'on peut y admirer les

compositions géométriques en mosaïque de faïence qui revêtent aussi bien le sol que les soubassements des murs et des piliers. Les sculptures sur plâtre et sur bois sont quant à elles parfaites. Restauré à plusieurs reprises, notamment à l'époque saadienne, le monument a bénéficié des travaux de réhabilitation du service des Beaux-Arts sous le Protectorat, entre 1917 et 1924.

Par ses techniques de construction et ses éléments de décoration, cette médersa témoigne de l'habileté des artisans et des m'allems.

III.1.e Tanneries Chaouara

Revenir sur vos pas jusqu'à la mosquée des Andalous. Descendre la rue située en face de la porte principale; passé la fontaine Lemti, prendre la rue du même nom complètement sur la gauche. Descendre la rue en direction de la porte Rcif. Une fois arrivé à cette porte, prendre à droite la rue Khrchfiyin (en face la porte menant à la place Rcif). Passé le pont, remonter la rue Seffarine menant à la place du même nom où se trouve la bibliothèque de la Qaraouiyine, puis la rue Mechatine, sur la droite, du nom des peignes que l'on y fabrique. Au bout de cette rue, obliquer à gauche, puis prendre de nouveau à gauche la rue où se trouve le mausolée du saint Moulay Ahmed Scalli. Passé une fontaine sur la gauche, prendre la rue à droite qui descend vers les tanneries. Du bazar, on peut avoir une vue d'ensemble sur les tanneries moyennant une pièce pour la visite.

Littéralement la "Maison du Tannage", *Dar Dbagh* Chaouara est la plus imposante

Tanneries Chaouara, vue générale, Fès.

CIRCUIT III *Journée d'un artisan à Fès*
Fés

des quatre tanneries qui se trouvent aujourd'hui à Fès.

Si Léon l'Africain fait allusion aux tanneries de Fès sans citer leurs noms, Marmol de Carvajal, au XVIe siècle, mentionna la tannerie Chaouara.

Construites sur un vaste espace, les tanneries, alimentées en eau provenant en partie d'une source qui se situe à proximité de l'oued *Fas*, sont constituées de nombreuses fosses en brique où sont traitées les peaux de mouton, de bœuf et de chèvre. Elles-mêmes sont entourées de bâtiments abritant les ateliers où étaient traitées les peaux. Les tanneurs, au nombre de 400, descendent dans les fosses dont les couleurs sont variées, et où ils lavent et frottent les peaux.

Les méthodes de travail relèvent d'une tradition séculaire décrite de la sorte par Maurice de Périgny en 1916:

Fondouk Staouniyine, échoppe et galeries, Fès.

"*On met les peaux à tremper quelque temps dans l'eau afin de pouvoir enlever les poils, puis on les plonge dans des fosses remplies de chaux et on les laisse pendant vingt jours. On les passe ensuite dans des fosses spéciales à parois en briques de 1,25 m de profondeur, moins larges au fond qu'au sommet, où l'on mélange avec de l'eau de la fiente de pigeon que les ouvriers malaxent avec leurs pieds. Elles y restent deux ou trois jours, puis sont lavées et roulées dans du son humide pour enlever la chaux dont elles seraient imprégnées. Au bout de trois ou quatre jours on les foule avec les pieds sous une couche d'eau et on les trempe dans une pâte liquide de figues sèches afin de leur donner de la souplesse et du lustre. On les laisse vingt jours, mais, au septième on commence le salage qui doit leur faire acquérir de la fermeté sans leur enlever toutefois leur souplesse. C'est une opération très délicate dont se charge le maître tanneur lui-même, en jetant du gros sel sur les peaux étalées verticalement devant lui par petites quantités et en augmentant progressivement la dose. On procède ensuite au tannage dans des gares spéciales contenant des graines provenant du Tafilalet et appelées* takaout, *pilées et mélangées avec un peu d'huile. Les peaux sont remuées constamment pendant deux ou trois jours, après quoi on les met à sécher. On les étale sur des pierres plates et on les bat dans le but de les assouplir, puis on les lave à nouveau et on les racle sur la face interne avec une porcelaine*".

Ces fosses représentent l'un des paysages pittoresques de la médina de Fès. Les bâtiments et les fosses sont des biens *habous* dits de mainmorte, propriété de la Qaraouiyine, dont la jouissance est achetée par les tanneurs: une ou plusieurs pièces avec un certain nombre de fosses sont accordées à chaque tanneur.

Considérées comme une source de richesse, les tanneries ou *Dar Dbagh* étaient aussi nommées Dar Dhahab, "Maison de l'Or". Les tanneurs qui occupaient ainsi une place de choix dans la société étaient regroupés en corporations gérées par un *amin* à l'instar des autres corps de métiers.

Le *Dar Dbagh* Chaouara reste aujourd'hui un élément encore vivant de l'artisanat du cuir à Fès.

III.1.f Fondouk Staouniyine

Dans la rue Boutouil, en face de la mosquée Qaraouiyine. Revenir sur vos pas en remontant vers la rue où se trouve le mausolée de Moulay Ahmed Scalli. Là, prendre la rue accolée à la fontaine qui monte en escalier. Remonter cette rue, nommée Derb Touil, "la longue rue", alternant passages couverts et découverts jusqu'à la rue Ab Khaiss. En remontant cette rue très commerçante spécialisée dans la vente de tissu, on rejoint la médersa Attarine que l'on contourne sur la gauche pour finir par longer la mosquée Qaraouiyine. Le fondouk, où sont établis quelques artisans, se trouve en face d'une des portes de la mosquée.

Entrée gratuite. Horaires: tous les jours de 9:00 à 13:00 et de 15:30 à 19:00.

Destiné à héberger animaux et marchandises, le fondouk Staouniyine fréquenté, essentiellement par les commerçants tétouanais qui lui ont donné leur nom, est l'un des plus anciens centres commerciaux de Fès. Situé à l'est de la mosquée Qaraouiyine, il est contemporain de la médersa Attarine datant du VIIIe/XIVe siècle.

Son plan, analogue aux fondouks nasrides de Grenade, occupe sur deux étages un espace rectangulaire. Au rez-de-chaussée s'ordonnent, autour d'une cour, des boutiques et des pièces d'entrepôt. À chaque étage, doté d'une galerie fermée par des panneaux en bois tourné, moucharabieh, se répartissent des petites chambres éclairées par des lucarnes.

De cet ensemble se détache le vestibule remarquable par son décor. Le fondouk Staouniyine est couvert d'un plafond en bois sculpté, enjolivé de décors géométriques et floraux, qui porte une inscription gravée en caractères coufiques rehaussée de motifs floraux.

Souk Attarine, échoppe, Fès.

CIRCUIT III *Journée d'un artisan à Fès*

Fés

Maristan Sidi Frej, intérieur, Fès.

La richesse de ce plafond a permis de faire classer le fondouk monument historique en novembre 1925.

III.1.g **Souk Attarine**

Rue Attarine. Revenir sur ses pas jusqu'à la médersa Attarine. Prendre la rue du même nom, rue commerçante en face de la porte principale de la médersa.

Outre les fondouks, Fès possédait des marchés, souks, dont la réputation dépassait les remparts de la ville. La *qaysariya*, terme désignant un quartier commerçant, située en plein cœur du quartier de la Qaraouiyine avec ses nombreux souks et commerces, est l'un des plus anciens, où dès le Moyen Âge on trouvait des produits rapportés d'Europe et d'Orient.

Détruite par un grand incendie en 724/1324, puis par les inondations de 725/1325, la *qaysariya* fut reconstruite avec ses mille maisons avoisinantes.

Le souk al-Attarine, l'un des plus réputés de la *qaysariya*, occupe une large rue reliant la médersa mérinide du même nom à la porte *Bab al-Faraj*. Complété par les commerces des rues et places adjacentes, ce marché s'étend sur plus de 600 m et était pourvu à chaque extrémité d'une grande porte dont *"les gardiens,* écrivait Léon l'Africain, *circulaient la nuit avec des chiens, des armes et des lanternes à la main. Ils étaient payés par les commerçants eux-mêmes".*

Le souk comprenait 150 boutiques selon Léon l'Africain, et 170 boutiques quelques années plus tard, selon l'historien portugais Marmol de Carvajal (XVIe siècle). Spécialisées à l'origine dans la vente des produits de médecine et d'épicerie, les boutiques des médecins côtoyaient celles des droguistes qui se distinguaient par la richesse de leur ornementation. Les médecins composaient eux-mêmes leurs préparations et les envoyaient par la suite dans les boutiques spécialisées où les employés les délivraient sous ordonnance médicale.

Au Xe/XVIe siècle, le souk, par l'importance de sa superficie, le nombre important de boutiques, l'abondance et la spécificité de ses produits, n'avait pas son pareil dans le monde entier.

Même si le souk a aujourd'hui perdu une partie de son identité avec la multiplication d'articles divers, on peut toutefois y trouver quelques droguistes traditionnels, témoins vivants de ce marché typique.

III.1.h **Maristan Sidi Frej**

Rue Attarine. À environ 100 m de la médersa Attarine sur la gauche, se trouve l'ancien hôpi-

tal où se sont installées aujourd'hui différentes échoppes. Débouche sur la place Frej.

La construction de *maristan*s dans la ville de Fès revient au sultan mérinide Abou Youssef Ya'coub à la fin du VIIe/XIIIe siècle. Ces institutions destinées à soigner les maladies mentales, où chacun trouvait soins et médicaments, étaient nombreuses à Fès. Mais le *maristan* Sidi Frej, littéralement "le Seigneur qui délivre", reste le plus célèbre et continua à fonctionner jusqu'au XXe siècle.

Fréquenté par de célèbres médecins andalous comme Abou Bakr al-Korachi, originaire de la ville de Malaga, cet hôpital fut dirigé par Léon l'Africain qui travailla comme agent de l'administration du *maristan* au Xe/XVIe siècle.

Détruit au XXe siècle, il fut remplacé par un fondouk réservé entre autres aux commerces où se vendent encore aujourd'hui produits cosmétiques et pharmaceutiques traditionnels.

III.1.i Place Nejjarine: fondouk, fontaine et souk

À la sortie de la place Sidi Frej, prendre sur la gauche l'ensemble de rues étroites très commerçantes. En prenant toujours sur la droite on tombe sur la place Nejjarine.
Le souk est fermé le vendredi après-midi. Le fondouk renferme un musée du Bois.

Située à une place stratégique au cœur de la médina, la place des Menuisiers, du nom du souk qui la jouxte, le souk Nejjarine, relie Bab Boujloud au noyau commercial et culturel de la médina (Moulay Idriss, Qaraouiyine). Autour de la place s'élèvent le fondouk, le souk et la fontaine, ensemble architectural et urbain portant le nom de "Complexe Nejjarine".

Place Nejjarine, portail d'entrée du fondouk et fontaine, Fès.

Construit au début du XIIe/XVIIIe siècle, le fondouk était destiné à entreposer les marchandises précieuses appartenant aux hommes du *makhzen* et aux riches négociants. Le monument a, semble-t-il, joué ce rôle jusqu'à l'avènement du Protectorat français où il changea de fonction et devint un commissariat chargé de surveiller et réprimer les nationalistes.

Ce fondouk se distingue par son portail de composition harmonieuse: un arc outrepassé reposant sur deux piliers en briques pleines doublé d'un autre arc polylobé en plâtre sculpté; au-dessus de l'arc courent des bandeaux portant soit une inscription, soit une succession d'arcades en plâtre sculpté ou en bois. L'ensemble est couronné par des consoles qui servent à soutenir un grand auvent en bois sculpté. L'intérieur, analogue à tous les fondouks, a été restauré en 1998 et a été aménagé en musée du Bois.

Place Nejjarine, fondouk, galeries, Fès.

La fontaine adjacente au fondouk est une composante principale de cet ensemble architectural. Elle serait postérieure d'un siècle au fondouk dont elle rappelle, dans sa structure et sa décoration, le portail. Le bassin de section rectangulaire est recouvert de lambris de *zellige* à motifs géométriques. Sa partie médiane est dominée par une baie aveugle en plein cintre outrepassé, décorée de rosaces en mosaïque de faïence. Cette baie est soulignée par un arc en lambrequins encadré d'un rectangle décoré de panneau de plâtre ciselé. Les piliers latéraux, recouverts de *zellige* et de plâtre sculpté, soutiennent un linteau en bois où est gravée une inscription à caractères cursifs. Le linteau est surmonté de consoles en bois qui supportent un auvent sculpté et peint de faible saillie recouverte d'une toiture de tuiles vernissées vertes.

Le souk quant à lui daterait de l'époque mérinide. Centre de production des articles et objets en bois, de la charpente aux objets mobiliers, il occupe un espace rectangulaire traversé par une allée sur laquelle s'ouvrent boutiques et ateliers, sobrement construits en brique, et fermés par des portes en bois de cèdre. Le travail du bois, matériau très prisé au Maroc, relève d'une tradition très ancienne comme en témoigne la chaire à prêcher de la mosquée des Andalous datant du IIIe/IXe siècle, exposée au musée Batha. Les frises, les corbeaux sculptés, les portiques à linteaux de cèdre sur semelle avec les techniques d'assemblage à tenons et à mortaise attestent le niveau élevé atteint par le travail du bois à l'époque mérinide.

III.1.j **Médersa Bouinaniya**

Dans la rue Tal'a Lekbira. À 15 minutes de la place Nejjarine. Prendre le passage couvert à droite de la fontaine. Après les escaliers, remonter la rue à gauche, rue Al-Hajel, sur environ 700 m. Puis la rue Tal'a Sghira, "petite montée". En haut de la rue, prendre le passage couvert sur la droite (Derb Tariana) qui longe la médersa.
Entrée payante. Horaires: de 9:00 à 12:30 et de 14:30 à 18:00; vendredi de 9:00 à 11:30.

Du nom de son fondateur Abou Inan, la médersa Bouinaniya, construite en 751/1351 et achevée en 757/1356, est en réalité un ensemble de constructions comprenant: une mosquée dont le *minbar* est aujourd'hui exposé au musée Batha à Fès; deux salles de cours disposées face à face; une grande salle d'ablutions, *dar al-woudou'*, ainsi qu'un édifice annexe, dit la Maison des horloges, faisant face à la porte prin-

CIRCUIT III *Journée d'un artisan à Fès*
Fès

cipale de la médersa. À l'instar des autres monuments religieux de Fès, la médersa Bouinaniya fut dotée d'un nombre important de biens *habous* dont les revenus étaient destinés à payer les professeurs et les agents de l'administration, à satisfaire les besoins alimentaires des *tolba* et à maintenir l'entretien et la préservation de l'édifice.

Plus vaste médersa construite par les Mérinides, elle est décrite par Ibn Battouta, qui la nomme médersa *al-Kabira*, la Grande Médersa, comme la plus belle réalisation du sultan Abou Inan: *"Parmi les plus belles actions de notre maître Abou Inan, que Dieu l'assiste, nous citerons les suivantes: la construction du grand collège à l'endroit appelé château, tout près de la citadelle de Fès, il n'a pas son pareil dans tout le monde habité par la grandeur, la beauté et la splendeur"*. Si tout le monde s'est accordé à la reconnaître comme l'une des plus belles réalisations de la dynastie mérinide, de nombreuses légendes circulent sur la raison de sa fondation. Alfred Bel rapporte que *"Abou Inan, ayant beaucoup péché, dans sa conduite à l'égard de son père, avait beaucoup à se faire pardonner. Il réunit les savants de*

Médersa Bouinaniya, façade nord ouest, Fès.

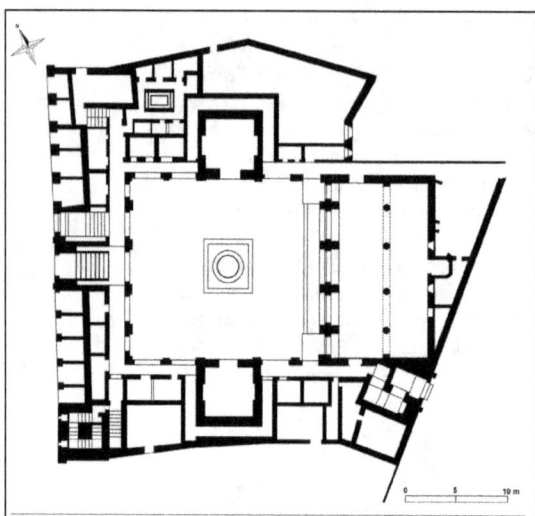

Médersa Bouinaniya, plan du rez-de-chaussée, Fès.

l'époque et leur demanda comment il pourrait parvenir à laver ses fautes et à mériter d'Allah son pardon. Ils lui conseillèrent de choisir, pour y construire une maison consacrée à la prière et à la science religieuse, un emplacement situé dans la haute ville et qui servait alors de dépôt d'ordures. Il en fut ainsi fait et la conscience d'Abu Inan fut purifiée comme l'avait été par la fondation de cet établissement l'endroit choisi".

Création architecturale spectaculaire, la Bouinaniya devait éclipser toutes les autres médersas; ce qui fit dire au sultan lorsqu'on lui présenta le registre des dépenses qu'il s'empressa de jeter par-dessus l'oued après avoir pris connaissance des sommes considérables dépensées: *"Ce qui est beau n'est cher, tant grande en soit la somme".*

La médersa a connu de nombreuses restaurations, en particulier au XIe/XVIIe siècle après le tremblement de terre qu'a connu la ville. Sous le règne du sultan alaouite Moulay Slimane (1206/1792-1237/1822), des pans entiers ont été refaits. Au XXe siècle, les restaurations portèrent essentiellement sur les décors de plâtre, de bois et de *zellige*.

Du côté nord de la médersa, deux portes contiguës s'ouvrent sur la rue *Tal'a Lekbira*; côté sud s'ouvre aussi une troisième porte, sur la rue *Tal'a Sghira*. Toutes donnent accès à un vestibule qui permet d'accéder au niveau du patio, entièrement pavé de marbre et renfermant en son centre une vasque dont on ne trouve aujourd'hui que les vestiges, qui s'ouvre sur une salle d'études.

L'oued Lamtiyyin, l'un des bras de l'oued Fès, traverse le côté sud du patio et le sépare de la mosquée. Deux petits ponts jetés de part et d'autre de l'oued permettent de pénétrer dans la mosquée. Celle-ci s'élève selon un plan rectangulaire. Son côté nord s'ouvre largement sur le patio par cinq grandes baies. La mosquée est divisée en deux travées parallèles au mur sud. L'arcade qui les sépare est composée de cinq arcs reposant sur six colonnes en marbre blanc jaunâtre. Le *mihrab*, percé au milieu du mur sud, est richement décoré. Le minaret, de forme carrée, s'élève à l'angle nord-ouest.

Ressortir de la médina par la porte Bab Boujloud, à proximité du musée Batha.

III.1.k Borj Nord, le musée des Armes (option)

Situé à l'extérieur de la médina. Prendre le Boulevard de la ceinture nord, le musée des Armes est indiqué par un fléchage.
Horaires: de 9:00 à 12:00 et de 15:00 à 18:00. Fermé le mardi.

Le Borj Nord ou bastion, faisant face à son homologue le Borj Sud, se dresse au sommet de l'une des collines qui s'étend au nord de la médina à proximité du cimetière qui abrite les tombeaux de nombreux sultans mérinides.

Construit à l'emplacement d'un *borj* ancien selon les chroniqueurs de la ville, à l'époque du sultan saadien Ahmed al-Mansour (985/1578-1011/1603), cet édifice militaire visait à protéger la ville de toutes attaques extérieures, mais aussi à contrôler et surveiller la population fassie souvent en révolte contre les princes saadiens. Le *borj* a subi d'importantes modifications au cours des derniers siècles, mais face à l'absence de documentation disponible, il est très difficile de pouvoir les dater. Construction massive en pisé, cet édifice, de plan sensiblement carré, abrite actuellement le musée des Armes. Des canons de l'époque des Saadiens font partie de la riche collection du musée. Mais les épées d'origine et d'époque différentes constituent la plus importante collection d'armes exposée. L'importante collection du musée renseigne sur l'évolution qu'a connue la fabrication d'armes au Maroc: des armes traditionnelles légères, épées, lances, aux armes relativement lourdes, canons.

LA CÉRAMIQUE

Naïma El-Khatib Boujibar

Grand plat à décor polychrome "épi", Musée Batha (Num. Inv. 45 777), Fès.

Composant ce qu'il est convenu d'appeler les "Arts du feu", les arts céramiques ont pour objet la fabrication de la faïence, la porcelaine, etc. Tradition ancienne au Maroc, elle est l'une des plus respectées et a fait du céramiste un artiste.

Deux genres de céramique ont coexisté à travers les différentes époques: une poterie rurale peinte avec des colorants végétaux; et une céramique émaillée traditionnelle aux formes et aux décors spécifiques, se démarquant des faïences fabriquées dans les autres pays islamiques.

Fortement implantée dans les montagnes du Rif, la poterie rurale, simple, essentiellement des ustensiles du quotidien, tire son origine des Phéniciens et des Romains et est communément désignée sous le terme de poterie berbère.

La céramique émaillée, importée d'Espagne et du Machrek, s'est en revanche développée de façon plus fine et plus recherchée dans les villes.

Cette céramique était façonnée au tour dans les ateliers des villes de Fès, Meknès, Salé, et Safi. Mais c'est à Fès, ville d'art par excellence, que l'industrie était la plus florissante et c'est de cette ville que sont originaires les potiers installés à Meknès vers le XIIe/XVIIIe siècle et plus tard à Safi. Œuvres d'artisans travaillant sous l'autorité d'un m'allem, au sein d'une corporation, les céramiques n'étaient ni signées, ni datées. Des ustensiles de vaisselle aux bouteilles de parfum, ces objets caractérisés par l'élégance de leur forme, la délicatesse de leur décor et l'harmonie de leurs couleurs attestent de la parfaite maîtrise des artisans de la céramique tout au long de la chaîne de production. En premier lieu, l'argile, matériau de base, subit différentes opérations de concassage, de malaxage et de fermentation avant d'être découpé en mottes malléables et livrées à l'action du tour. Façonné au tour, l'objet, après avoir séché à l'air libre, était enfourné pour une première cuisson. Avant d'être décoré, l'objet, préalablement cuit, était plongé dans un bain d'émail blanc obtenu par un mélange d'oxyde d'étain, de plomb et de sable siliceux. Sur cet engobe séché au soleil, le potier traçait avec un pinceau fabriqué

Soupière à décor d'entrelacs, Musée Batha (Num. Inv. 45 954), Fès.

en crins de mulet, des motifs décoratifs stylisés puisés au répertoire classique de l'art architectural et du mobilier maroco-andalou: ornementation de type floral schématisé comme les palmes et les palmettes; ou encore celle de type géométrique sous forme de réseau de losanges, d'entrelacs curvilignes ou de polygones étoilés. À l'instar des autres arts traditionnels, le décorateur s'interdisait toute figuration naturelle, à l'exception du motif du bateau aux voiles déployées reprenant une image décorant les plats turcs d'Iznik du XIe/XVIIe siècle et de rares représentations naïves d'oiseaux.

Après avoir esquissé sur le plat ou le vase le pourtour des motifs en bleu lorsqu'il s'agissait de vases bleu monochrome, ou en brun pour les céramiques polychromes, l'artisan appliquait les couleurs préparées avec un mélange d'eau, de minerai en poudre et de sable blanc siliceux.

Quatre couleurs composaient la palette traditionnelle du céramiste marocain: le brun, le vert, le jaune et le bleu. Les trois premières étaient obtenues grâce aux oxydes de fer et de manganèse pour le brun, à l'oxyde de cuivre pour le vert, et à la limonite pour le jaune. Quant au bleu qui avait une place de choix dans la céramique de Fès, il était obtenu grâce à l'oxyde de cobalt, minerai importé qui ne se trouvait jamais pur à l'état naturel. La nuance de la teinte dépendait après la cuisson de son état de purification, ce qui explique les différences dans les nuances de bleu qui permettent de dater approximativement les plats: le bleu gris pâle légèrement délavé serait antérieur au milieu du XIIIe/XIXe siècle, tandis que le bleu franc violacé, obtenu par des procédures de purification industrielles est plus récent.

Petit plat à décor polychrome «mille-pattes», Musée Batha.

Fragment de revêtement mural en marqueterie de faïence à décor géométrique, Musée Batha (Num. Inv. C1).

CIRCUIT IV

Journée d'un juif à Fès

Mohamed Mezzine

IV.1 FÈS

        IV.1.a Cimetière et musée de la Synagogue
        IV.1.b Mellah
        IV.1.c Maison Maïmonide
        IV.1.d Derb Lihoudi

IV.2 SEFROU (option)

Maïmonide

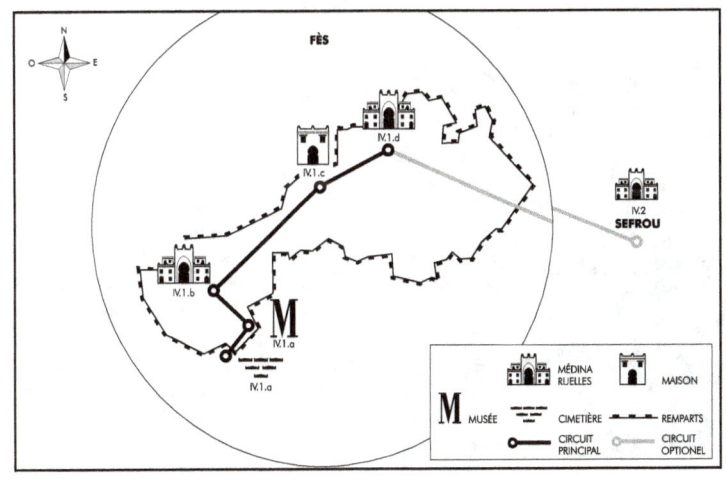

Cimetière juif, tombes recouvertes à la chaux, Fès.

Abritant la plus ancienne et la plus grande communauté juive du Maroc, *"Fès*, écrit l'historien al-Bekri au Ve/XIe siècle, *est le centre d'activité commerciale des juifs, et c'est de là qu'ils font des voyages dans toutes les contrées"*.

En effet, dès sa création, la capitale idrisside compta une minorité juive particulièrement active qui bénéficiait de la liberté de culte, et de la sécurité de leurs personnes et de leurs biens. Cette communauté était composée des descendants des juifs autochtones, *toshabims*, qui vivaient au Maroc avant l'islamisation du pays, et des émigrés venus de Cordoue et de Kairouan. Cette communauté prit de l'importance avec l'arrivée de vagues successives de réfugiés en provenance de la Péninsule ibérique, et bénéficia d'un apport décisif en 794/1391-92, lorsque arrivèrent, à Fès, les juifs fuyant les sanglantes répressions déclenchées contre eux en Castille et en Aragon. Un siècle plus tard, l'édit d'expulsion scellé par les Rois Catholiques, après la chute de Grenade, en 897/1492, fit affluer à Fès des milliers de juifs et de musulmans andalous. En 854/1451, on évaluait le nombre de la population juive à plus de 4 000 personnes dans une ville qui comptait 50 000 musulmans et, en 1545, ils étaient près de 10 000, selon le voyageur Marmol de Carvajal.

Dès la fondation de la ville, la communauté juive s'installa *"dans un quartier assez vaste qui s'élevait depuis Aghlen jusqu'à Hisn Sadoun"*, appelé *Derb Lihoudi*, en plein cœur de la médina. En contrepartie de la protection que leur accordait le sultan, elle était tenue d'observer certaines obligations telles que le versement d'une redevance annuelle au Trésor de l'État, la *jizya*, impôt annuel qui s'élevait, déjà au temps des Idrissides, à 30 000 dinars-or. Cette communauté assura son épanouissement culturel grâce, en partie, à la prospérité que lui assurait son dynamisme dans l'artisanat et le commerce à longue distance, et ce, dès le Moyen Âge. Vers le milieu du IXe/XVe siècle, les Mérinides installèrent la communauté juive à *Fas Jdid*, près de leur palais. Ce transfert de l'ancien quartier, situé sur la rive de la Qaraouiyine, vers un quartier distinct, situé à proximité du siège du gouvernement, ne se fit pas sans déchirements, même si le nouvel emplacement qui leur fut assigné, à proximité du palais des sultans, offrait par le fait des garanties supplémentaires de sécurité. Il est à noter que les Mérinides, pour asseoir leur pouvoir à Fès, dont ils firent leur capitale, s'assurèrent le soutien de la communauté. En effet, forts de leurs activités artisanales, commerçantes et financières, les juifs de Fès avaient gardé des liens étroits avec leurs coreligionnaires européens; contacts

Musée de la Synagogue, salle d'exposition, Fès.

utiles pour toutes sortes de combinaisons diplomatiques dont sauront se servir les sultans mérinides. Dès lors, le sort de la communanté allait être étroitement lié à celui de la dynastie, et *"certains d'entre eux connurent l'itinéraire fascinant de ces juifs de la cour dont l'ascension était fulgurante "*.

Le nouveau quartier juif porta le nom de Mellah, tirant son nom du sol salin sur lequel il s'était établi, *al-Mallah* en arabe. Ce terme deviendra le terme générique désignant le quartier juif dans toutes les villes du Maroc. Le nouveau quartier avec ses synagogues, son cimetière, ses commerces et ses ateliers, se développa rapidement et offrait à la communauté juive la possibilité d'une grande cohésion.

Centrée sur l'artisanat et le commerce, la vie économique dépendait, dans une large mesure, des rapports et des échanges entretenus avec la médina, avec laquelle les liens n'étaient pas rompus pour autant, car de nombreux habitants du Mellah y gardaient encore leurs magasins, et s'y rendaient pour le besoin de leur commerce. Regroupés en corporations à l'image de celles de leurs homologues musulmans, les artisans juifs étaient actifs dans tous les secteurs de production, mais ils exerçaient un monopole sur le travail de l'or. *"La plupart des orfèvres sont des juifs qui exécutent leurs travaux à Fas Jdid et les portent dans la vieille ville pour les vendre*, note Léon l'Africain. *Là, un marché leur a été assigné près des droguistes. On ne peut travailler en effet ni l'or ni l'argent dans la vieille ville (...), car on dit que vendre des objets d'argent ou d'or pour un prix supérieur à ce que poids est de l'usure. Mais les souverains donnent aux juifs la permission de le faire."*

Le témoignage que nous livre Léon l'Africain, au Xe/XVIe siècle, pourrait s'appliquer au IXe/XVe siècle. En dehors de l'orfèvrerie, de la frappe de la monnaie, et

Mellah, Bab Mellah, Fès.

du travail d'artisanat en général, les juifs intervenaient dans l'agriculture et jouaient un rôle important dans le commerce des céréales entre le Maroc et l'Europe.

D'une manière générale, la communauté juive de Fès connut une grande quiétude, l'apogée correspondant avec l'arrivée des Mérinides à Fès. Ainsi, en période de calme politique, la vie s'écoulait au sein du Mellah entre l'accomplissement des prières quotidiennes, dans une des nombreuses synagogues, et l'activité économique, rythmée par les va-et-vient entre le Mellah et l'ancienne médina.

IV.1 **FÈS**

IV.1.a **Cimetière et musée de la Synagogue**

Suivre la signalétique Palais Royal. Garer la voiture sur la place du palais. Entrer dans le

133

CIRCUIT IV *Journée d'un juif à Fès*
Fés

Cimetière juif, tombe recouverte à la chaux et vue sur les habitations du Mellah, Fès.

quartier du Mellah par la porte Bab al-Mellah. Avant de s'engager dans la rue principale du Mellah, prendre la rue à droite qui descend où se trouve le cimetière. Le musée se trouve dans l'enceinte du cimetière.
Horaires: de 8:30 à 12:00 et de 14:30 à 18:00. Fermé le samedi.

Le cimetière de la communauté juive à Fès constituait une des plus importantes institutions de la communauté et était géré par la *Hobra qadichu*, la congrégation chargée de l'enterrement des morts, mais aussi de la lutte contre les incendies.
En fait, la communauté juive de Fès a eu, selon les textes anciens, trois cimetières. Le premier, dont il n'existe aujourd'hui aucune trace, était situé à l'extérieur de la porte al-Guissa et fut abandonné, dès le VIIe/XIIIe siècle, lorsque les Mérinides entamèrent la construction de *Fas Jdid*. Le second, situé à l'ouest du Mellah, s'est établi sur un terrain offert par une princesse mérinide, en 869/1465. Le troisième, encore en fonction aujourd'hui, se situe dans le prolongement du second, au sud du Mellah. De nombreuses personnalités ayant joué un rôle de premier plan dans la ville de Fès y sont enterrées.
Ce cimetière se distingue par ses tombes aux toitures voûtées, et recouvertes à la chaux.
À l'extrémité du cimetière s'élève une ancienne synagogue, aujourd'hui aménagée en musée. Les murs de la salle de prière sont décorés de mosaïques et de plâtre ciselé dans la pure tradition andalouse.

CIRCUIT IV   *Journée d'un juif à Fès*
Fés

Il est préférable de faire le circuit à pied. Compter deux heures. Cela permet d'avoir une vision d'ensemble de la médina de Fès, composée de deux parties distinctes, Fas Jdid et Fas al-Bali. Pour cela, se rendre directement en taxi au cimetière.

IV.1.b **Mellah**

On peut déambuler sans crainte de se perdre dans le Mellah. La rue principale longe le Palais Royal.

La date d'installation de la communauté juive à *Fas Jdid*, dans le quartier proche du Palais Royal, est très souvent contestée, mais le Mellah proprement dit n'a vu ses limites se définir qu'au IXe/XVe siècle. Celles actuelles datent, elles, du sultan alaouite Moulay Lyazid. Cette contrainte spatiale a obligé les habitants, de plus en plus nombreux, à construire en hauteur, en général sur deux étages, et à rétrécir la largeur des ruelles.

Délimité, aujourd'hui, au nord et au nord-ouest par les remparts du Palais Royal, au sud par le cimetière juif, à l'est par les quartiers de commerce et d'habitation, et à l'ouest par le vieux cimetière juif, le Mellah, était, aux IXe/XVe et

Mellah, habitations de la rue principale, Fès.

CIRCUIT IV *Journée d'un juif à Fès*
Fès

X^e/XVIe siècles, plus large et il se divisait en deux grands quartiers. Un premier, situé au nord du Mellah sur les bordures de vergers de *Boulakhsissat*, abritait les riches négociants juifs, pour la plupart expulsés d'Espagne. Attachés au mode de vie raffinée qui avait été le leur dans la Péninsule ibérique, ces juifs expulsés d'al-Andalus se transmirent, de génération en génération, le legs andalou comme l'attestaient leurs habitations. Leurs demeures étaient luxueuses, décorées de *zellige*, comme chez les riches de la médina. Le second quartier, au sud-est de la Grande Rue, moins aéré, abritait les *toshabims*, les juifs autochtones. Il abritait les ateliers, les petits commerces et les habitations des plus pauvres.

Une douzaine de synagogues encadraient religieusement le Mellah. La plus grande était située dans la section nord du quartier, seule zone à être alimentée en eau potable dès le IXe/XVe siècle, d'autres étaient parsemées à travers le quartier.

Si le Mellah offrait à la communauté juive l'avantage de réunir les compétences dans les métiers de l'or et des produits précieux, d'autres activités y étaient représentées, comme le textile. Une tradition locale du travail de la soie existait déjà à Fès dès le Moyen Âge, mais elle a été affinée avec l'arrivée des juifs séfarades d'al-Andalus. Deux genres d'ateliers travaillaient la soie : ceux chargés de sa production, et ceux chargés de la confection de tissus pour les cérémonies religieuses juives ou musulmanes, ou encore des habits d'apparat pour le Palais Royal. Le Mellah était aussi réputé pour ses ateliers de chaussures. Une corporation réunissait les nombreux cordonniers du Mellah. La matière première était achetée en médina mais certains artisans juifs préparaient eux-mêmes les peaux qu'ils utilisaient ou qu'ils exportaient hors de Fès.

Le Mellah renferme, encore aujourd'hui, une grande partie de ces activités artisanales et commerciales. Les commerces sont présents non seulement dans la Grande Rue, qui, elle, a été construite après l'incendie qui a ravagé le Mellah en 1912, mais aussi dans les ruelles qui entourent cette rue principale. Il reste le centre de production et de commercialisation des objets en or.

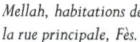
Mellah, habitations de la rue principale, Fès.

IV.1.c **Maison Maïmonide**

Du Mellah, se diriger vers la casbah des fleurs ou encore l'ancienne casbah Almoravide. De là, longer les jardins du palais en direction de la porte Bab Boujloud afin de retrouver la rue Tal'a Lekbira. La maison Maïmonide se trouve dans la rue Tal'a Lekbira à proximité de la médersa Bouinaniya. La porte d'entrée donne

CIRCUIT IV *Journée d'un juif à Fès*
Fès

dans la ruelle en face de la médersa. Maison privée, mais il est possible de la visiter.

Située, selon la tradition orale, sur la *Tal'a Lekbira*, face à la porte principale de la médersa Bouinaniya, la demeure où a habité le philosophe, médecin Moshe Ibn Maïmoun, dit Maïmonide, occupait la place actuelle de la bâtisse qui porte la fameuse horloge hydraulique de la médersa construite en 758/1357. L'édifice voisin avait été transformé à l'intérieur; décoré, il devint une annexe de la médersa.

Moshe Ibn Maïmoun, émigrant d'al-Andalus, est venu s'installer à Fès, vers le milieu du VIe/XIIe siècle, pendant deux ans et six mois, avec sa famille.

C'est là qu'il rédigea sa célèbre *Epître sur la persécution*, "*Iggered Hachemad*", vers 560/1165. Évoquant son émigration de Cordoue, il y préconisa, pour les juifs persécutés par l'Inquisition en Espagne, de *"quitter ces lieux pour aller là où on pourra pratiquer (...) la Torah sans contrainte ni peur"* ou, faute de mieux, d'opter pour une sorte de *"marranisme, une certaine tolérance, en attendant des jours meilleurs."*

La maison devint un lieu de pèlerinage, dès l'époque mérinide, pour les juifs de Fès. Elle l'est restée pendant longtemps puisque les femmes juives désireuses de devenir mères venaient rendre visite aux mânes de Maïmonide. Le lieu est encore sacré pour la communauté juive d'aujourd'hui et nombreux sont ceux, en visite à Fès, qui effectuent toujours ce pèlerinage.

IV.1.d Derb Lihoudi

Plusieurs possibilités pour se rendre au Derb Lihoudi. De la maison Maïmonide (45 minutes): descendre la rue Tal'a Lekbira en direction de la médersa Attarine. Là, se diriger vers le fondouk Sagha (prendre à gauche la rue Ab Khiss, puis successivement la première à gauche, et la première à droite). Arrivé place Sagha, se rendre place al-Achabine. Là, prendre la rue principale. À 200 m, sur votre gauche se trouve le quartier du fondouk Lihoudi signalé par une plaque. En contrebas sur votre droite, se trouve un ancien fondouk. Il est aussi possible de se rendre en voiture à Bab al-Guissa et de la laisser sur le parking. De là, descendre la rue Brad Ayin jusqu'à la place al-Achabine pour rejoindre Derb Lihoudi.

Situé en pleine rive de la Qaraouiyine, le *Derb Lihoudi* désigne en fait un quartier composé de trois ruelles commerçantes avec des habitations. Faisant la jonction entre le souk Sagha et les autres quartiers de commerce, le *Derb Lihoudi* abritait, depuis la fondation de la ville jusqu'au IXe/XVe siècle, le quartier juif de Fès.

Maison Maïmonide, Fès.

CIRCUIT IV *Journée d'un juif à Fès*
Sefrou

Derb Lihoudi, ancien fondouk, Fès.

Le nom de fondouk lui vient d'un ancien caravansérail qui n'existe plus aujourd'hui. Le quartier était fréquenté par des orfèvres, des argentiers et par tous les juifs qui y avaient un atelier ou une boutique.

Proche de Bab al-Guissa, non loin de la *qaysariya*, il est resté un marché très fréquenté même après son abandon par la communauté juive vers 840/1437, lorsque le mausolée de Moulay Idriss fut construit et que le *horm*, l'espace sacré entourant le mausolée, fut défini.

Les commerçants et artisans juifs y venaient encore jusqu'au début de ce siècle, les liens entre ce quartier et le Mellah n'ayant jamais été rompus, sauf pendant les périodes difficiles.

L'organisation du quartier et l'architecture des maisons reproduisent le modèle des palais et demeures musulmanes.

Sortir de la médina par la porte Bab al-Guissa (à 10 minutes de Derb Lihoudi) où il est possible de prendre un taxi.

IV.2 **SEFROU** (option)

À 28 km de Fès, sur la route traditionnelle des dattes. Quitter Fès par la route d'Immouzer. Arrivé à Sefrou, se garer sur le parking à l'extérieur des remparts de la médina.

La ville de Sefrou fut fondée bien avant Fès, au Ier/VIIe siècle, à proximité du site préhistorique de Bhalil, sur les premiers contreforts du Moyen Atlas. Construite sur les deux rives de l'oued Aggaï, elle est entourée de jardins et de vergers qui ont fait d'elle une station estivale, à l'instar des villes voisines d'Ifrane ou d'Immouzer.

Un premier centre d'habitation, datant d'avant l'arrivée des conquérants musulmans, était, à l'origine, composé de trois groupes de bourgs ou *qsur*, répartis le long de l'oued : le *qsur al-Fouqaniyyin*, "bourg du haut", le *qsur al-Wastaniyyin*, "bourg du milieu", et le *qsur al-Tahtaniyyin*, "bourg du bas". Ces trois entités allaient se regrouper pour mieux se défendre contre les attaques des tribus environnantes.

La communauté juive a occupé, dès l'origine de la ville, une place spécifique en s'installant dans le bourg central. Cette position géographique allait avoir deux impacts sur la communauté. Les Sefriouis étaient constamment attaqués par les montagnards voisins, mais comme le Mellah était entouré par les quartiers musulmans, les juifs étaient mieux protégés et mieux gardés. En revanche, du fait de sa position au cœur de la médina, le

Mellah ne pouvait pas s'étendre en largeur faute d'espaces vacants. Les demeures prirent alors de la hauteur. La communauté devint ainsi victime de sa protection.

Signe distinctif du Mellah, la hauteur importante de ses habitations, comparées à celles des autres quartiers de la cité, attira l'attention du sultan alaouite Moulay Hassan (1873-1894) lors de son passage à Sefrou. Celui-ci songea à créer un nouveau Mellah pour abriter le nombre croissant de juifs, mais le projet ne vit jamais le jour du fait de la mort du sultan. Les habitations du Mellah, à l'instar de celles de l'ensemble de la ville, étaient construites en briques ou en pierres. Les terrasses étaient faites avec des solives de cèdre recouvertes de planches de même nature; cèdre provenant des forêts de l'Atlas situées à proximité.

Tous les voyageurs chrétiens ou musulmans qui ont visité la ville s'accordèrent à la décrire comme une cité paisible et pacifique, éloignée des grandes batailles qui secouèrent la ville voisine: Fès. Charles de Foucauld estimait que *"Damnat et Sefrou sont les deux endroits du Maroc où les juifs sont les plus heureux"*.

Principaux acteurs économiques de la ville, les juifs de Sefrou jouissaient d'une autonomie administrative et géraient eux-mêmes leurs propres affaires, même s'ils dépendaient du caïd pour les questions politiques et criminelles et du *mouhtassib* pour les affaires artisanales et commerciales. Trois institutions israélites traitaient ainsi des affaires courantes des habitants du Mellah.

La communauté juive de Sefrou n'a cessé d'augmenter depuis la fondation de la ville. En 1880, on comptait 1 000 juifs au Mellah. Ce nombre dépassa les 3 000 à la veille du Protectorat, plus du tiers de la population totale de la ville, soit la plus forte concentration juive au Maroc. Leur nombre allait dépasser les 4 000 en 1951 lorsqu'une grande partie de la communauté immigra massivement vers la Palestine, l'Europe occidentale et l'Amérique du Nord. En 1960, la communauté juive de la ville était estimée à 3 138 personnes, et en 1971 à seulement 222. Aujourd'hui, seules les femmes juives mariées à des musulmans, ou les pèlerins qui viennent régulièrement à Sefrou, peuvent témoigner de ce passé communautaire.

MAÏMONIDE

Rabbenu Moshe Ibn Maïmoun, nommé Abou Imran al-Fassi, encore appelé Maïmonide, tel qu'il se prénommait lors de son passage à Fès, est né à Cordoue vers 529/1135. La tradition fait remonter sa lignée à la maison royale de David.

L'historien du judaïsme marocain Haïm Zafrani le décrit comme *"le pèlerin du monde intellectuel judéo-musulman"* à une époque où la civilisation de l'Occident musulman réalisa une symbiose culturelle entre les ethnies et les religions du bassin méditerranéen occidental.

Fils de rabbin, Maïmonide fréquenta à Cordoue, alors ville de culture abritant de nombreux savants de l'islam et du judaïsme, écoles et universités. Il apprit l'arabe et l'hébreu, ce qui lui permit d'étudier à la fois la pensée juive et la pensée arabo-musulmane.

Lorsque la ville de Cordoue tomba sous les armées de la *Reconquista* et que l'Inquisition se développa, elle fut désertée par de nombreux intellectuels juifs et musulmans. Maïmonide rejoignit ainsi la rive maghrébine et, incognito, il s'installa à Fès pendant plus de deux ans.

Il fréquenta la Qaraouiyine sous le nom d'Abou Imran al-Fassi, y enseigna même, selon la tradition historique. Ses recherches portèrent ainsi sur les deux aspects d'un monothéisme triomphant, le judaïsme et l'islam. Il étudia le traité du grand théologien de l'islam al-Ghazali, et les écrits de son contemporain, le philosophe Averroès. Maïmonide rédigea à Fès sa fameuse *Épître sur la persécution* vers 560/1165, dotant ainsi le judaïsme d'une théologie et d'un code de morale et de droit à la hauteur des œuvres d'al-Ghazali et d'Averroès.

Quittant Fès sous la dynastie almohade, il se dirigea vers l'Égypte où il exerça au Caire la fonction de médecin auprès du grand Salah al-Din al-Ayyoubi, héros de l'Islam à l'époque des Croisades.

Maïmonide laissa comme héritage une œuvre colossale en philosophie, en médecine et en droit. Dans cette œuvre, l'interférence entre l'hébreu et l'arabe et entre la philosophie musulmane et juive est omniprésente. Cette interférence représente le parallèle symbolique de l'itinéraire formidable d'une grande figure du judaïsme.

La légende reprit sa vie, soit pour l'embellir, soit pour la réduire, provoquant ainsi de nombreuses controverses sur la portée de son œuvre, et sa profondeur. Mais Maïmonide reste aujourd'hui l'un des symboles de la culture hébraïque.

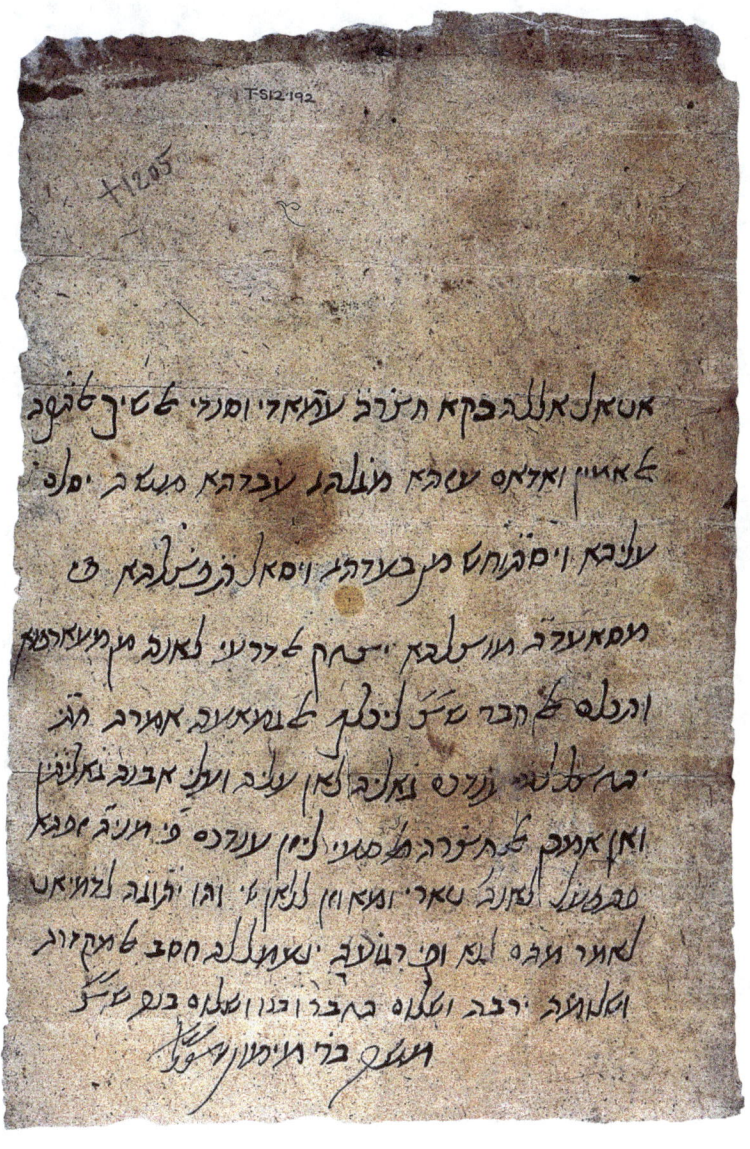

Lettre autographe de Maïmonide, écrite peu de temps après son arrivée en Égypte en 566/1171', Université de Cambridge.

CIRCUIT V

Chefchaouen, la cité sainte de la montagne rifaine

Naïma El-Khatib Boujibar

V.I CHEFCHAOUEN
    V.1.a Casbah
    V.1.b Place Outa Hammam: fontaine
    V.1.c Grande Mosquée
    V.1.d Zaouïa Raïssounia
    V.1.e Quartier Souika: rues et maisons
    V.1.f Atelier de tisserands
    V.1.g Fontaine Aïn Souika
    V.1.h Fondouk
    V.1.i Quartier al-Andalus
    V.1.j Bab al-Ansar: enceinte et tour
    V.1.k Source Ras al-Ma'
    V.1.l Quartier Essabanine: moulin, pont, four

Saïda el-Horra, Princesse de Chefchaouen

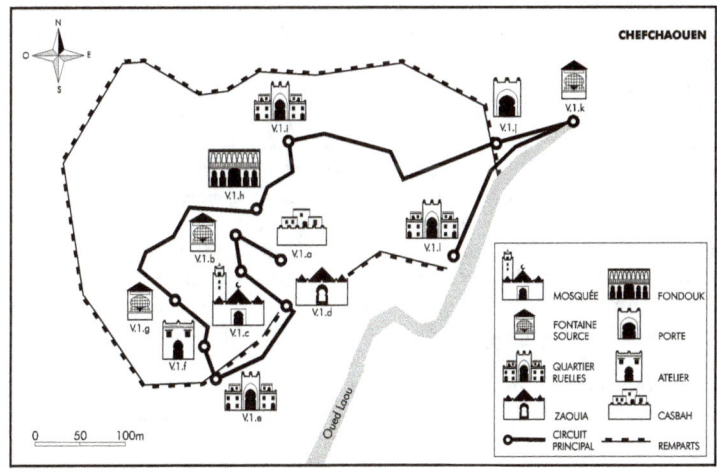

Vue de la médina depuis la casbah, Chefchaouen.

CIRCUIT V   Chefchaouen, la cité sainte de la montagne rifaine

Casbah, enceinte, chemin de ronde, Chefchaouen.

La petite cité de Chefchaouen, joyau du nord, est implantée dans un site remarquablement choisi, tant du point de vue stratégique que pittoresque. Adossée à une dorsale de la chaîne montagneuse du Rif qui la protège, elle s'insère entre deux sommets couverts d'une forêt dense de sapins et de chênes-lièges. Les eaux abondantes d'une source pure et limpide, *Ras al-Ma'*, jaillissant du flanc de la montagne, et s'écoulant avec douceur sur les coteaux ondulés du vallon, transforment la vallée environnante en une multitude de jardins et de vergers luxuriants. Fondée par une famille de *chorfa* idrissides, descendants du Prophète Muhammad, cette cité bénie de Dieu qui lui a offert une nature si généreuse était considérée par les populations environnantes comme une ville sainte, venant au deuxième rang après la ville de Moulay Idriss Zerhoun.

Le respect que les tribus du nord lui vouaient était si grand que les troupes du héros du Rif, Mohamed Ibn Abdelkrim al-Khattabi, se déchaussèrent par déférence pour cet espace sacré, avant de pénétrer dans la cité. De ce fait, rares étaient les étrangers non musulmans qui étaient admis, avant 1925, au sein de cette ville. Charles de Foucauld, qui eut le privilège de visiter Chefchaouen en 1882, notait:
"Cette ville, enfoncée dans un repli de la montagne, ne se découvre qu'au dernier moment... On est parvenu à la muraille rocheuse qui la couronne, on en longe péniblement le pied au milieu d'un dédale d'énormes blocs de granit où se creusent de profondes cavernes. Tout à coup, ce labyrinthe cesse, la roche fait un angle: à cent mètres de là, d'une part adossée à des montagnes à pic, de l'autre, bordée de jardins toujours verts, apparaît la ville... L'aspect en était féérique, avec son vieux donjon à tournure féodale, ses maisons couvertes de tuiles, ses ruisseaux qui serpentent de toutes parts, on se serait cru bien plutôt en face de quelque bourg paisible des bords du Rhin que d'une des villes les plus fanatiques du Rif. Chefchaouen, dont la population compte un grand nombre de chorfa, est en effet renommée pour son intolérance... C'est une ville ouverte. Derrière elle, s'élève, à pic, la haute muraille de roche qui couronne le Djebel Mezedjel; en avant, commencent de superbes jardins qui, s'étendant sur le flanc de la montagne, couvrent un espace immense".
Cette sacralisation, Chefchaouen la doit à la proximité du tombeau du grand saint Moulay Abdessalam Ibn Mchich, qui se trouve à une cinquantaine de kilomètres au nord-ouest; qualifié de *"pôle mystique de l'Occident"*, son mausolée au Djebel Alem est un lieu de pèlerinage très fréquenté par les marocains et, jusqu'aux premières décennies de ce siècle, tout pèlerin devait

passer par Chefchaouen. Ce chérif idrisside, issu de la tribu des Beni Arouss, était un éminent savant de la fin du VIe/XIIe siècle. Considéré comme l'introducteur au Maroc de la doctrine soufie, il a transmis son enseignement à son élève, le grand mystique Echadili, vénéré en Tunisie et en Égypte, et qui est également un chérif idrisside de la tribu des Akhmès, voisine de Chefchaouen.

C'est dire l'atmosphère de religiosité qui règne dans cette région islamisée dès l'arrivée des Arabes et qui a donné au Maroc de nombreux et éminents savants dans les sciences religieuses. Ces *'oulama'*, qui se sont installés dans la ville dès sa création, ont fait de Chefchaouen un centre de rayonnement culturel et religieux qui a attiré des étudiants, des hommes pieux et des savants de la région et d'ailleurs. Il n'est donc pas étonnant de dénombrer dans cette ville, pour un si petit espace, un nombre important de lieux de culte et de prière: huit mosquées, une ou deux pour chaque quartier, neuf zaouïas, représentant les principales confréries du pays, et des marabouts, comme celui du fondateur de la cité, Moulay Ali Ibn Rachid, particulièrement vénéré par les populations environnantes. Cette piété n'a pas empêché pour autant ses habitants de jouir de la douceur de vivre et du charme qui caractérisent cette belle cité. Beauté due au meilleur parti qu'ont su tirer les bâtisseurs de la morphologie du terrain en pente, pour ériger une ville qui s'inscrit, certes, dans la ligne de l'urbanisme traditionnel des médinas marocaines, mais qui présente, incontestablement, un style propre, inspiré de l'architecture andalouse musulmane.

En effet, autour d'un noyau initial, la casbah, située sur une esplanade, rayonnent,
du sud au nord, les différents blocs de bâtiments qui s'étagent en gradins le long des ruelles pavées, tortueuses et étroites. Des passages couverts, *sabat*, ombragent les venelles qui sont ponctuées çà et là de places ou placettes, agrémentées de fontaines sculptées ou d'arbres verdoyants. Les murs austères des demeures et des monuments religieux, blanchis à la chaux et teintés vers le bas de bleu indigo, comme cela se pratiquait dans l'Andalousie musulmane, sont surmontés de toitures en pente couvertes de tuiles rouges, et un grand soin est apporté à la décoration des entrées des demeures et des monuments culturels, qui sont précédés de portails à auvent.

Le plan des maisons comporte également des particularismes qui les différencient des demeures traditionnelles des autres médinas du Maroc. Au patio est adjoint un espace ouvert, la *qa'da*, muni parfois

Grande Mosquée, vue générale, Chefchaouen.

Chefchaouen, la cité sainte de la montagne rifaine

d'une banquette en maçonnerie. À la place des terrasses plates des autres villes marocaines, les toitures originelles sont à double pente, couvertes de tuiles rouges, et sous les toits sont aménagés des greniers, *berchla*, utilisés jadis pour le séchage de certains fruits. Des petites fenêtres grillagées viennent briser, avec leurs auvents, la monotonie de la blancheur éclatante des murs, tout en faisant pénétrer l'air et la lumière dans les pièces intérieures des maisons. Ajoutons à cela que dans cette petite médina, demeurée médiévale à bien des égards, existent encore certaines unités de production artisanales, comme les moulins à eau et les ateliers de tisserands, que l'on ne rencontre plus maintenant que dans certaines régions rurales. Ces différents éléments, tant architecturaux que décoratifs, confèrent à la médina de Chefchaouen un cachet original et un charme indéniable qui impressionnent tout visiteur.

Aperçu historique

Chefchaouen, dont le nom berbère signifie les "deux cornes" du fait des deux sommets de montagne qui la surplombent, a été fondée au IXe/XVe siècle par un moine guerrier, originaire de la tribu des Akhmès (région de Chefchaouen), Moulay Ali Ibn Rachid, pour servir de base défensive contre les agressions extérieures. Face à un pouvoir central faible, dans l'incapacité de contrecarrer l'occupation portugaise des villes côtières du nord, ce descendant des Idrissides, qui avait fait ses preuves militaires à Grenade, revint dans son pays pour y prendre les armes et défendre sa terre natale contre les menaces expansionnistes étrangères. Dès la prise de Tanger et d'Asilah en 875/1471, il fit construire une base militaire, la casbah, qui deviendra le noyau de la médina actuelle, et y fit venir des soldats de sa région et d'autres combattants pour la foi, *moudjahidines*, avec leur famille. Ce premier embryon urbain ne tarda pas à s'agrandir pour devenir une petite cité de quatre hectares de superficie, et s'entourer d'une enceinte munie de tours et percée de portes, dont il reste encore des tronçons aujourd'hui. Moulay Ali Ibn Rachid la dota d'une mosquée, l'actuelle Grande Mosquée, *Jama' al-Kebir*, et de bains qui donnèrent leur nom à la place Outa Hammam. Cette citadelle, bien protégée et disposant d'un arrière-pays fertile, riche en eaux de sources, attira très tôt, en plus des gens de la région, des réfugiés andalous, qui peuplèrent le premier quartier de la ville, le dénommé

Quartier Souika, entrée coudée d'une maison, Chefchaouen.

Souika. Ils seront, quelques années plus tard, après la reconquête de Grenade en 897/1492, renforcés d'un nouveau contingent andalou qui s'installa à l'est de la ville, en dehors de la première enceinte, pour former un quartier qui portera le nom de *Rif al-Andalus*.

Chefchaouen devint alors le chef-lieu d'une principauté indépendante de 875/1471 à 967/1560, forte militairement et politiquement, avec laquelle le pouvoir central devait composer. Elle étendit son influence politique et culturelle non seulement sur la région montagnarde proche et les villes avoisinantes (Tétouan et Targa), mais également jusqu'aux côtes nord de l'Atlantique.

Ses perpétuels harcèlements militaires, menés contre les villes de Tanger et Asilah, et conduits par le fils de Moulay Ali, le prince Moulay Brahim, bien qu'ils n'aient pu libérer les villes occupées, ont, toutefois, réussi à stopper la pénétration portugaise à l'intérieur des terres et ont couvert de gloire la famille Ibn Rachid. Ces opérations militaires ont valu à Moulay Brahim, sur lequel les chroniqueurs portugais, bien qu'ennemis, n'ont pas tari d'éloges, le renom de valeureux guerrier et de fin stratège. Elles lui attirèrent également l'estime du sultan wattasside Moulay Ahmed qui, tout en faisant de lui son beau-frère, lui confia des commandements militaires, des missions diplomatiques très délicates et le nomma gouverneur de villes comme Meknès, Salé et de la province du Tadla. Sa sœur, Saïda El-Horra, joua également un rôle prépondérant dans la région puisqu'elle gouverna plusieurs années la ville de Tétouan.

Durant cette période d'indépendance qui dura 89 ans, la ville prit de l'ampleur sur le plan urbanistique, s'organisa politi-

Quartier Essabanine, bâtisse abritant le four, Chefchaouen.

quement et se développa économiquement et culturellement. De nombreux savants fréquentèrent ses mosquées pour y donner des cours, et discuter avec leurs collègues Chefchaouenis de telle ou telle question théologique qui préoccupait les *'oulama'* de l'époque. Elle mit également à profit les connaissances techniques et artistiques de ses sujets d'origine andalouse, qui véhiculèrent avec eux leur mode de vie, leur savoir-faire artisanal et leur culture raffinée. On fit ainsi construire des bâtiments publics et privés sur le modèle andalou, installer des réseaux hydrauliques et ouvrir des ateliers de tissage de la soie et du lin, ainsi que des ateliers de boiserie qui font encore la renommée de la ville. À l'avènement du sultan saadien Moulay Abdallah al-Ghalib Billah, qui renforça le pouvoir central et lutta contre les velléités d'indépendance des villes et régions, le dernier

Chefchaouen

Casbah, onzième tour, vue intérieure, Chefchaouen.

murailles. De nouveaux arrivés du Rif, les *Jbalas*, occupèrent les quartiers Essabanine et Anzar. Des mosquées et des zaouïas y furent construites. Au début de ce siècle, elle fut, de nouveau, avec la guerre du Rif, un lieu de résistance face à toute pénétration étrangère. Occupée par les Espagnols en 1926, elle redevint marocaine en 1956. Actuellement, la ville, bien que s'étant développée extra-muros, a su préserver sa médina et conserver son héritage architectural, musi-cal et artisanal ancestral qui lui procure une douceur et une qualité de vie appréciables.

V.1 CHEFCHAOUEN

V.1.a Casbah

Le circuit se fait à pied. Arrivé à Chefchaouen, prendre la direction Ancienne Médina ou suivre le panneau indiquant Crédit Agricole. Laisser la voiture sur la place Al-Makhzen, en haut du boulevard Hassan II. Parking semi-public, appartenant à l'hôtel Parador. Casbah et musée, même monument, se trouvent sur la place principale Outa Hammam.
Horaires: du samedi au jeudi de 9:00 à 13:00 et de 15:00 à 18:30; le vendredi de 9:00 à 12:00 et de 15:00 à 18:00.

prince des Rachid, Moulay Ahmed, fut déchu, et la ville perdit ainsi son autonomie politique. Elle ne continua pas moins à exercer une influence religieuse et culturelle sur la région.
Au début du XIe/XVIIe siècle, la ville reçut la dernière vague de réfugiés andalous, les *Moriscos*, musulmans et juifs qui ont peuplé le troisième quartier appelé Souika. Dès lors, la médina de Chefchaouen vécut sa petite vie à l'intérieur de ses

Située à l'angle ouest de la médina dont elle représente l'embryon, la casbah fut le premier édifice construit par le fondateur de la cité, Moulay Ali Ibn Rachid (875/1471-876/1472), pour lui servir de camp militaire, de résidence fortifiée et de siège de commandement. Son plan se présente sous la forme d'un rectangle plus ou moins régulier de 7 m de long est-ouest et 5 m de large nord-sud.

Enceinte

La casbah est entourée d'une épaisse muraille construite en pisé, couronnée de merlons, et parcourue du côté intérieur par un chemin de ronde. Dix bastions, dont trois sensiblement remaniés, y sont flanqués à inégales distances les uns des autres. Ces dix bastions et l'enceinte s'inscrivent, par leur plan et leur mode de construction, dans la tradition de l'architecture andalouse.

L'accès à la casbah se faisait par deux portes situées l'une sur le flanc est, et donnant sur le souk, l'autre sur le flanc ouest, ouverte vers la mosquée. Ces entrées sont actuellement fermées. Celle donnant sur le souk est basse et étroite, et est disposée selon un plan coudé. Des semi-colonnes massives, en briques, plaquées contre la façade extérieure de cette porte, seraient des restes d'un système de pont-levis installé postérieurement. La porte s'ouvrant sur la Grande Mosquée, utilisée actuellement comme salle d'exposition temporaire, est curieusement située dans une tour d'angle. L'entrée actuelle de la casbah est une ouverture percée vers les années 30 dans la tour centrale du flanc nord-ouest.

Tour

Une tour, la onzième, s'élevant sur le flanc ouest de la courtine, se détache de cet ensemble. Construite postérieurement, vraisemblablement à l'époque de Moulay Mohamed, dernier fils de Moulay Ali Ibn Rachid, au début du Xe/XVIe siècle, elle coupe une partie de la muraille pour s'y insérer. De base carrée, elle se différencie des autres tours par le matériau de construction, la structure et la fonction. Ses murs sont en effet construits en moellons, et renforcés aux coins de pierres de taille. Elle est divisée en hauteur en trois pièces. Au niveau du sol, un pilier central de plan octogonal sépare la pièce en quatre espaces, couverts de quatre coupoles construites en brique. À l'étage, un petit pilier soutient une poutraison longitudinale qui divise la salle en deux parties rectangulaires. Le troisième niveau constitue un mirador d'où l'on peut dominer du regard toute la médina. Un parapet à merlons, légèrement en saillie, au-dessus d'un larmier en briques, protège cette dernière terrasse. Les murs sont percés au niveau des étages d'une série de fenêtres en brique. Ces baies, en arc plein cintre surhaussé, qui animent les façades de cette tour, ajoutées aux proportions de la tour, à sa structure et à son mode de construction, incitent à comparer cet édifice aux "tours-résidences" de Grenade.

Musée de la casbah

L'espace de la casbah est occupé actuellement par un jardin avec bassin et puits, et

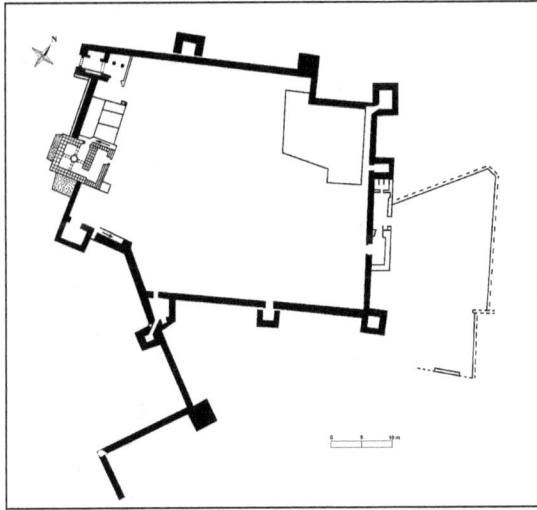

Casbah, plan d'ensemble, Chefchaouen.

Chefchaouen

Place Outa Hammam, fontaine, vue générale, Chefchaouen.

dans le coin nord-est par une résidence transformée en musée et en centre d'études andalouses.

Entre la résidence et la muraille, à l'est, ont été découvertes des citernes, que l'on pourrait mettre en relation avec les premiers bâtiments résidentiels de la casbah.

La résidence actuelle date de la fin du XIe/XVIIe siècle, de l'époque de Moulay Ismaïl, et elle aurait été construite par le gouverneur Ali Errifi. Elle se présente sous la forme classique des maisons traditionnelles marocaines avec un rez-de-chaussée à patio et un étage avec galerie. Le musée est installé au rez-de-chaussée. Il rassemble quelques objets archéologiques et ethnographiques en rapport avec la ville de Chefchaouen et sa région, entre autres: un battant de porte en bois polychrome, décoré d'entrelacs polygonaux, provenant de l'ancienne maison du gouverneur; des instruments de musique andalouse (un *rebab*, un luth); des palanquins et des coffres en bois peint, des étoffes rouge et blanc, *fouta*, des broderies décorées de fleurs stylisées, inscrites dans des hexagones et des losanges, qui peuvent être comparées à la broderie andalouse de Grenade et aux tapis mudéjars des IXe/XVe et X^e/XVIe siècles.

V.1.b Place Outa Hammam: fontaine

La place Outa Hammam, avec ses 3 000 m^2 de surface, est la plus grande place de la médina dont elle est le cœur: toutes les artères principales partent de là et convergent vers elle. Elle aurait été construite par Moulay Mohamed, au Xe/XVIe siècle, en même temps que le bain, *hammam*, qui se trouve au nord-ouest et dont elle tire son nom.

À l'origine place commerciale et marchande, elle accueillait deux fois par semaine un marché où se côtoyaient les habitants de la ville et les paysans de la région, les uns achetant les produits agricoles, les autres les produits fabriqués en ville. Place centrale, elle permettait l'accès aux principaux bâtiments de la ville: la Grande Mosquée, les boutiques, le caravansérail et la casbah, siège du pouvoir.

Aujourd'hui, l'aménagement de la place est une reprise moderne: le sol dallé de mosaïque de pierres et de galets, les arbres feuillus et les cafés.

La fontaine était installée au centre de la place pour approvisionner en eau les visiteurs et riverains du lieu. Présentant quatre faces ornées d'arcatures simples, elle était couverte d'un simple dôme, le tout badigeonné à la chaux. Dans sa dernière parure, sa structure d'origine a été habillée d'un cadre parallélépipédique plus volumineux dont on a décoré deux faces avec des conques et que l'on a couronné d'un pavillon, en tuiles vertes, surmonté d'une tige en fer forgé portant un croissant de lune.

V.1.c Grande Mosquée

Place Outa Hammam. Accès réservé aux musulmans.

Sur la place Outa Hammam, à l'ouest de la casbah, s'élève la Grande Mosquée, *Jama' al-Kebir*, qui aurait été fondée par Moulay Mohamed au Xe/XVIe siècle. Occupant une superficie de 130 m^2 environ, cet ensemble de forme trapézoïdale possède toutes les annexes qui accompagnent une institution religieuse de cette importance: un minaret, une fontaine, une salle d'ablution, une cour, une médersa. La salle de prière occupe le corps central de l'ensemble; elle s'étend sur huit nefs parallèles au mur de la *qibla*, coupées par six travées. L'arcature des nefs et des travées, en arcs outrepassés brisés reposant sur les piliers, est dénuée d'ornement, et les plafonds sont peints d'une couleur uniforme. La sobriété de la salle de prière est une des caractéristiques des oratoires de Chefchaouen. Les seules parties décorées de cet ensemble sont les éléments extérieurs, les portails d'entrée, et le minaret. Le minaret, qui s'élève en dissymétrie par rapport à la façade, dépasse de deux fois et demi la hauteur des toitures en tuiles rouges de la salle de prière. Sa forme octogonale le rapproche des minarets des mosquées fondées par le gouverneur de Moulay

Ismaïl, Ali Errifi, à Tétouan et Tanger, et permettrait de le dater de la fin du XIe/XVIIe siècle. Ses faces, divisées en trois registres, portent comme ornementation des arcatures sculptées, simples ou polylobées, enrichies dans les arcatures supérieures de panneaux carrés en céramique de *zellige*. Les coins des faces, en briques pleines, sont soulignés d'une peinture ocre qui tranche avec la couleur blanche de la chaux dont sont enduits le haut du

Grande Mosquée, porte d'entrée et minaret, Chefchaouen.

Chefchaouen

minaret et son lanternon, ainsi que les murs de la mosquée.

Le manque d'homogénéité dont souffre l'architecture du monument témoigne des différentes transformations qu'a subies l'édifice durant ses quatre cents ans d'existence. Fondé au Xe/XVIe siècle il a été, une première fois, agrandi au $XI^e/XVII^e$ siècle et doté d'un minaret. Restauré au XIXe siècle, il a de nouveau reçu des rajouts au XXe siècle, entre autres le portail de son entrée principale.

V.1.d Zaouïa Raïssounia

Pendre la rue qui sépare la casbah de la mosquée, on arrive sur une petite place sur laquelle donne la zaouïa. Le monument ne se visite pas, mais tout l'intérêt du bâtiment réside dans l'extérieur de la porte.

Zaouïa Raïssounia, porte d'entrée, Chefchaouen.

La zaouïa Raïssounia se trouve au sud de la casbah, et donne sur la place Belhacen. Elle serait, d'après les chroniqueurs locaux, la première zaouïa à avoir vu le jour dans la médina de Chefchaouen. D'après une tradition orale, cette zaouïa aurait été fondée par la fameuse princesse Saïda El-Horra, qui y serait inhumée. Le bâtiment occupait à l'origine une surface d'environ 130 m². Récemment, y a été ajouté un étage qui, malheureusement, a remplacé la toiture traditionnelle en tuiles rouges. Le rez-de-chaussée comprend une salle de prière avec *mihrab*, une chambre, un espace de rangement et une salle d'ablutions, *meda*.

On y pénètre de l'extérieur par un passage coudé. Le portail de cet édifice est le seul élément orné. La baie de la porte, un arc outrepassé brisé, est surmontée d'une demi-conque: elle est protégée par un important auvent sculpté, recouvert d'une toiture de tuiles vertes. L'auvent, soutenu par une série de corbelets découpés en *mouqarnas*, est limité de chaque côté par des pilastres montant de la base, qui reçoivent également un décor fait de petites lucarnes aveugles.

V.1.e Quartier Souika: rues et maisons

Le quartier Souika débute sur votre droite, on face de la porte de la zaouïa. Les escaliers sur votre gauche débouchent sur l'avenue Hassan II menant au parking. Les impasses sont reconnaissables par le fait que le parterre est recouvert à la chaux.

Le quartier Souika est l'un des premiers quartiers de la ville, qui fut peuplé dès la fin du IXe/XVe siècle. Cerné jadis d'une enceinte en pisé, dont il reste quelques tronçons au Derb Essour, il était desservi par plusieurs portes au nord, à l'ouest et au sud. Deux de ces portes sont encore bien conservées, la porte Bab Al-Harmoun au sud, et Bab Al-Hammar au sud-est.

Il doit son nom, littéralement le "petit marché", à l'espace marchand encore existant, la *qaysariya*, qui y fut construit dès la fin du IXe/XVe siècle. Cet espace était autrefois délimité et fermé par des portes. Un arc sculpté de festons est ce qui demeure de l'une d'entre elles. La *qaysariya* se constitue actuellement de petites échoppes, agglutinées les unes contre les autres, de chaque côté de petites ruelles étroites. Les boutiques ont une porte à deux vantaux de bois comme seule ouverture, elles étaient auparavant uniquement spécialisées dans la vente des tissus locaux en laine et en lin.

Dans ce dédale de rues se trouvent les plus vieilles maisons de la médina et les plus belles. Certaines demeures de familles importantes se regroupaient en *derb* ou impasses. Les entrées des *derb*s sont parfois couvertes de *sabat*s pour élargir la surface des étages. Les portes qui les ferment ont fait l'objet de grands soins. Leur hauteur et la variété de leur ornementation étaient le signe distinctif des familles. Les portes des maisons bourgeoises rappellent, par leur taille et leur décoration, les portes des édifices religieux, mosquées et zaouïas, tandis que les portes des maisons des gens modestes sont plus petites et présentent des décors moins riches. Mais toutes les portes et les murs des maisons, riches ou pauvres, sont badigeonnés de chaux, une des caractéristiques de la médina de Chefchaouen.

Quartier Souika, maison, porte d'entrée Chefchaouen.

V.1.f Atelier de tisserands

À l'extrémité de la rue Ben Dibane (rue très commerçante qui part de la rue principale du quartier Souika).

La ville de Chefchaouen est réputée dans le nord pour ses tissus de laine, avec lesquels les Rifains font leur djellaba, et pour ses étoffes rayées rouge et blanc, en lin et

Chefchaouen

Atelier de tisserand, vue extérieure du monument, Chefchaouen.

Fontaine Aïn Souika, vue générale, Chefchaouen.

plusieurs ateliers de tisserands. On en dénombre à peu près une centaine, qui se répartissent essentiellement entre le quartier Souika et le quartier al-Andalus; tous présentent les mêmes caractéristiques architecturales.

Occupant une surface rectangulaire d'à peu près 8 m de long et 2,50 m de large, couvert d'une toiture de tuiles rouges à deux pentes, celui-ci est placé légèrement en retrait des édifices avoisinants. Un plancher en bois le divise en deux pièces superposées. Les portes des deux pièces indépendantes s'ouvrent sur la même façade. L'accès vers la salle du haut se fait par un escalier construit en saillie par rapport au mur extérieur. Chaque pièce contient deux métiers à tisser de basse lisse, actionnés par deux artisans. La lumière pénètre dans ces pièces par la porte, et la ventilation se fait grâce à de petites lucarnes aménagées dans les murs. Les murs sont construits en moellons liés avec un mortier de chaux, tandis que les briques pleines consolident les coins et les pieds droits des portes et des petites lucarnes.

V.1.g Fontaine Aïn Souika

Quartier Souika: longer la rue principale reconnaissable à la présence de nombreux bazars. La fontaine se trouve sur la gauche dans un renfoncement.

Cette fontaine, encore en service, abritée par un porche, doit être parmi les premières aménagées dans le quartier. Son architecture est du même style que celui des autres fontaines en façade. Le bassin est en arc de cercle, et le mur est orné d'arcatures concentriques polylobées et festonnées. Certains détails la différen-

en coton, que les femmes *jbala* portent sur leurs épaules et autour de leurs reins. Il existe, pour la fabrication de ces tissus,

cient pourtant des autres: les petites lucarnes aveugles situées au-dessus de l'encadrement de l'arcature, dont l'intérieur est peint en bleu pour donner l'illusion du vide, et le revêtement en carreaux de faïence. Ce revêtement polychrome, qui tranche avec la sobriété habituelle des fontaines locales, semble être dû à une réfection récente et à une imitation malheureuse des belles mosaïques de *zellige*.

V.1.h Fondouk

À l'intersection de la place Outa Hammam et de la rue al-Andalus. Le fondouk se trouve dans un renfoncement sur la gauche. Ouvert tous les jours.

Situé à l'angle nord-ouest de la place Outa Hammam, il est le plus grand fondouk de la ville de Chefchaouen, qui en possédait quatre. Bien conservé, il est le seul à continuer à remplir les fonctions qui lui ont été dévolues à l'origine: l'hébergement des étrangers de passage, avec leurs montures et leurs marchandises. D'une superficie de 596 m^2 à peu près, il renferme une cinquantaine de chambres, réparties entre le rez-de-chaussée et l'étage, avec des débarras, des dépôts et des latrines.
Les petites chambres du rez-de-chaussée, s'ouvrent par un portique sur une vaste cour recouverte de galets, et celles de l'étage sur une galerie. Des arcs en plein cintre, reposant sur des colonnes, soutiennent les allées couvertes. Des réfections et restaurations sont apparentes au niveau de la colonnade du portique inférieur et des galeries supérieures. Des pilastres ont, en effet, remplacé des colonnes, dans l'aile droite, et des baies de la galerie supérieure ont été emmurées pour agrandir très certainement les chambres. Les pilastres de la galerie supérieure gauche semblent aussi avoir subi quelques réfections.
Cet ensemble, qui se distingue par son style dépouillé et sa simplicité, rappelle par certains égards le style mudéjar implanté par les Andalous. Le seul élément décoré est la façade extérieure de l'entrée. Traitée avec soin, comme toutes les portes des édifices publics de Chefchaouen, elle comporte un auvent soutenu sur les côtés par des colonnes engagées, et au centre par une multitude de corbelets. Sa baie d'entrée est sous forme

Fondouk, portail extérieur, Chefchaouen.

Chefchaouen

Quartier al-Andalus, rue al-Andalus, Chefchaouen.

d'un arc outrepassé brisé, surmonté d'une arcature festonnée.

V.1.i **Quartier al-Andalus**

Prendre la rue ascendante qui part de la place Outa Hammam, la rue al-Andalus.

Le quartier Rif al-Andalous, créé pour recevoir la deuxième vague de réfugiés andalous venus après 897/1492, s'est construit à l'extérieur de la première enceinte de la ville. Son plan général, tout en étant semblable à celui du quartier Souika dans ses grandes lignes et sa conception esthétique, présente quelques différences, imposées par la forte déclivité du terrain. L'intérieur des maisons a été bâti, dans la majorité des cas, sur deux niveaux ou trois, de sorte que l'on peut trouver dans une même maison deux entrées opposées, et l'accès peut se faire par le premier ou le deuxième étage. Les rues, où les murs de soutènement ressortent en saillie, sont ponctuées de rampes d'escaliers et de rochers utilisés comme contrefort.

L'aspect des portes des maisons est également soigné, ainsi que le traitement des vantaux en bois, et le stuc des portails.

V.1.j **Bab al-Ansar: enceinte et tour**

Toutes les rues ascendantes mènent à l'extrémité nord du quartier al-Andalus où se trouve la porte al-Ansar.

La porte al-Ansar, qui s'ouvre sur le quartier du même nom, marque la limite nord-ouest de l'enceinte de la ville. Cette enceinte, dont l'homogénéité n'est pas totale, traduit les différentes étapes de l'histoire de la ville. En effet, les quartiers construits au fur et à mesure de l'arrivée des émigrants et des populations environnantes ont agrandi l'enceinte, répondant à un besoin de sécurité, mais ne tenant pas compte du mode de construction des tronçons de muraille auxquels ils se raccordaient. C'est pourquoi ce tronçon d'enceinte, qui devait rejoindre au sud la porte Lamkadem, ne ressemble en rien au rempart du quartier Souika tant au point de vue du matériau que de l'épaisseur. Ajoutons à cela que sa restauration a été une rénovation. La tour de garde, qui est accolée à la muraille et ouvre sur un passage coudé, est également une réfection récente. Élevée à l'emplacement d'une ancienne tour, elle a été reconstruite sur le modèle de la tour de garde de Bab Aïn qui rappelle les tours couvertes de Grenade.

Bab al-Ansar, tour de l'enceinte et porte, Chefchaouen.

Chefchaouen

Source Ras al-Ma', enclos en maçonnerie, Chefchaouen.

V.1.k Source Ras al-Ma'

Passer la porte al-Ansar, continuer à longer la rue qui mène à la source.

La source Ras al-Ma' se trouve en amont de la médina, à l'extérieur des remparts. Source vauclusienne qui jaillit de la montagne, elle a été à l'origine de la fondation de la médina de Chefchaouen. C'est elle qui alimente la ville en eau, remplit les fontaines, permet aux moulins de fonctionner et arrose les quelques vergers et jardins encore existants. Le lieu de jaillissement de la source, encore visible il y a quelques années, est actuellement recouvert d'un enclos en maçonnerie.

V.1.l Quartier Essabanine: moulin, pont, four

Après la source, emprunter les escaliers qui mènent à la route goudronnée; 500 m plus bas, des escaliers sur votre droite mènent au quartier Essabanine. Le pont se trouve en contrebas sur votre gauche, à proximité de la bâtisse abritant le four. Plusieurs moulins longent le cours d'eau. Four et moulin sont ouverts tous les jours. Pas d'horaires de visite.

Moulin

Le moulin se situe sur la rive gauche du quartier relié à l'autre rive par le pont.

Son architecture utilise un volume très simple. Une chambre principale de forme rectangulaire est divisée en deux niveaux : un rez-de-chaussée, où se trouve la meule, et un sous-sol qui contient la machinerie, et dont les deux murs latéraux sont percés de baies pour permettre le passage de la rigole. La meule est en effet actionnée par un axe à hélices qui tourne sous l'effet de la force motrice de l'eau.

Il est difficile de dater de façon exacte cette bâtisse, tout comme les trois autres moulins, encore en fonction, qui ont également été construits en amont de la source Ras al-Ma'.

Seule certitude, on doit aux réfugiés andalous la mise en place, dès la fondation de la ville, d'un ingénieux système hydraulique permettant de doter les fontaines et les moulins d'un réseau d'eau soigneusement étudié. La légende attribue à un certain Sidi Boubker al-Hadad, ingénieur de son métier, l'organisation de ces réseaux.

Pont

Ce charmant petit ouvrage, couvert de verdure, est le seul pont de Chefchaouen. Situé à la sortie de la porte de Lamkadem, il relie la rive droite du quartier Essabanine à la rive gauche, et facilite le passage vers les moulins. Des murs solides et imposants servent de support à l'arche en plein cintre qui enjambe la rivière. Ils sont renforcés à leur base de contreforts à pans coupés pour contrecarrer les effets de l'érosion, selon la technique de construction des ponts de l'époque andalouse.

On ignore la date d'édification de cet ouvrage, mais si l'on en juge par la chronologie de l'urbanisme de la médina et le mode de construction, on peut approximativement le dater, au plus tard, au début du XIIIe/XIXe siècle, au moment de l'extension maximale de la médina.

Quartier Essabanine, moulin traditionnel, meule, Chefchaouen.

CIRCUIT V *Chefchaouen, la cité sainte de la montagne rifaine*

Chefchaouen

Quartier Essabanine, pont, Chefchaouen.

Four

Situé sur la place du quartier Essabanine, il est l'un des quinze fours encore en activité à Chefchaouen. Comme tous les autres, il se trouve au croisement des voies du quartier, pour mieux desservir les ménages qui continuent à pétrir leur pain dans leur demeure, et qui ont besoin de cet équipement de service pour le faire cuire.

Son plan est simple. Une salle rectangulaire de petite dimension, de faible hauteur, couverte d'un toit à tuiles rouges à double pente d'où émerge une cheminée, comme cela est la règle dans cette ville, renferme le foyer, et une plate-forme sur laquelle sont posées les planches à pain des clients. Un espace est réservé au stockage du bois.

Les murs sont en pisé avec les arases de briques utilisées également dans les pieds droits de la porte. Ils sont percés de lucarnes, pour assurer la ventilation, et d'une porte pour l'accès et l'éclairage.

Les randonnées en montagne
Les montagnes du Rif qui bordent la côte méditerranéenne, bien qu'elles soient les plus hautes du nord du pays, dépassent rarement les 1 800 m. Elles sont les mieux arrosées du pays et offrent au randonneur un magnifique paysage. Les collines entourant Chefchaouen donnent ainsi une belle occasion d'explorer la région. Plusieurs excursions sont possibles, toutes exigeant la présence d'un guide. L'Association Culture et Randonnée propose différentes randonnées de un à quatre jours avec possibilité de dormir chez l'habitant et de louer des mules. Les excursions les plus impressionnantes sont celles de deux et trois jours qui vous mèneront respectivement au lac d'Ackchouch et au parc national de Talasmetane, sapinière unique au Maroc, ainsi qu'au "Pont de Dieu", un repère géologique local, naturellement sculpté dans le roc. Plus ambitieuse, une excursion de quatre jours vous mènera jusqu'à la mer après avoir atteint la cime du Djebel Tazout. Pour tout renseignement, contacter l'Association Culture et Randonnée à la pension Casa Hassan. Tél. : 09 98 61 53, Fax: 09 98 81 96.

SAÏDA EL-HORRA, PRINCESSE DE CHEFCHAOUEN

Maintes fois citées dans les récits des chroniqueurs portugais et espagnols sous le nom de "Noble Dame" ou "Dame Pure", Saïda El-Horra, princesse de Chefchaouen, est sans conteste une des figures les plus marquantes de la fin du IXe/XVe siècle et la première moitié du Xe/XVIe siècle.

Fille de Moulay Ali Ibn Rachid, fondateur de Chefchaouen, et d'une Morisque originaire de *Vejer de la Frontera,* elle naquit en 900/1495. Parlant à la perfection aussi bien l'arabe que le castillan, dotée d'une intelligence exceptionnelle et d'un tempérament autoritaire, elle était particulièrement préparée pour jouer le rôle politique prépondérant que le destin lui avait réservé: gouverner seule, pendant dix-sept ans, une ville et sa région.

Mariée jeune au gouverneur de Tétouan, al-Mandri II, neveu d'al-Mandri I le bâtisseur de la ville, elle eut maintes fois l'occasion de remplacer son époux absent. Elle fit, chaque fois, preuve d'un grand talent pour le commandement; ce qui lui permit, bien que femme dans un pays musulman, de succéder à son époux mort en 924/1518.

Nommée tour à tour préfet de la ville par son frère, gouverneur de la région, puis gouverneur de Tétouan, lorsque celui-ci assuma la charge de grand vizir à Fès auprès du sultan wattasside, elle finit par régner en toute indépendance de 934/1528 à 945/1539, date de la mort de son frère.

Durant son mandat, elle procéda à la fortification de la ville, et œuvra pour son développement économique en construisant des chantiers navals à l'embouchure du fleuve Martil. Forte de sa flotte, elle eut l'audace de se lancer dans la course en mer, en s'associant au fameux corsaire d'Alger Kheireddine, alias Barberousse. Les opérations de harcèlement qu'elle mena contre les côtes espagnoles et les Portugais lui permirent de protéger son territoire et d'augmenter ses sources de revenus, négociant à prix fort le rachat des captifs chrétiens.

Son prestige et sa puissance la firent craindre et respecter par le pouvoir central de Fès qui tentait, non sans peine, de maintenir son autorité sur tout le territoire marocain. Aussi, pour obtenir le soutien du pouvoir dans sa lutte contre les forces montantes des Saadiens, le roi wattasside Moulay Ahmed la demanda en mariage en 947/1541. Mais, pour célébrer les noces, Saïda El-Horra exigea que le souverain se déplaçât lui-même à Tétouan, contrairement à la tradition qui voulait que ce soit la mariée qui se rende au domicile de l'époux. De plus, ne se résignant pas à son rôle de compagne, elle continua à administrer, mais cette fois au nom du roi, la ville de Tétouan.

Attisant la convoitise de son jeune demi-frère, décidé à lui reprendre Tétouan, elle fut vaincue, en 948/1542, par l'armée qu'il avait soulevée en s'alliant avec les Saadiens, ennemis du sultan wattasside. Chassée de la ville, voyant tous ses biens confisqués, elle disparaît de l'histoire. Aucune source écrite digne de foi ne nous renseigne sur les derniers jours de sa vie. Seules certaines traditions orales prétendent qu'elle se serait réfugiée à Chefchaouen, sa ville natale. Elle y aurait fondé une zaouïa, la Raïssounia, où elle serait inhumée; d'autres, qu'elle aurait fui à Ksar al-Kebir où elle serait morte.

Quoi qu'il soit advenu de cette femme d'exception, qualifiée par les uns de femme intelligente mais belliqueuse, par les autres de véritable sainte, elle demeure une figure légendaire qui alimente l'imaginaire collectif des habitants de Chefchaouen.

CIRCUIT VI

Tétouan, le patio d'une civilisation

Mhammad Benaboud

VI.1 TÉTOUAN
- VI.1.a École des arts et métiers traditionnels
- VI.1.b Bab Okla
- VI.1.c Palais Lebbadi
- VI.1.d Grande Mosquée
- VI.1.e Silo Mtamar
- VI.1.f Tanneries
- VI.1.g Zaouïa Sidi Ali Baraka
- VI.1.h Rue al-Mokadem
- VI.1.i Médersa Loukach
- VI.1.j Casbah Sidi Al-Mandri
- VI.1.k Mosquée Erzini
- VI.1.l Musée ethnographique

Musique Andalouse

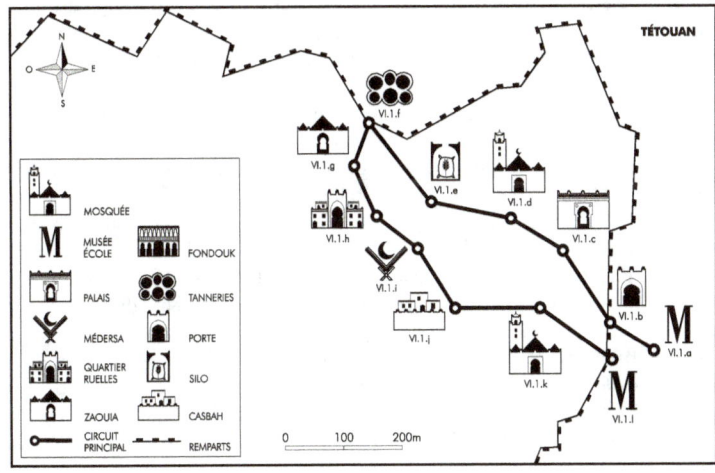

Tétouan, médina, ruelle couverte.

CIRCUIT VI   *Tétouan, le patio d'une civilisation*

*Tétouan,
vue d'ensemble
de la médina.*

Tétouan, la colombe blanche des poètes arabes, fut aussi désignée comme "la fille de Grenade". À la fois renfermée sur elle-même et ouverte sur l'extérieur, elle est le patio andalou du Maroc et a su maintenir vivante cette civilisation en conservant une multitude d'éléments culturels, en les transformant et en les développant au cours des siècles.

La chute du royaume de Grenade marque la renaissance de la ville de Tétouan. Sa reconstruction, au IXe/XVe siècle, par le Grenadin Sidi al-Mandri, accompagné des premiers Mudéjars fuyant la reconquête chrétienne, a fait d'elle un lieu d'accueil de la civilisation andalouse. Protégé par les barrières naturelles des deux montagnes, ouvert sur la Méditerranée, le site de Tétouan offrait une position stratégique pour ces exilés qui n'eurent de cesse de repousser la menace chrétienne. Recréée par eux, la ville fut aussi développée par eux. Bénéficiant du vide politique central qui caractérisait le Maroc de cette époque, ils pourvurent eux-mêmes à leur administration, créant une cité à l'image de celle qu'ils avaient dû quitter. Élevée dans un climat de lutte, Tétouan se distingue par son architecture militaire dont les caractéristiques andalouses sont évidentes. Le mur d'enceinte de la ville dessinée par Sidi al-Mandri, avec sa grande taille, son épaisseur, la régularité de ses tours, en est le meilleur exemple. De la ville "mandarite" du IXe/XVe et X^e/XVIe siècle, il reste aujourd'hui quelques vestiges: les murs extérieurs et trois bastions de la casbah de Sidi al-Mandri, comparable aux forteresses de style mudéjar; la mosquée Erzini, dont la marque originelle est la simplicité et la petitesse de son minaret construit à une époque où les maisons voisines ne le dépassaient guère plus. Les restes de l'architecture de cette époque se font rares; le tracé actuel des rues avec ses culs-de-sac, ses petits jardins ou encore les rues couvertes, *sabat*, situées dans le quartier résidentiel (à l'époque, le quartier al-Mtamar, où furent aménagés des silos souterrains), évoquent sans conteste la ville morisque que fut Tétouan au Xe/XVIe siècle. Le travail du cuir, qui fit la renommée de la ville, date de cette époque et les tanneries furent regroupées dans l'angle nord-ouest de la ville originelle.

À l'origine forteresse, destinée à protéger les émigrés andalous qui la fondèrent, la ville de Tétouan reflète toutefois la volonté de ses bâtisseurs de développer une vie urbaine sophistiquée alliant confort et sécurité.

Avec la nouvelle arrivée massive de réfugiés, suite au décret d'expulsion de 1017/1609 ordonné par Philippe III, la ville s'agrandit et prit de l'importance. Quelque 10 000 Morisques s'installèrent ainsi à Tétouan qui comptait, au milieu du XIe/XVIIe siècle, entre 22 000 et 26 000 habitants. La surface de la ville quadrupla pour atteindre la taille de la ville fortifiée d'aujourd'hui. Débordant largement les fortifications de l'établissement al-Mandri, elle fut entourée d'une enceinte nouvelle au XIIe/XVIIIe siècle.

Tout au long du XIe/XVIIe et XIIe/XVIIIe siècle, les monuments porteront l'empreinte morisque: sobriété et absence de surfaces décorées, comme en témoignent les maisons et les mosquées. Reconnaissables à leurs minarets dont la simple décoration consiste en des bandes de briques et quelques arches aveugles, les mosquées présentent souvent dans leur intérieur des arcades semi-circulaire et non pas en fer à cheval comme dans l'architecture traditionnelle d'Afrique du Nord depuis les Almoravides. Concernant l'architecture religieuse, la médersa de Loukach construite au XIIe/XVIIIe siècle, est la seule médersa encore visible.

Au XIXe siècle, la ville a continué de s'épanouir, et l'on a assisté à l'émergence de nombreux palais, comme celui de Dar Lebbadi. Si le style est andalou, les techniques de construction s'inspirent des techniques modernes venues d'Europe. Les piliers de fer se substituèrent aux piliers de bois caractérisant les maisons du XIIe/XVIIIe siècle.

Plus que l'architecture, l'art de vivre tétouanais est marqué par l'héritage andalou. La cuisine, la musique ou encore les bijoux et les broderies tétouanais sont imprégnées de leur origine andalouse. Les motifs nasrides et mudéjars ont perduré dans les broderies tétouanaises, que l'on peut aujourd'hui admirer au Musée ethnographique de Bab Okla.

Les tanneries, fosses et murailles, Tétouan.

Mais la conservation de l'art traditionnel tétouanais doit beaucoup à Mariano Bertuchi, peintre exceptionnel et grand administrateur de l'art marocain, qui fonda le Musée ethnographique et l'École des arts et métiers traditionnels, véritable joyau destiné à la conservation de l'art andalou à Tétouan.

Aperçu historique

Tout en gardant ses liens historiques avec d'autres régions du Maroc, Tétouan a connu un parcours historique spécifique et autonome du XIe/XVIIe au XIIe/XVIIIe siècle. Ce n'est qu'à partir du XIXe siècle que son histoire s'est confondue avec celle du Maroc.

Faite de splendeurs et de décadences, l'histoire de Tétouan débute dès la période romaine avec la fondation d'une ville,

Tamouda, à deux kilomètres de la ville actuelle, sur le fleuve Martil. Le site de Tétouan est mentionné dans les sources dès le Ve/XIe siècle par le géographe andalou Abou Ubayd al-Bakri. Les sources européennes la citent comme le premier port marocain ayant des relations commerciales avec les marchands catalans qui avaient étendu leur influence méditerranéenne grâce à leur conquête d'Alméria. Mais il faut attendre l'époque almohade, au VIe/XIIe siècle, pour la voir figurer dans les sources marocaines. Détruite au cours du IXe/XVe siècle par les Portugais, qui occupaient à l'époque la majorité des ports marocains, Tétouan disparaît alors de l'histoire.

À la fin du IXe/XVe siècle, le Grenadin Sidi al-Mandri, mort en 916/1511, la fait renaître de ses cendres. Armé d'une poignée d'exilés grenadins, ce chef militaire n'eut de cesse de repousser la menace militaire ibérique; menace d'autant plus forte que la majorité des villes côtières, dont les activités étaient principalement liées au commerce des esclaves, étaient occupées par les Espagnols et les Portugais.

Si le nom de Sidi al-Mandri est aujourd'hui devenu le symbole de la ville, ses descendants ont continué à jouer un rôle important dans cette partie du pays. En effet, au Xe/XVIe siècle, les villes de Tétouan et Chefchaouen ont été gouvernées par Saïda El-Horra, femme du petit-fils de Ali al-Mandri et fille du maître de Chefchaouen, Moulay Ali Ibn Rachid. Le règne de cette femme libre (943/1537 à 948/1542) marque une étape unique dans l'histoire des deux villes.

D'autres ont joué un rôle marquant dans la défense de la ville contre l'envahisseur hispanique. Du IXe/XVe au XIIe/XVIIIe siècle, les corsaires de Tétouan contribuèrent à repousser la menace militaire. Seules leurs embarcations, du fait de leur petite taille, pouvaient se réfugier dans le port de la ville, situé à l'embouchure de l'estuaire du Rio Martil, contrairement aux grands navires de guerre.

Un autre nom succède à celui de al-Mandri: les Naqsis. Cette famille, d'origine andalouse, qui a régné pendant près d'un siècle sur la ville de Tétouan (1005/1597 à 1082/1672), a donné à la ville un véritable essor économique. En raison de l'occupation ibérique des ports, le grand commerce européen avec le Maroc aux XIe/XVIIe et XIIe/XVIIIe siècles avait en Tétouan sa porte principale. La communauté juive tétouanaise y a joué un rôle important. Grâce à un solide réseau de correspondants autour de la Méditerranée (parents, alliés, associés), elle a permis de développer les échanges commerciaux avec l'Espagne, l'Italie et l'Angleterre. Les bateaux naviguaient entre Tétouan,

Zaouïa Sidi Ali Baraka, vue générale, Tétouan.

Gibraltar, Marseille, Alger, etc. Le professeur Jean-Louis Miège décrit ainsi la splendeur de Tétouan: *"Ainsi apparaît en quelque sorte une cité-État qui, véritablement, à sa mesure et à la spécificité marocaine, peut rappeler par certains traits la Florence de la grande époque ou la Venise des Doges"*.

L'accroissement des échanges commerciaux et des intérêts communs exigèrent l'établissement de relations institutionnelles. Dès 1038/1629, la France installe un consulat à Tétouan d'autres pays l'imitèrent et la ville devint ainsi la capitale diplomatique du Maroc au XIIe/XVIIIe siècle.

À partir du règne du sultan Moulay Ismaïl, les sultans alaouites décident de la vie politique tétouanaise en nommant les gouverneurs de la ville. Si, d'une manière générale, les Errifi, gouverneurs de Tétouan, entretenaient de bons rapports avec le pouvoir central, leur tendance régionaliste s'est manifestée progressivement, conduisant à une confrontation avec le pouvoir central au XIIe/XVIIIe siècle. Cette tradition autonomiste et régionaliste a perduré avec la nomination de gouverneurs puissants comme Ali et son fils Ahmed Errifi, Omar Loukach ou Abdelkader Achache.

Le XIXe siècle, siècle de décadence pour tout le Maroc, due à la pénétration économique européenne, est une période particulièrement sombre dans l'histoire de Tétouan. La peste, en 1214/1800 et 1233/1818, la famine en 1240/1825, et la guerre hispano-marocaine de 1859 à 1862 entraînant l'occupation de la ville par les Espagnols durant deux années, affaiblirent considérablement la ville. En contrepartie de leur départ, les Espagnols exigèrent une forte indemnisation, laissant ainsi derrière eux une économie en ruine.

Musée ethnographique, jardin andalou, Tétouan.

Tétouan, plan de la ville, extension des murailles au XIe/XVIIe et XIIe/XVIIIe siècle.

CIRCUIT VI   *Tétouan, le patio d'une civilisation*

Tétouan

École des arts et métiers traditionnels, salle d'exposition, Tétouan.

Au XXe siècle, Tétouan, capitale du Protectorat espagnol au nord du Maroc, a connu un nouvel essor politique, économique et artistique. La ville moderne de Tétouan construite à côté de l'ancienne médina est l'expression même du style architectural colonial, avec ses rues et immeubles, ses places et ses marchés.

VI.I **TÉTOUAN**

VI.1.a **École des arts et métiers traditionnels**

À l'entrée de la ville, suivre le panneau Ancienne Médina. Prendre l'avenue Hassan II, puis longer les remparts de l'ancienne médina. Laisser la voiture, le circuit se fait par la suite à pied.

Parking gardé.
Entrée payante. Horaires: de 8:30 à 12:00 et de 14:30 à 17:30. Fermé samedi et dimanche.

Créée en 1916, l'École des arts et métiers constitue un établissement unique en son genre, et ce à l'échelle du monde arabe. Destinée à conserver et transmettre l'héritage patrimonial arabo-andalou, elle est aujourd'hui le meilleur garant de la conservation d'un savoir-faire importé par les Morisques lors de leur exode dès le début du XIe/XVIIe siècle. Les œuvres des artisans membres de l'école en sont les témoins et sont exposées à ce titre au sein de l'école et dans de nombreux musées espagnols. Il est à noter que l'école a participé à de nombreux projets d'ornementation et de décoration, comme le pavillon marocain de l'exposition ibéro-américaine en 1928-1929 à Séville ou encore le Palais "califal" et le siège de certaines administrations à Tétouan.

Situé Bab Okla, l'édifice qui abrite l'école est en soi un exemple de l'architecture arabo-andalouse. Que ce soit par ses éléments architectoniques ou son ornementation, comme la majestueuse coupole de la salle d'exposition, l'école constitue un précieux patrimoine architectural. Les trois bâtiments principaux, bordés par un jardin, abritent respectivement une salle d'exposition, et deux ailes latérales desservent 14 ateliers où de nombreux élèves viennent aujourd'hui acquérir un savoir séculaire. Ces ateliers réunissent les principales techniques artisanales: peinture décorative sur bois, modelage, sculpture et incrustation du bois, céramique et *zellige*, sculpture sur plâtre, gravure du cuivre, lampes traditionnelles, ferronnerie artistique, dorure du cuir, orfèvrerie, tapisserie, broderie.

VI.1.b Bab Okla

En face de l'École des arts et métiers.

Bab Okla, une des sept portes de la médina, se trouve à l'est de l'enceinte. Aménagée vers la moitié du Xe/XVIe siècle, elle fut probablement restaurée au milieu du XIIe/XVIIIe siècle lors de la dernière reconstruction des murailles de la médina. Elle fut longtemps connue sous le nom de "Porte de la mer", car c'est par elle qu'on accédait jadis au chemin

Bab Okla, vue générale, Tétouan.

Tétouan

Palais Lebbadi, patio, Tétouan.

menant au village de Martil, sur la Méditerranée.

Pour les paysans désireux de venir vendre leurs marchandises en ville, elle offrait un accès direct à une des rues les plus commerçantes de la médina, leur permettant ainsi d'y pénétrer avec leur mulet qui s'abreuvait à la fontaine attenante sans déranger l'intimité des citadins.

Cette porte, en forme de parallélépipède, a un accès direct, et non en chicane comme c'était la tradition pour les portes médiévales. Ses proportions sont gigantesques: 3 m de large, 4 m de haut, et 2,50 m de profondeur.

Dans le renfoncement de la porte, un banc, surmonté d'une voûte entrecroisée, était installé pour une sentinelle. Au-dessus de l'ouverture de la porte était aménagée une pièce, *mesria*, où logeait un gardien dont les principales fonctions étaient les suivantes: stocker la poudre servant à armer les canons installés dans une forteresse accolée à la porte; ouvrir et fermer la porte au lever et au coucher du soleil.

VI.1.c **Palais Lebbadi**

Remonter la rue principale, rue al-Genoui (en face de la porte Bab Okla). L'ancien palais, aujourd'hui transformé en restaurant ou salle de fête pour certaines occasions, se trouve dans un renfoncement sur la droite.

Horaires: de 9:00 à 16:00. Possibilité de visiter sans consommer, fermé lorsqu'il est loué à des particuliers.

CIRCUIT VI   *Tétouan, le patio d'une civilisatio*
Tétouan

En remontant cette rue, remarquer sur certaines portes différents symboles en fer forgé indiquant la provenance géographique des occupants: la grenade rappelle ainsi l'origine andalouse des habitants.

Cette ancienne demeure du XIXe siècle, qui appartenait au pacha de la ville, est l'un des plus beaux palais de l'époque, et de surcroît le mieux conservé. Construit sur un terrain en pente, le palais, inscrit dans un carré de 25 m de côté, offre deux entrées. Une principale en chicane, attenante à une rue à un niveau inférieur, la seconde, s'ouvrant sur un palier de la cage d'escalier, donne sur une rue à un niveau supérieur.

Le rez-de-chaussée était réservé aux réceptions, à l'accueil des visiteurs et aux réunions familiales. Du patio central, de 8 m de côté, bordé d'un portique aux arcs brisés ou plein cintre, on a accès à plusieurs pièces. Sur deux des côtés, se trouvent les *maq'ad*s, pièces ouvertes sans porte; les autres faisaient office de chambres dans lesquelles était aménagé un espace agencé pour recevoir un lit, séparé du reste de la pièce par un arc. Enfin, sur le troisième côté du patio, un espace s'ouvre sur une fontaine et donnait sur la cuisine et les sanitaires.

Le décor ornemental, *zellige* sur les colonnes, tracé géométrique et décoration florale sur les arcades, placage de bois peint sur les plafonds, est particulièrement accentué dans les salles du rez-de-chaussée. De plus, l'eau y est particulièrement présente: à la fontaine principale située au centre du patio s'ajoute une seconde dans une pièce attenante; fontaine où l'on peut admirer, en plus des éléments décoratifs déjà cités, l'art de la calligraphie arabe.

Dans la cuisine, un petit réservoir à eau était relié à la terrasse par un système de canalisation traditionnelle en céramique de façon à recueillir les eaux pluviales.

Quant aux pièces au niveau de l'entresol, elles servaient essentiellement de dépôt, celles au niveau de l'étage supérieur étaient des chambres fermées et occupent toute la longueur de la demeure. Cet espace étant essentiellement réservé à la nuit, il est très peu décoré.

Grande Mosquée, porte ouvrant sur le patio, Tétouan.

CIRCUIT VI   *Tétouan, le patio d'une civilisation*
Tétouan

VI.1.d **Grande Mosquée**

Prolonger son ascension en prenant à chaque intersection toutes les ruelles sur la gauche, la mosquée est située dans le quartier al-Balad, dans la rue de la Grande Mosquée. Accès réservé aux musulmans.

Construite sur ordre du sultan Moulay Slimane, en 1222/1808, à proximité du *Mellah al-Bali*, l'ancien quartier juif, elle a nécessité le déménagement de la communauté juive, partie s'installer dans les anciens jardins du palais du sultan. Ce monument de culte était d'une part un lieu de prière et de prêche le vendredi et, d'autre part, un lieu d'enseignement théologique.

Parfaitement intégrée dans l'espace environnant, cette mosquée, la plus grande de la médina (35 m côté est sur 45 m côté nord) s'ouvre sur une grande salle de prière. Un grand patio à l'arrière-plan donne sur le *mihrab* et permet l'accès à trois passages en forme de U. Deux portes s'ouvrent sur le patio, orientées respectivement au sud et à l'ouest. Une troisième entrée plus discrète, orientée au nord, débouche sur une rue plus étroite. La structure porteuse du bâtiment est composée de colonnes, disposées tous les 5 m, qui supportent des arcs brisés sur lesquels reposent des toitures combles à deux pans en bois, avec une couverture en tuiles rouges. Le minaret présente sur ses façades un décor de briques pleines et un tracé géométrique en mortier de chaux mis en relief, dont les creux sont recouverts de *zellige*.

Contourner la mosquée, puis remonter la rue Sloquia Si Saïdi. Arrivé à la deuxième intersection, deux possibilités: sur la droite, Bab Sfli, encore appelée Bab Gief, porte par laquelle la communauté juive sortait ses morts. Sur la droite, Bab As-Saïda ou Sidi Saïdi, où est enseveli le saint patron de la ville de Tétouan.

VI.1.e **Silo Mtamar**

Descendre la rue en face de la porte principale de la Grande Mosquée, à la première intersection prendre à droite, on se trouve dans la rue Mtamar: les silos se trouvaient sous vos pieds. Monument qui ne se visite pas et dont il ne reste aujourd'hui que les portes, à chaque extrémité de la rue, marquant l'entrée des silos.

Une des particularités de Tétouan est d'être construite sur un sol calcaire constituant un véritable réseau de cavités et de galeries souterraines traversant la ville d'est en ouest. Dans ces cavités furent

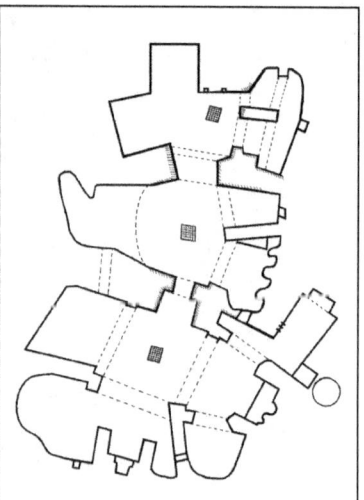

Silo Mtamar, plan originel, Tétouan.

CIRCUIT VI   *Tétouan, le patio d'une civilisatio*
Tétouan

*Les tanneries,
vue d'ensemble,
Tétouan.*

aménagés, au Xe/XVIe siècle, les silos; date à laquelle a été reconstruite la médina de Tétouan. Ces cachots ou matamores étaient essentiellement réservés aux quelque 30 000 esclaves et captifs chrétiens qui contribuèrent à l'édification de la ville, et continuèrent à être utilisés aux XIe/XVIIe et XIIe/XVIIIe siècles.

Cette prison souterraine, située à proximité de la casbah Sidi al-Mandri, renfermait trois compartiments principaux où la lumière filtrait à travers des regards scellés par des grillages de fer. Les prisonniers s'y glissaient au moyen d'une corde, et par ces regards les gardes pouvaient les surveiller.

Aux trois principaux compartiments étaient juxtaposés de plus petits, aux formes polygonales et sinueuses, séparés entre eux par des voûtes et des arcs de soutènement. Une église avait été aménagée, où des prêtres de l'ordre des Franciscains célébraient les services religieux pour les détenus chrétiens. À la fin du XIIe/XVIIIe siècle, le sultan Moulay Slimane donna l'ordre de libérer tous les prisonniers et les silos furent désaffectés. Ils sont restés depuis lors inexploités.

Tétouan

Zaouïa Sidi Ali Baraka, porte d'entrée, Tétouan.

VI.1.f Tanneries

Dans la rue Mtamar, prendre à droite la rue Marestan. Deuxième intersection à droite, puis à gauche et on débouche sur la rue Siarrine, rue des bijoutiers. Longer cette rue qui débouche sur la rue Kharrazine, quartier des sabotiers, où l'on peut voir de nombreuses échoppes où les artisans travaillent le cuir pour faire des babouches. À la sortie du quartier, sur la droite, se trouve le quartier des tanneries, Dar Dbagh.
Horaires: tous les jours de 8:00 à 19:00.

Établies au nord de la médina dès le Xe/XVIe siècle et accolées à son enceinte, les tanneries assurent la pérennité d'une tradition artisanale immuable. En forme de L, cet espace à ciel ouvert offre deux accès. Le premier donnant sur le quartier artisanal facilite la livraison aux ateliers attenants; le second s'ouvre sur la porte Bab al-Kebir, permettant ainsi aux paysans d'acheminer directement la matière première aux tanneurs. Les tanneries se composent de fosses circulaires construites en briques apparentes, de fosses carrées et de bassins creusés à même le sol calcaire. L'ensemble est relié à un système de canalisation, qui permet d'acheminer l'eau provenant d'une source naturelle. Le cuir traité provient essentiellement de la peau de chèvre, et de la peau de mouton dans une moindre quantité. Le processus de traitement est le suivant:

— la première phase, qui peut prendre plusieurs mois, consiste en la salinisation et le stockage,
— la seconde: "dessalinage" et traitement à la chaux (en poudre) pour le décapage des peaux et ce en 15 jours,
— la troisième: passage des peaux à la chaux vive de façon à ce qu'elles se durcissent (15 jours),
— la quatrième: "dé-chaulage" à la fiente de pigeons durant 2 jours puis nettoyage à la farine,
— la cinquième: tannage des peaux dans un liquide à base de poudre d'écorce (4 jours),
— la sixième: séchage, lissage et ponçage des peaux (4 jours).

En règle générale, les artisans font sécher le cuir dans le cimetière accolé à l'enceinte de la muraille, en dehors de la médina.

VI.1.g Zaouïa Sidi Ali Baraka

À la sortie du quartier des tanneries, prendre la rue Souk al-Foqui, qui débouche sur la place du même nom, sur laquelle se trouve la zaouïa Sidi Ali Baraka, dans le renfoncement sur la droite. Accès réservé aux musulmans.

Cette zaouïa, datée du début du XIIe/XVIIIe siècle, renferme le mausolée du grand savant et écrivain Sidi Ali Baraka. Le monument se distingue par l'ornementation de l'entrée principale, que certains attribuent à une influence "métropolitaine", probablement originaire de la cour de Meknès. Une série de décorations concentriques de forme cuspide surmonte l'arche pointue, en fer à cheval, de la porte. Celle-ci est flanquée de colonnes torsadées et le sommier, massif, est lui aussi de brique.

VI.1.h Rue al-Mokadem

La rue al-Mokadem part de la place Souk al-Foqui.

Du nom d'un chef guerrier tétouanais, al-Mokadem Abou al-Abbas Ahmed Ibn Aïssa Naqsis, la rue al-Mokadem, joignant la place Souk al-Foqui à la place Gharsa al-Kebira, a été ouverte au XIe/XVIIe siècle. S'étendant sur une longueur de 130 m, cette rue, la plus commerçante de la médina, est bordée de constructions s'élevant sur plus de 10 m. Ses jeux de volume, ses variétés de lumière, la blancheur des parois et le pavage au sol font de cette rue, et de ses nombreuses ramifications, un ensemble qui marque la spécificité urbanistique de Tétouan.

Rue al-Mokadem, Tétouan.

Tétouan

VI.1.i Médersa Loukach

Descendre la rue al-Mokadem, intersection sur la gauche avec la rue Gharsa al-Kebira qui mène sur la place Ghaouaza, du nom d'un noyer symbolisant la place, où se trouve la médersa Loukach.
Monument fermé au public.

Destinée à loger les étudiants venus à Tétouan pour y suivre l'enseignement secondaire, la médersa fut construite en 1171/1758 sur ordre du sultan Sidi Mohamed Ibn Abdallah et du caïd Omar Loukach. Histoire ou légende, on rapporte que les étudiants refusèrent de s'installer dans cette fondation charitable tant qu'on ne leur auvait pas prouvé que la famille Loukach avait amassé sa fortune honnêtement.
Les étudiants étaient logés au rez-de-chaussée et à l'étage, dans 54 petites chambres de 6 m² de superficie, disposées autour de deux cours intérieures. À l'étage, des coursives surplombant le patio central donnaient accès à un second ensemble de chambres. Sur la terrasse était aménagée une bibliothèque réservée aux étudiants.
Le décor ornemental était traité avec sobriété: le sol, recouvert d'un carrelage en *mzehri*, les colonnes de *zellige* et, dans le corps de garde, des coursives ont été ouvertes ainsi que des petites percées en forme de *mrachat*.

VI.1.j Casbah Sidi al-Mandri

Contourner la place Ghaouza, prendre toujours sur la droite. On débouche sur la rue Loussar qui mène jusqu'au passage de la casbah. Il reste aujourd'hui une partie de la muraille. Emprunter sur la droite les escaliers qui mènent sur l'ancien chemin de garde.

Ce monument d'époque médiévale a été reconstruit au IXe/XVe siècle par le

Médersa Loukach, vue générale du bâtiment, Tétouan.

Grenadin Sidi al-Mandri. Ce guerrier, qui s'était distingué dans l'armée d'Ibn al-Ahmar, employa des chrétiens capturés lors de ses expéditions contre *Sebta* (Ceuta) pour bâtir cette monumentale casbah. Centre gouvernemental et militaire, la casbah est située au sud-ouest de la première enceinte de la ville. De la forteresse initiale, il ne reste que les murs extérieurs et les bastions.

La façade sud-ouest de la casbah, la mieux conservée, présente trois forts reliés entre eux par un chemin de ronde. Creusées dans l'épaisseur des portes, des niches abritaient les sentinelles. Les portes, aux voûtes construites en briques, sont comparables à celles de la casbah de Grenade.

À l'intérieur du bâtiment, s'élevait une mosquée reconstruite aux XIe/XVIIe et XIIe/XVIIIe siècles. Non loin de la mosquée se trouvait la demeure de Sidi al-Mandri. De cette modeste habitation de style traditionnel, il ne reste aujourd'hui que le *hammam*, bain privé accolé à la demeure, qui comprend deux dômes surmontant des voûtes en éventail.

VI.1.k Mosquée Erzini

Passé la casbah, on débouche sur Souk al-Hout. Tourner à gauche rue Kazdarin, puis à droite rue Ahmed Torrès. Descendre la rue al-Barrid et arrivé à la porte Saquia Foukia, prendre à gauche la rue Sebahi, puis la rue Sala. Tout de suite sur la gauche, une arcade, Derb Es-Safar, la mosquée Erzini se trouve dans la ruelle. Accès réservé aux musulmans.

Construite dans la partie la plus ancienne de la ville, cette mosquée est le dernier témoin de son époque. Elle fut construite, semble-t-il, en 999/1591, par une des familles andalouses installées à Tétouan à la fin du IXe/XVe siècle. Le minaret semble avoir gardé sa décoration d'origine. Seul un tracé géométrique en mortier de chaux, où des motifs en *zellige* viennent s'inscrire, est mis en relief. La marque architecturale propre à cette époque était essentiellement la simplicité et la peti-

Casbah Sidi al-Mandri, partie supérieure de l'édifice, Tétouan.

CIRCUIT VI *Tétouan, le patio d'une civilisation*

Tétouan

tesse des minarets de brique. L'intérieur de la mosquée ne diffère pas des intérieurs traditionnels.

> *Si on remonte la rue Ahmed Torrès dans la direction opposée, on arrive à Bab Rouah, porte faisant la jonction entre l'ancienne et la nouvelle ville. À gauche de Bab Rouah, une porte plus petite mène au Mellah, ancien quartier juif de Tétouan.*

Mosquée Erzini, minaret, Tétouan.

VI.1.1 **Musée ethnographique**

Rue Sqala. Reprendre à droite la rue Sefar, et la descendre jusqu'à Bab Okla. Arrivé à la porte Bab Okla, prendre la rue Sqala, le musée se trouve dans un renfoncement sur la gauche à 20 m.
Horaires: de 8:30 à 12:00 et de 14:30 à 18:00. Fermé le dimanche.

Créé en 1928, le musée a été transféré à la forteresse de Bab Okla en 1948. Cette forteresse, construite vers 1245/1830 par le sultan Moulay Abderrahman Ibn Hicham, assurait la défense de la ville et, de par sa position géographique, permettait le contrôle de la navigation à l'embouchure du fleuve Martil. Aujourd'hui le bâtiment est voué à la conservation du patrimoine culturel tétouanais: costumes, mobilier et arts traditionnels sont ainsi réunis au sein du musée.

Construit sur un terrain en pente, le musée renferme un jardin intérieur s'inscrivant dans la tradition des palais andalous de l'époque, avec en son centre un bassin et une fontaine recouverte de *zellige*, surmontée d'un auvent en bois couvert de tuiles rouges. Un chemin de ronde surplombe le jardin et des canons placés à travers les créneaux coiffent la muraille.

Le bâtiment principal s'ouvre sur une salle d'exposition consacrée à la vie rurale; une cuisine traditionnelle est reconstituée dans une salle attenante.

À l'étage, quatre salles permettent au visiteur de pénétrer dans l'intimité d'un intérieur tétouanais: salle de réception d'une maison traditionnelle, salle de la dot de la mariée, salle des costumes, et salle des instruments de musique.

CIRCUIT VI *Tétouan, le patio d'une civilisatio*
Tétouan

Musée ethnographique, salle d'exposition, salon tétouanais traditionnel, Tétouan.

Martil et Cabo Negro
À 8 km à l'est de Tétouan, la petite ville de Martil, jadis port de Tétouan, était autrefois un repaire de pirates. Reconverti aujourd'hui en station balnéaire, Martil dispose d'une plage correcte et de nombreux cafés en front de mer. Plus au nord, le long de la côte, le Cabo Negro, station balnéaire chic, que l'on aperçoit de la plage de Martil, s'avance dans la Méditerranée.

MUSIQUE ANDALOUSE

Rebab, instrument de musique andalou dont la partie supérieure est incrustée de motifs floraux en ivoire ajouré, Musée ethnographique (268), Tétouan.

L'arrivée des Arabes en terre andalouse a donné naissance à un foyer culturel sans précédent, marquant de son empreinte l'architecture comme la production intellectuelle et artistique. L'introduction de la musique arabe en al-Andalus par les premiers conquérants donna lieu, et ce dès l'instauration de l'État omeyyade, à une activité musicale intense, enrichie des différents courants artistiques issus des différentes ethnies présentes en al-Andalus. Ali Ibn Nafi, le virtuose incontesté de la musique arabe, surnommé Ziryab, fut l'un des piliers de la musique arabe en Orient sous le règne du calife abbasside Haroun al-Rachid (148/766-193/809). Dès son arrivée en al-Andalus, Ziryab fonda, à Cordoue, la première école arabe pour l'enseignement de la musique et du chant où il mit en place une méthode originale reposant sur le principe de l'apprentissage progressif, et liant étroitement le texte poétique à la structure mélodique. Dès lors, d'autres virtuoses contribuèrent à l'édification d'un courant musical qui constitue aujourd'hui l'un des aspects les plus brillants de la civilisation dite arabo-andalouse.

La contribution du Maroc au développement de la musique andalouse s'est intensifiée dès l'arrivée massive des émigrés, suite à la chute des cités andalouses. La symbiose entre les différents genres de pratiques musicales et ces nouveaux apports musicaux donna naissance à un style de composition et d'interprétation tout à fait particulier dont la musique andalouse reste à ce jour fortement imprégnée.

Le patrimoine musical andalou se compose d'un ensemble d'œuvres musicales réunies dans de grandes compositions appelées *nouba*. Celles-ci renferment deux parties majeures: les préludes et les *mizane*s ou mesures. Chaque *mizane* comporte un ensemble de pièces vocales, appelées *sana'a*, qui se divisent elles-mêmes en trois grandes parties et dont la différence essentielle réside dans leur interprétation rythmique.

Les textes chantés sont puisés dans le riche répertoire de la poésie arabe. C'est cette savante combinaison de voix humaines et d'instruments ainsi qu'un certain degré d'improvisation qui confèrent à cette musique toute son originalité. L'orchestre traditionnel andalou, où l'ensemble des musiciens et chanteurs sont disposés en demi-cercle, est composé d'instruments à cordes et à percussion. Les instruments à cordes sont au nombre de trois: le luth, le plus vieil instrument de la musique arabe; le *rebab*, arrivé en al-Andalus avec les premiers conquérants (il est vraisemblablement l'ancêtre de la viole); le violon, apporté au Maroc avec les derniers Morisques. Trois instruments à percussion viennent compléter l'orchestre: le *taoussid* à la main, le *tarr* et la *derbouka*, sont les principaux instruments à percussion.

La musique andalouse constitue un héritage national et un patrimoine culturel que Tétouan, et d'autres villes du Maroc comme Chefchaouen et Fès, ont contribué à conserver. Populaire aussi bien parmi les Marocains musulmans que parmi certains groupes de la communauté juive marocaine, la musique andalouse est encore très vivante grâce à plusieurs groupes de la ville, aussi bien masculins que féminins. Elle occupe une place importante dans les différents aspects de la vie sociale et culturelle tétouanaise. Gaie et profane lors des fêtes de famille, grave et pétrie de spiritualité lors des cérémonies religieuses, elle change de rôle et de dimension selon les circonstances et les occasions, tout en gardant son unité et son authenticité, faisant ainsi partie intégrante de l'identité culturelle marocaine.

CIRCUIT VII

Les ports du Détroit

Naïma El-Khatib Boujibar

Primer jour

VII.1 TÉTOUAN
    VII.1.a Musée archéologique

VII.2 BELYOUNESH
    VII.2.a Tour et ensemble résidentiel

VII.3 KSAR ES-SEGHIR
    VII.3.a Porte de la mer et Enceinte

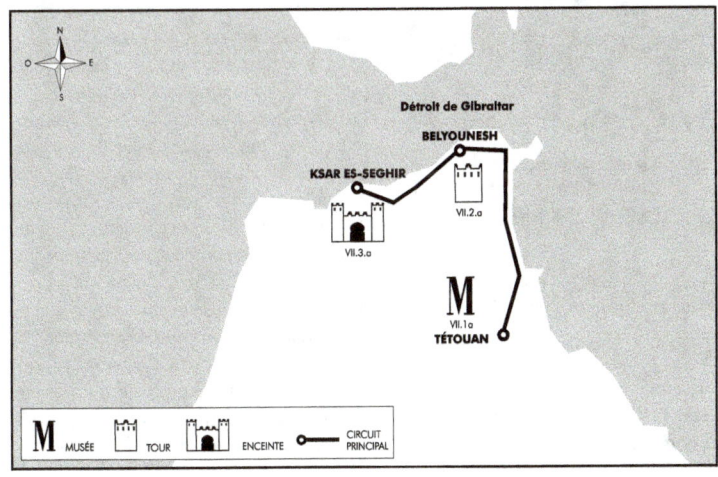

Belyounesh, chaîne montagneuse du Haouz et vue sur le Détroit de Gibraltar.

CIRCUIT VII *Les ports du Détroit*

*Enceinte,
vue d'ensemble,
Ksar Es-Seguir.*

*Casbah, remparts,
Tanger.*

S'il est un lieu privilégié pour les relations politiques et culturelles entre le Maroc et la Péninsule ibérique, c'est bien la pointe côtière du nord du Maroc, qui semble vouloir rejoindre l'Espagne, entre Tanger et Ceuta. Le bras de mer du détroit que l'on a comparé à un fleuve, au lieu de faire obstacle, a toujours constitué un moyen de communication facile entre le Maroc, l'Europe et les autres pays de la Méditerranée et ce, depuis les périodes les plus reculées de l'Histoire. C'est par la zone côtière du détroit que le Maroc a connu, tout comme l'Espagne, les civilisations punique, romaine, byzantine et wisigothes, et la province romaine de Mauritanie Tingitane, dont la capitale était Tanger, a été rattachée, à la fin de l'Empire romain, au diocèse d'Espagne.

La conquête musulmane a également commencé par cette zone. En effet, Moussa Ibn Nosayr s'est d'abord emparé de Ceuta et Tanger avant de pénétrer vers l'intérieur des terres; et c'est dans cette frange du littoral septentrional que l'on situe le royaume du légendaire comte Julian qui a fourni à Moussa les renseignements nécessaires sur le Maroc et l'Espagne. C'est également parmi les populations Ghomaras et Rifaines de cette région qui avaient embrassé l'Islam dès le début, que le lieutenant de Moussa, Tarik Ibn Ziyad, d'où est tiré le

Les ports du Détroit

nom de Gibraltar, Djebel Tarik, le Mont Tarik, a recruté les contingents lancés à l'assaut de la Péninsule ibérique.

Les géographes arabes qui ont décrit cette zone ont noté sa richesse en eau et en terrains fertiles ainsi que l'importance de ces trois villes: Ceuta (*Sebta*), Ksar Es-Seghir et Tanger, qui exerçaient des activités maritimes et maintenaient des liens étroits, tant politiques que culturels, avec al-Andalus. C'est ainsi qu'à l'apogée de la civilisation maroco-andalouse, et en particulier aux VIIe/XIIIe et VIIIe/XIVe siècles, elles jouirent d'une prospérité économique et d'un développement culturel sans précédent. Ceuta, qui ne conserve plus aujourd'hui sur son sol de traces matérielles de ce glorieux passé, et que l'on ne peut dissocier de son aile occidentale, Belyounesh, avait joué un rôle prépondérant dans la région en tant que foyer culturel très actif. D'éminents savants dont nous gardons encore les œuvres s'y sont illustrés dans les sciences médicales et astronomiques, ainsi que dans les sciences religieuses, tels le fameux Cadi Ayad et Abou Abbas al-Sabti, l'un des sept patrons de la ville de Marrakech.

Ce rayonnement commença malheureusement à décliner dès le moment où les nations ibériques, pour protéger leurs routes maritimes contre la piraterie, se lancèrent, au début du IXe/XVe siècle, dans la conquête du détroit. En 817/1415, la prise de Ceuta par les Portugais a sonné le glas pour cette région. Le détroit devint alors la scène d'affrontements armés qui durèrent plus d'un siècle. La zone de Ceuta se dépeupla et périclita. Les ports de Ksar Es-Seghir et de Tanger tombèrent un peu plus tard sous la domination portugaise, ainsi que le port de l'Atlantique nord, Asilah, qui se rattache historiquement, économiquement et culturellement à cette zone du détroit.

Murailles et bastions encerclant la médina, Asilah.

CIRCUIT VII *Les ports du Détroit*
Tétouan · Belyounesh

La reconquête marocaine des places occupées, au XIe/XVIIe siècle, à l'exception de Ceuta, insuffla à Tanger et Asilah un nouvel élan, mais la vie y fut bien moins fastueuse que celle existant du temps des Mérinides. Malgré toutes les vicissitudes qu'elles avaient subies et les différents changements qui les ont affectées durant presque deux siècles, les villes de Tanger et Asilah se sont ressourcées pour redevenir des villes musulmanes, avec une trame urbanistique traditionnelle, des petites ruelles, des bâtiments publics et privés dans la pure tradition maroco-andalouse.

Ier jour

VII.1 TÉTOUAN

VII.1.a Musée archéologique

2, rue Ben Hussaien.
Horaires: du lundi au jeudi de 8:30 à 12:00 et de 14:30 à 18:00; vendredi de 8:30 à 11:30 et de 15:30 à 18:30. Fermé samedi, dimanche et mardi matin.

Situé non loin de la place al-Jala, le musée fut construit en 1943. Présentant les sites préhistoriques et pré-islamiques du nord du Maroc, il renferme de magnifiques petites mosaïques et divers objets ou instruments tels que des outils préhistoriques, des bronzes ou des poteries datant, pour la plupart, du Ier siècle de notre ère. Une des particularités du musée réside dans la collection d'anciennes pierres tombales ibériques et juives exposées dans le jardin ainsi que d'anciennes stèles arabes du Xe/XVIe siècle. On a d'ailleurs rattaché également à l'art de la renaissance et du baroque espagnol les stèles funéraires provenant du Djebel Dersa.

VII.2 BELYOUNESH

À environ 50 km de Tétouan. Route sublime qui longe la Méditerranée et traverse la chaîne

Musée archéologique, allée principale du jardin bordée de stèles funéraires, Tétouan.

CIRCUIT VII   *Les ports du Détroit*
Belyounesh

montagneuse du Haouz. Prévoir entre trois et quatre heures pour ce circuit.

Quitter Tétouan par l'avenue de Martil, direction Ceuta. Arrivé à Fnidq, prendre direction Tanger. À environ 5 km, prendre à droite direction Belyounesh. 12 km de route à travers la chaîne du Haouz, route extrêmement serpentée. Belyounesh se trouve au pied du djebel Moussa.

Belyounesh, site archéologique, où s'est implanté un village de pêcheurs et de commerçants frontaliers, était, aux époques médiévales, le verger et le château d'eau de Ceuta, et relevait de la juridiction du Cadi de la cité du détroit.
Situé dans une vallée encaissée verdoyante qui descend en pente vers la mer, arrosé amplement par des eaux de sources, il était considéré aux époques médiévales comme un lieu idyllique, chanté par les poètes dont le fameux Cadi Ayad. Dominé par le Djebel Moussa, appelé également "Mont aux singes", où les mythologues placent une des colonnes d'Hercule (l'antique Abyla) et dont les flancs étaient couverts de bois épais, le site de Belyounesh servait de réserve de chasse aux habitants de Ceuta: les *Sebt*is. C'est également dans ce coin enchanteur, fait pour frapper les imaginations, que l'on situe le lieu où la magicienne Circé retenait Ulysse.
Dès le Ve/XIe siècle, sous le règne du roitelet Saqut, contemporain et émule du prince de Séville, al-Mou'tamid Ibn Abbad, qui a marqué pour la ville de Ceuta une des périodes les plus glorieuses de son histoire, les notables possédaient de belles maisons au milieu de jardins où l'on utilisait les techniques d'irrigation les plus évoluées. Ces villas de plaisance ou *mounia*s, à la construction et à l'ornementation desquelles on avait apporté un grand soin, étaient en fait des

Musée archéologique, stèle funéraire du Djebel Dersa, Tétouan.

centres d'exploitations qui remplissaient les mêmes fonctions que les villas romaines. La vallée produisait des fruits en abondance et dans les eaux de la baie était pêché un corail de très bonne qualité qui, taillé dans des ateliers spécialisés de *Sebta*, était exporté vers les pays subsahariens et en particulier vers le Ghana et le Soudan.
Cette opulence, qui dura jusqu'à la fin du VIIIe/XIVe siècle, prit fin au IXe/XVe siècle, avec l'occupation de Ceuta par les Portugais qui ne purent exploiter le village et sa campagne environnante en raison de sa difficulté d'accès. Abandonné, il demeura dès lors à l'état de ruines, fréquenté seulement par des pêcheurs.
Des campagnes de fouilles menées ces dernières décennies permirent d'exhumer quelques vestiges de la ville et de mettre au jour les fameuses *mounia*s, avec

187

CIRCUIT VII *Les ports du Détroit*

Belyounesh

Tour et restes de la muraille, Belyounesh.

leur tour de plaisance et leurs jeux d'eau dont parlaient les textes.

VII.2.a **Tour et ensemble résidentiel**

Prendre la route qui longe la mer, la tour se trouve sur la droite en bord de mer.

Bien qu'en ruine, la tour est le seul élément encore en élévation dans ce riche site archéologique qui nous permet d'imaginer les splendeurs d'antan.
Cette tour dominait un ensemble architectural dont elle faisait partie intégrante. Cet ensemble, dégagé par les travaux de fouilles et dont on peut encore deviner les traces sur le sol, englobait une maison, un bain et un petit oratoire, situés sur différents paliers étagés.
La maison comprenait un patio entouré d'un portique sur lequel s'ouvraient des pièces, en particulier une salle principale, ornée d'une vasque et flanquée d'alcôves. Un oratoire était attenant à cette maison, ainsi qu'un bain privé dont le sol était recouvert de *zellige*.
La tour est de plan rectangulaire. Sur sa base massive s'élèvent deux étages voûtés dont les murs portent encore des traces de décorations ocrées. Elle s'inscrit dans la tradition des tours de l'enceinte de l'Alhambra.
Cet ensemble nous renseigne sur l'architecture des *mounias*, ces maisons rurales de plaisance connues également dans l'Espagne musulmane. Ces exemples confirment une fois de plus les liens culturels et artistiques qui existaient entre la Grenade nasride et le Maroc mérinide.

Possibilité de continuer en voiture et de se garer 800 m plus loin pour descendre à pied dans la petite crique occupée par des pêcheurs.
Dans la direction opposée, repasser devant la station de taxi, 500 m plus loin frontière espagnole; Ceuta se trouve derrière la montagne.

VII.3 **KSAR ES-SEGHIR**

À 25 km de Belyounesh. On longe les côtes espagnoles, et par beau temps on aperçoit très distinctement le rocher de Gibraltar.

Situé à une faible distance de la côte espagnole, en face de Tarifa, ce site offrait, au fond d'une baie bien protégée par un contrefort, à l'embouchure d'une rivière, un abri sûr aux navires. C'est pourquoi une forteresse y fut élevée dès le début de l'islamisation, en 89/708-90/709, aux dires d'Azziani. On la dénomma *Ksar Masmouda*. Elle fut également appelée *Ksar al-Awwal*, "Premier Château" et *Ksar al-Madjaz* "Château de Passage", à l'époque almoravide, après avoir succédé au port *Marsa Moussa* à l'ouest de Ceuta réservé à l'embarquement des troupes musulmanes à destination de l'Espagne. Les Almohades, vers 588/1192, la baptisant *Ksar Es-Seghir*, la reconstruisent et l'embellissent. Ils y établissent des chantiers de constructions navales et la transforment en centre industriel important en y installant de nombreux artisans, tisserands, charpentiers, armuriers...
Réservant le port de Ceuta aux activités commerciales, ils font de *Ksar Es-Seghir* leur port militaire, par lequel les troupes musulmanes se rendaient dans la péninsule ibérique et en revenaient.
Au VIIIe/XIVe siècle, les Mérinides entourent la ville d'une enceinte circulaire, dont on peut suivre les traces aujourd'hui encore, et y élèvent des bâtiments publics et privés.
Second port après Ceuta à avoir été conquis par les Portugais en 862/1458, il demeura sous leur domination jusqu'en 956/1549. Ces derniers renforcent la muraille et construisent un réduit fortifié relié à la mer par un long fossé, *Curaça*. Ils transforment les monuments de culte musulman en églises et adaptent les bâtiments publics à leur mode de vie.
Après son évacuation par les Portugais, le site servira, au début du XIe/XVIIe siècle, de port de débarquement aux *Moriscos* refoulés d'al-Andalus.
Des fouilles entreprises dans les années 70 dégagèrent des vestiges portugais et certains restes de monuments d'époque mérinide. Un lot important d'objets tant musulmans que portugais y fut découvert.

VII.3.a **Porte de la mer et Enceinte**

Arrivé à Ksar Es-Seghir, laisser la voiture dans la rue principale (la seule rue). Porte et enceinte se trouvent sur la plage, à l'embouchure du fleuve. Monument en ruine.

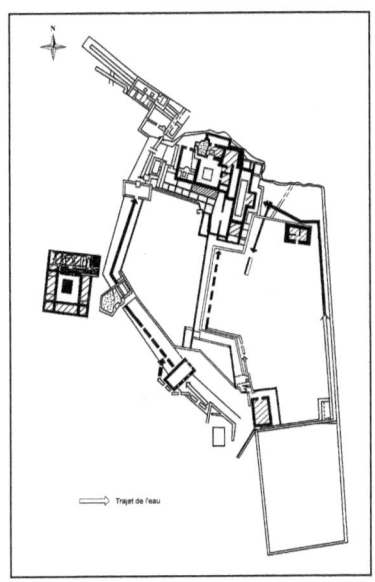

Ensemble résidentiel, plan général, Belyounesh.

CIRCUIT VII *Les ports du Détroit*
Ksar Es-Seghir

Enceinte, détail de la muraille avec en son centre la porte de la mer, Ksar Es-Seghir.

Les travaux de fouilles, entrepris sur le site archéologique de la petite ville de Ksar Es-Seghir, qui a connu toute les péripéties de l'histoire médiévale de la Méditerranée occidentale, ont mis au jour, sous les restes portugais, des vestiges importants d'époque mérinide: une enceinte avec ses bastions et ses portes, une douzaine de maisons, un marché, une mosquée et un *hammam*. Certains sont encore en élévation, d'autres n'ont gardé que leurs soubassements.

L'enceinte s'ouvrait vers l'extérieur par trois portes: deux portes monumentales, l'une sur le flanc ouest, Porte de la mer, l'autre sur le flanc est, Porte de Ceuta, une troisième plus modeste sur le flanc sud, Porte de Fès.

Porte de la mer

La Porte de la mer est celle qui est la mieux conservée. Bien qu'enserrée par des bâtisses portugaises, et partiellement détruite, elle garde des éléments suffisants pour la compréhension du plan et la reconstitution des décors.

Elle était flanquée à l'extérieur de deux tours massives qui comprenaient, au niveau supérieur, des casemates pour la surveillance des côtes. Elle s'ouvrait sur une baie en arc lobé, surmontée d'un panneau décoratif comportant un réseau d'entrelacs géométriques sur enduit de plâtre peint.

Cette baie conduisait à une pièce voûtée où, sur le mur sud, était aménagé un escalier permettant d'accéder au chemin de ronde et à la plate-forme supérieure. Cette pièce s'ouvrait sur un espace non couvert surmonté d'un parapet et menait vers l'entrée de la ville. La façade intérieure de la porte était plus richement décorée que celle de l'extérieur. Le décor réparti en registres faisait appel à un réseau de polygones étoilés et aux entrelacs géométriques. Tous ces éléments nous per-

CIRCUIT VII *Les ports du Détroit*
Ksar Es-Seghir

mettent de la dater de l'époque mérinide.

Il est utile de signaler également que le *hammam*, dont les murs sont encore en élévation, a un plan en enfilade caractéristique des *hammams* mérinides et des bains nasrides de Grenade.

Enceinte

La muraille est une des rares au Maroc à être de plan circulaire. Ce type de plan, considéré comme idéal par les théoriciens arabes de la ville islamique, n'était connu jusqu'alors que dans la première Bagdad abbasside, et dans la ville fatimide de Tunisie, Sabra-Mansouriya. Le cercle que dessine la muraille est plus ou moins régulier et présente un diamètre d'environ 200 m. Les murs, construits en moellons et briques joints au mortier, ont une épaisseur d'à peu près 2 m sur 8 m de haut. Ils étaient renforcés de 29 tours circulaires situées à égale distance les unes des autres. Deux de ces tours situées sur le flanc ouest sont encore en élévation et permettent d'en connaître la structure. Elles se composent de deux pièces superposées. La salle du rez-de-chaussée, voûtée, communique avec l'intérieur de la ville. Elle devait servir de dépôt. La pièce située à l'étage, desservie par le chemin de ronde, servait de poste de garde.

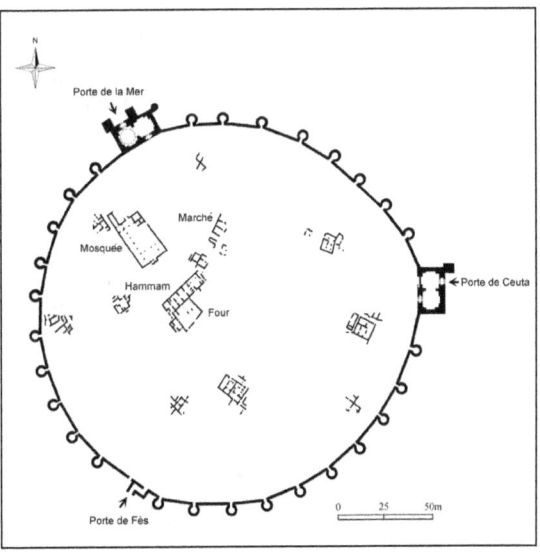

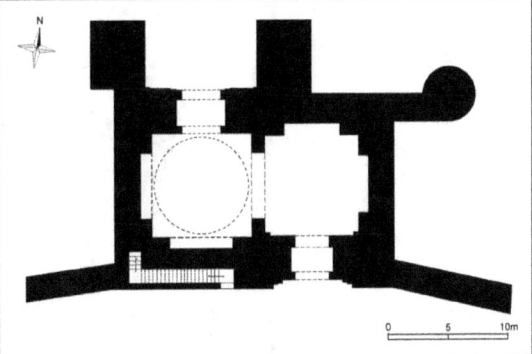

Plan de l'enceinte circulaire, Ksar Es-Seghir.

Plan de la Porte de la mer, Ksar Es-Seguir.

Avant de quitter Ksar Es-Seghir, sur la droite, route qui mène au port de pêche, possibilité d'acheter du poisson et de le faire griller sur place. Quitter Ksar Es-Seghir : prendre direction Tanger. Route bordée de plages désertes où il est possible de se baigner. À l'embouchure de l'Oued Salliam, une piste mène à une plage magnifique et non dangereuse.

CIRCUIT VII

Les ports du Détroit

Naïma El-Khatib Boujibar

Deuxième jour

VII.4 TANGER
    VII.4.a Casbah
    VII.4.b Mosquée de la Casbah
    VII.4.c Mosquée Sidi Bou Abbid
    VII.4.d Église Saint-André ou Saint Andrew
    VII.4.e Grande Mosquée
    VII.4.f Mosquée Aïssaoua

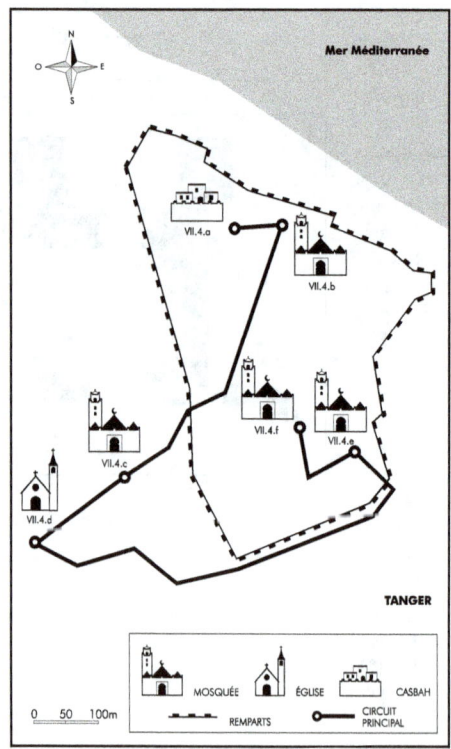

Deuxième jour

VII.4 TANGER

L'histoire nous renseigne très peu sur la situation de l'ancienne capitale de la Mauritanie Tingitane romaine lorsque Moussa Ibn Nosayr s'en empare en 86/705 pour la convertir à l'Islam.
Devenue quelques années plus tard le chef-lieu d'une grande province, elle fut administrée par des gouverneurs dépendants des Califes omeyyades de Damas. Ceux-ci eurent à faire face à un soulèvement des tribus berbères du Rif qui, mécontentes des exactions fiscales, avaient adhéré au mouvement schismatique kharijite.
Idriss Ibn Abdallah qui y débarqua en 171/788, fuyant les Abbassides, n'y demeura que peu de temps avant de se rendre à *Oualili* (Volubilis).
À la mort d'Idriss II, fondateur de Fès, la principauté de Tanger revint à ses fils Qassim puis Omar.
Durant la seconde moitié du IVe/Xe siècle, la ville fut l'enjeu de disputes entre les Omeyyades d'Espagne et les Idrissides et finit par tomber entre les mains des Fatimides d'Ifriqiya en 346/958.
En 467/1075, les Almoravides s'en rendent maîtres, suivis, en 543/1149, par les Almohades, qui lui préfèrent la ville de Ceuta, sa rivale, pour y établir leur siège de commandement du nord et leur lieu de résidence.
Les Mérinides s'en emparent en 672/1274 et lui accordent tous leurs soins. Grâce à la sollicitude de ces monarques, la ville connaîtra durant leur règne (VIIe/XIIIe-VIIIe/XIVe siècles) une période de splendeur. Ils la dotèrent d'une grande mosquée et d'une médersa, où se déploie le raffinement de l'art architectural et décoratif maroco-andalou.
Il est intéressant de signaler que la pierre de fondation de cette médersa, dont il ne reste pas de trace actuellement, avait été découverte par les Anglais en 1084/1674 dans le mur d'un couvent de Dominicains que les Portugais avaient édifié à l'emplacement de cette médersa durant leur occupation de la ville.
Les Mérinides développèrent également les activités économiques en signant des traités de commerce avec des négociants des villes italiennes: Venise, Pise, Gênes, ainsi qu'avec Marseille. Son port devint ainsi la plaque tournante du commerce méditerranéen et saharien. La ville importait des draps, des épices et des métaux et exportait les peaux, le cuir, les tapis et la canne à sucre.
C'est certainement dans les caravansérails qui accueillaient cette population d'étrangers de toutes nations qu'un jeune Tangérois, qui deviendra le fameux Ibn Battouta, a vu naître sa vocation de voyageur et son désir de visiter les pays lointains.
En 875/1471, pour assurer leur position sur le détroit, les Portugais s'emparèrent de la ville après maintes tentatives infructueuses. Ils la transforment et réaménagent la mosquée en cathédrale et la médersa en couvent. Ils relèvent les murailles qu'ils avaient démantelées en les renforçant de bastions et de forts, et construisent dans la partie haute, à l'ouest de la baie, une forteresse pour dominer la ville.
Après la mort du roi Dom Sebastião, dans la fameuse Bataille des Trois Rois en 985/1578, la couronne du Portugal revint à Philippe II d'Espagne et la ville passa alors sous domination espagnole.
En 1071/1661, après être redevenue portugaise, elle est offerte à l'Angleterre

Tanger

comme dot de l'infante Catherine de Bragance qui épousa le prince anglais Charles II.

Dès son accession au trône, le monarque alaouite Moulay Ismaïl assiégea la place en 1089/1679. Les Anglais, en l'évacuant, détruisent au préalable le môle du port et la majeure partie de la ville.

Moulay Ismaïl chargea alors le pacha Ali Ibn Abdallah Errifi de restaurer les remparts et de reconstruire la ville. Ainsi, en relevant les ruines, des maisons de type marocain traditionnel furent construites, des mosquées et une médersa érigées et une casbah édifiée sur les hauteurs, avec un palais, une mosquée et des dépendances. Le fils du pacha qui remplaça son père dans sa charge, Ahmed Ibn Ali, continua son œuvre.

En 1196/1782, le sultan Sidi Mohamed Ibn Abdallah, qui voulait regrouper les représentations diplomatiques dans une même ville, choisit Tanger comme siège des consulats européens. Au cours du XIXe siècle, la ville sera promue officiellement capitale diplomatique du royaume et un délégué permanent du sultan, le *nayib*, sera nommé auprès du corps consulaire à Tanger. Dès lors, avec les diplomates, affluèrent des négociants, des hommes de lettres et des artistes. Ces derniers, subjugués par la beauté du site et le charme de son architecture musulmane et des ses ruelles étroites et mystérieuses, ont chanté dans leurs écrits ou peint sur leurs toiles la féerie et la magie qui se dégagent, encore de nos jours, de cette ville.

À partir de 1906, Tanger fut dotée d'un statut spécial qui plaçait la ville et ses environs sous l'autorité d'une commission internationale. En 1956, elle fut de nouveau rattachée au pays.

VII.4.a Casbah

Suivre le panneau Casbah/Musée, même monument. Le musée se trouve à l'extrémité nord de la médina. Parking sur la place. Le circuit se fait à pied.
Entrée payante. Horaires: de 9:00 à 13:00 et de 15:00 à 18:00. Fermé le mardi.

Le site de la casbah, qui domine la médina, a, depuis l'époque almohade, toujours été choisi comme citadelle pour abriter le siège du commandement et la résidence du gouverneur. Il n'est donc pas étonnant que le roi Moulay Ismaïl ait ordonné à son gouverneur Ali Errifi d'élever une casbah sur l'emplacement où les Anglais avaient bâti leur *Upper Castel* et les Portugais leur *Domus Præfecti*.

Le remarquable ensemble palatial qui y avait été construit reste encore en bon état de conservation et offre un bel exemple des ensembles palatiaux construits à la même époque et aujourd'hui disparus. L'ensemble comprenait la résidence du gouverneur avec ses dépendances, les prisons, la mosquée, les écuries, la salle du trésor, le tribunal. Il était limité, côté ouest, par la place dite des Tabors, où débouche actuellement la seule voie carrossable desservant la casbah. Des rues longeaient le rempart le ferment au nord et au sud. À l'est, il s'ouvrait sur une vaste place de forme rectangulaire, qui séparait le mur des prisons des écuries. Les écuries ont aujourd'hui disparu et la place sert actuellement de parking pour les voitures.

Le tribunal, ou petit *mechouar*, est constitué de petites pièces, précédées d'une double colonnade en marbre, fermées par une grille de fer. Les colonnes qui soutiennent les arcades sont surmontées de chapiteaux d'ordre composite, d'impor-

CIRCUIT VII *Les ports du Détroit*
Tanger

tation italienne. Cette bâtisse, qui se trouve au sud de la place, est actuellement reconvertie en salle d'exposition pour les produits artisanaux. Sa fonction première était de servir de salle d'audience pour les "*khalifas* du pacha".

Le *Bit al-Mal*, ou "Salle du Trésor", est une pièce surélevée, à l'ouest de la place, précédée par un escalier. Sa façade est percée de trois arcs outrepassés brisés supportés par deux colonnes complètes et deux demi-colonnes engagées. Ces colonnes de marbre sont couronnées de chapiteaux de type toscan. L'intérieur de la salle est divisé en trois travées par une triple colonnade et flanquée, de chaque côté, de petits réduits à étage, éclairés par des fenêtres ouvragées. Ces réduits servaient de bureaux aux agents du Trésor, les *oumana'*. Une cave voûtée, qui devait contenir les coffres de monnaies, se niche sous le plancher de cette salle.

Cette petite salle à colonnade, bien équilibrée, est un des rares spécimens architecturaux du genre au Maroc. Elle séduit par la pureté de ses lignes et son élégance. C'est une heureuse innovation qu'il faut mettre à l'actif du gouverneur Ahmed Errifi. Elle fait actuellement partie du musée de la casbah.

Palais de la Casbah

Élevé par Ahmed Errifi, le palais, achevé en 1122-23/1710-11, connut de nombreux remaniements et restaurations dont les plus récentes datent de 1889, à

Casbah, salle du trésor, entrée extérieure, Tanger.

CIRCUIT VII *Les ports du Détroit*

Tanger

Musée de la Casbah bassin et portique à trois arcades du patio, Tanger.

l'occasion de la visite de Moulay Hassan Ier à Tanger.

Le palais comprenait une grande maison, *Dar al-Kebira*, une petite maison, *Douirat qoubbat Sidi al-Boukhari*, des cuisines, deux jardins, un bain et une salle d'apparat faussement désignée comme salle du trésor ou *Bit al-Mal*. Un musée régional ethnographique et archéologique occupe actuellement les lieux.

Douirat Koubbat Sidi al-Bokhari

Cette petite maison se trouve à l'étage à gauche du passage coudé menant vers le patio de la grande maison. Véritable petit bijou, elle renferme deux chambres et un patio, tous finement ornés d'un lacis de plâtre sculpté et de *zellige*. Une inscription en caractères cursifs, gravée sur des *zelliges* excisés, sépare le lambris des plâtres et reproduit un extrait poétique. Le décor de cette maison et sa finesse d'exécution rappellent l'ornementation mérinide et nasride du VIIIe/XIVe siècle.

Dar al-Kebira

Autour d'un vaste patio pavé de *zellige*, au milieu duquel se trouve un bassin octogonal contenant une vasque en marbre, se déploie un portique à colonnes de marbre. Leurs chapiteaux, qui s'apparentent à ceux d'ordre composite, sont enjolivés d'un motif en croissant de lune, emblème ottoman jusqu'alors inusité au Maroc. Il semblerait que ces chapiteaux, importés d'Italie par Ahmed Errifi, aient été exécutés par un atelier qui, travaillant habituellement pour les provinces de l'Empire ottoman, avait coutume d'ajouter ce motif.

Les arcades des ailes sud et nord du portique sont surmontées de panneaux de *zellige*. C'est sous ces portiques que s'ouvrent les deux pièces principales de la maison qui en compte sept. De formes allongées, elles sont flanquées de part et d'autre d'alcôves et sont creusées au centre d'un défoncement, *bhou*, dont la décoration est plus accentuée. Surmonté d'une arcature en bois découpée en stalactites, il est couvert d'une coupole en bois sculptée également de *mouqarnas*.

Les murs de ces salles sont ornés de revêtement de mosaïques et de plâtre sculpté à motifs géométriques et épigraphiques. Le travail du plâtre ciselé des claustras est particulièrement remarquable; les bandeaux à inscription portent des éloges répétitifs: *"Salut éternel"* et *"La richesse est à Dieu"*.

Une inscription de *zellige* noir sur fond blanc, placée dans le *bhou* de la *koubba* nord, est pleine d'intérêt. Elle célèbre en vers les beautés du palais, et au milieu de cette inscription se détachaient trois mots écrits sur *zellige* bleu qui sont des chronogrammes de 1122-1711. Cette période marque l'achèvement du palais, époque de l'apogée d'Ahmed Errifi.

Dans ces salles et les cinq autres se trouvent exposées des collections d'objets archéologiques et ethnographiques, se rapportant à Tanger et à d'autres régions du Maroc.

La salle d'apparat

Cette salle se trouve à droite d'un patio situé au nord du vestibule. Précédée d'un portique à trois arcades, elle est fermée par une porte à deux vantaux bardée de fer qui a remplacé la porte d'origine en bois, richement peinte et ornée. Ses murs, aujourd'hui dénués de tout ornement, devaient être recouverts de lambris de *zellige*.

Une frise en bois sculpté de stalactites, *mouqarnas*, couronne les murs. Elle est surmontée d'une magnifique coupole en bois peint de forme dodécagonale, décorée d'un entrelacs d'étoiles polygonales. C'est un très bel exemple du travail du bois de l'époque alaouite.

Le café Hafaa, café mythique où l'on pouvait rencontrer poètes et écrivains, offre une vue abrupte et unique sur la mer. Du promontoire de la place de la casbah, emprunter le chemin qui longe la mer et le mur extérieur de la casbah, puis longer la rue Assad Ibn Farrat. Laisser le stade sur sa gauche, et s'engager dans le chemin sur la droite qui mène au café.

Musée de la Casbah, détail d'un chapiteau composite du patio, Tanger.

CIRCUIT VII   Les ports du Détroit

Tanger

Minbar de la Mosquée de la Casbah, Tanger.

En revenant sur vos pas, dans le prolongement de la rue Assad Ibn Farrat, se trouve le musée Forbes, dans la rue Shakespeare, installé dans l'ancienne demeure du milliardaire américain Malcom Forbes. Ce musée réunit une collection de 115 000 figurines militaires. Mais surtout, depuis les jardins de la propriété, plantés de palmiers, d'orangers, d'eucalyptus, la vue sur le détroit de Gibraltar et sur les côtes espagnoles est exceptionnelle. Entrée payante. Ouvert tous les jours sauf le jeudi.

VII.4.b Mosquée de la Casbah

Dans la rue Ibn Abbou, attenante au musée. Accès réservé aux musulmans.

La mosquée de la Casbah se trouve au sud du palais. Elle communiquait avec ce dernier par une petite porte. Elle aurait été construite par Ali Errifi et agrandie par son fils Ahmed qui la dota d'un minaret et d'une porte décorée. Sa salle de prière aurait été de nouveau agrandie et remaniée à l'époque de Sidi Mohamed Ibn Abderrahman (1859-1873). Elle a été remise en état pour la venue de Moulay Hassan en 1889.

C'est vers 1921 qu'un *nadir* des *habous*, le représentant régional de l'administration des biens de mainmorte, aurait eu la fâcheuse idée de recouvrir les décors de couleurs malheureuses. Cette opération de rénovation a été généralisée à toutes les mosquées et zaouïas de la ville.

À l'exception du portail d'entrée, le seul élément décoré digne d'intérêt est le minaret. De forme octogonale, il est semblable à ceux qu'Ahmed Errifi a fait édifier à Chefchaouen et Tétouan. Cette forme inhabituelle au Maroc, où la majorité des minarets sont de plan carré, s'est probablement inspirée des minarets de l'Algérie ottomane, rappelant le plan almohade de la "Torre del Oro" de Séville.

Ce petit minaret à l'allure élégante et au lanternon gracile porte sur les registres de ses façades des arcatures aveugles polylobées et des entrelacs géométriques dont l'intérieur est occupé par des carreaux de *zellige*. Les coloris délicats de cette faïence s'harmonisent très bien avec la couleur ocre des briques des encoignures. Seul dénote, au milieu de cette symphonie, le bleu foncé intense des carreaux qui recouvrent le lanternon et qui ont pu être l'œuvre de ce fameux *nadir*.

Au bout de cette rue, dans l'angle, on peut voir un marabout connu pour avoir été immortalisé par Matisse.

CIRCUIT VII *Les ports du Détroit*
Tanger

VII.4.c Mosquée Sidi Bou Abbid

Rue Bou Abbid. Au bout de la rue Ibn Abbou, prendre à gauche et à la deuxième intersection une nouvelle fois à gauche. Descendre les escaliers qui mènent dans la rue de la Casbah. Emprunter cette rue qui aboutit sur la place du Grand Socco. La mosquée se trouve sur votre droite dans la rue Bou Abbid. Accès réservé aux musulmans.

La mosquée se trouve à l'extrémité ouest du Grand Socco ou Souk Berra, que domine son minaret. La porte principale qui s'ouvre sur une rue latérale est décorée de carreaux de faïence importés d'Espagne, qui ont été introduits au Maroc au début du siècle.
Cette mosquée a été bâtie en 1913 sur le tombeau d'un saint du même nom, qui serait un descendant de Sidi Ahmed ou Moussa Essemlali, le patron des gens de la région du Sousse, grâce à la contribution des bienfaiteurs originaires de l'Anti-Atlas.
Pour la décoration en mosaïque de faïence des faces du minaret, des motifs nouveaux ont été ajoutés aux motifs traditionnels andalous, tels que les écailles du registre inférieur et les losanges concentriques du registre supérieur.
Ces innovations, qui font l'originalité de ce minaret, ont vraisemblablement été inspirées aux constructeurs par les motifs de losanges des tapis Ouawezguites du Haut-Atlas qu'apprécient les gens du Sousse.

La place du Grand Socco où tous les bus de la ville convergent est un des endroits les plus vivants de Tanger. Jeudi et dimanche, à l'occasion des marchés hebdomadaires, des paysannes en fouta rayé (tissu traditionnel) et chapeau de paille descendent des montagnes du Rif pour vendre leurs produits.

VII.4.d Église Saint-André ou Saint Andrew

Dans la rue d'Angleterre qui part du Grand Socco.
Pas d'horaires de visite, demander au gardien du site de vous ouvrir la petite église.

C'est une église anglicane, située non loin du Grand Socco, dans le cimetière anglais. Construite à la fin du XIXe siècle par des ouvriers marocains et décorée par des artisans, *m'almin*, envoyés par le sultan Moulay Hassan Ier à la communauté anglaise pour accomplir ce travail, elle a été traitée comme un bâtiment traditionnel marocain.

Minaret Sidi Bou Abid, Tanger.

CIRCUIT VII *Les ports du Détroit*

Tanger

Église Saint-André, clocher et porte d'entrée, Tanger.

Son clocher de base carrée se dresse comme un minaret sans lanternon. Il a ses faces recouvertes de sculptures en plâtre où à l'arc aveugle polylobé se mêlent des entrelacs géométriques.

À l'intérieur, la colonnade séparant les nefs est soutenue par des colonnes géminées en marbre, aux chapiteaux semblables aux chapiteaux saadiens des pavillons de la mosquée Qaraouiyine.

L'arc qui s'ouvre sur le chœur est un arc outrepassé festonné. Il est surmonté de décor floral, et est encadré par un bandeau où court une inscription en caractères arabes de style coufique qui transcrit des paroles de l'évangile.

La niche, placée derrière l'autel, est décorée d'une dentelle de plâtre sculpté où apparaît la devise des Nasrides de l'Alhambra: *"Il n'y a de vainqueur que Dieu"*.

Les plafonds sont revêtus de boiseries peintes où s'entrelacent des polygones étoilés.

Cet ouvrage, qui traduit l'esprit de tolérance des Marocains, et dont les beaux décors sont tout à l'honneur des artisans de la fin du XIXe siècle, mérite bien d'être cité parmi les monuments d'art maroco-andalou de Tanger.

À 10 m sur votre droite se trouve le Grand Hôtel, hôtel mythique à Tanger, ayant hébergé de nombreuses figures artistiques, aujourd'hui à l'abandon. De la fenêtre centrale du deuxième étage, Matisse a peint un de ses plus célèbres tableaux.

VII.4.e Grande Mosquée

Rue de la Grande Mosquée. Revenir sur ses pas pour pénétrer de nouveau dans l'ancienne médina, mais cette fois par la rue Siarrine (ou Semarine) qui mène place du Petit Socco. La mosquée se trouve dans le prolongement de la place, rue de la Grande Mosquée. Accès réservé aux musulmans.

Donnant sur la rue de la Marine, la Grande Mosquée a été fondée par les dynasties mérinides mais elle a subi depuis de nombreux avatars. Lorsque les Portugais se sont emparés de la ville de Tanger, leur premier geste fut de convertir la mosquée en cathédrale. Aussi, dès la libération de la ville par Moulay Ismaïl, ordre fut donné au gouverneur de la cité, Ali Ibn Abdallah Errifi, de rendre ce monument au culte musulman.

Depuis, cette mosquée, qui fit l'objet de la sollicitude de tous les souverains alaouites, fut agrandie, restaurée et réaménagée à plusieurs reprises. La dernière grande transformation date de l'époque de Moulay Slimane et l'inscription gravée sur le sommet de la porte d'entrée commémore cette opération, en 1233 de l'Hégire, correspondant à l'année 1818 du calendrier grégorien. La seule partie de la façade qui est richement décorée est le portail de l'entrée à l'ornementation délicate, où apparaissent certaines innovations de l'époque de Moulay Slimane, comme les cartouches floraux des écoinçons de la porte. Malheureusement, ces décors ont été abâ-

Église Saint-André, nef centrale, Tanger.

CIRCUIT VII *Les ports du Détroit*
Tanger

Mosquée Aïssaoua, portail d'entrée et minaret, Tanger.

rue sur la gauche qui mène à la place Aïssaoua où se trouve la mosquée. Accès réservé aux musulmans.

On donne à tort à cette mosquée le nom des Essaya à cause de la proximité de la zaouïa des Aïssaoua qui se trouve sur la même place.
Cette mosquée est particulièrement intéressante pour la décoration de son minaret. Elle aurait été fondée par Moulay Slimane, vers 1230/1815, et restaurée en 1860, date qui correspond à l'année hégirienne (1276) inscrite sur le portail. Bien que de plan carré, plan classique des minarets marocains, celui-ci rappelle par son décor le minaret polygonal de la casbah, édifié à l'époque d'Ahmed Errifi. Il allie en effet la couleur ocrée des briques à la polychromie des *zelliges*. Cette décoration et cette alliance des couleurs sont typiques de Tanger, qui semble avoir adopté, pour les minarets de la ville, un style de décor qui lui est propre, tout en restant dans les normes classiques de l'art maroco-andalou.

tardis par des couches de peinture aux couleurs peu harmonieuses. La décoration du minaret a été plus heureuse et plus uniforme. Les teintes plus douces, qui font appel à une palette de verts nuancés, accrochent et charment le regard.

VII.4.f Mosquée Aïssaoua

Place du Petit Socco, prendre la rue sur la gauche qui longe l'hôtel Fuentes. Puis la première

Cap Spartel et Grottes d'Hercule
Le Cap Spartel, à 14 km de Tanger, marque l'extrémité nord-ouest du littoral atlantique de l'Afrique. De la place de France à Tanger, quitter la ville par la rue de Belgique et suivre le panneau La Montagne, Cap Spartel. À 4 km du Cap Spartel se trouvent les Grottes d'Hercule d'où l'on a une vue magnifique sur l'Atlantique. Entrée payante.

CIRCUIT VII

Les ports du Détroit

Naïma El-Khatib Boujibar

Troisième jour

VII.5 ASILAH
        VII.5.a Grande Mosquée
        VII.5.b Muraille et bastions
        VII.5.c Palais Raïssouli
        VII.5.d Cimetière marin
        VII.5.e Ruelles

VII.6 MEHDIA
        VII.6.a Casbah

Ibn Battuta

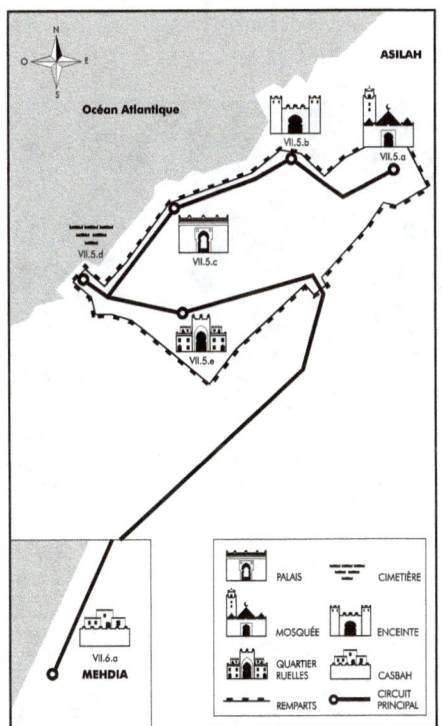

CIRCUIT VII   *Les ports du Détroit*
Asilah

Troisième jour

VII.5 **ASILAH**

À 46 km au sud de Tanger sur la côte atlantique. De Tanger, prendre la direction de Rabat. Suivre le panneau Centre Hassan II. Le circuit se déroule dans la ville ancienne à l'intérieur des remparts.
À l'extérieur de la muraille, parking gardé.

Asilah fut fondée par les conquérants arabes, probablement au début du IIIe/IXe siècle, près d'une rade, sur des récifs, loin de la ville antique Zilil dont elle tire son nom. Elle connut tout au long du Moyen Âge et des temps modernes une histoire mouvementée liée à celle de Tanger.

Mentionnée par le géographe arabe al-Bakri, elle eut à subir par deux fois, dans la seconde moitié du IIIe/IXe siècle, les incursions des Normands attirés par ses richesses céréalières. Reconstruite par le calife omeyyade de Cordoue, al-Hakam II, elle dut, pour se protéger d'éventuelles attaques, s'entourer d'une enceinte. Elle fut dotée d'une mosquée composée de cinq nefs que les vagues *"atteignaient quand la mer était agitée"*. Son port, qui offrait un bon abri aux navires, avait une jetée construite en pierres de taille qui se déployait en arc de cercle pour protéger le mouillage.

La ville, qui semble avoir eu une vie paisible au VIe/XIIe siècle, s'ouvrit au commerce avec l'Occident à l'avènement des Mérinides et vécut dans une certaine prospérité.

Grande Mosquée, minaret et portail d'entrée, Asilah.

CIRCUIT VII   *Les ports du Détroit*
Asilah

Muraille et bastion portugais, Asilah.

Les Wattassides en firent un de leurs principaux points d'appui dans leur lutte pour le pouvoir.
Elle fut prise d'assaut par les Portugais la même année que Tanger, en 875/1471, et resta sous leur domination jusqu'en 957/1550. Ces derniers reconstruisirent les remparts en pierres, les fortifièrent avec de solides bastions et élevèrent un donjon pour servir de tour de surveillance. Les garnisons retranchées dans cette forteresse subirent pendant de longues années des harcèlements continuels menés par les sultans wattassides, et par le fameux prince de Chefchaouen, Moulay Brahim. Libérée en 957/1550, la ville fut réoccupée en 984/1577 par le roi Dom Sebastião en récompense de son alliance avec le prince saadien Mohamed al-Masloukh. C'est là que le dernier roi portugais de la dynastie des Avis, rêvant de reconquérir le Maroc, séjourna avec son armée, avant de se rendre sur les lieux de la bataille d'Oued al-Makhazin près de Ksar al-Kébir, qui lui coûta la vie. La ville fut restituée au roi saadien al-Mansour, en 997/1589, puis récupérée par l'Espagne pour quelques années, vers la fin du XIe/XVIIe siècle. Elle fut prise d'assaut par Moulay Ismaïl et libérée en 1102/1691. Peuplée par les gens du Rif, elle fut dotée de deux mosquées, d'une médersa et de bains et mena dès lors une existence modeste. En 1906, elle tomba au pouvoir de Moulay Ali Ibn Raïssoul qui en devint pacha, et fut ensuite occupée par les Espagnols de 1912 à 1956.
De nos jours, Asilah se fait connaître par un festival international annuel durant lequel des rencontres culturelles réunis-

Asilah

Palais Raïssouli, porte d'entrée de l'enceinte du palais, Asilah.

sent des hommes de lettres, des philosophes et des artistes venus des quatre coins du globe. Elle préserve, derrière les hauts murs ocre de ses remparts qui l'enserrent comme un écrin, la blancheur immaculée de ses maisons et l'authenticité de son architecture.

VII.5.a Grande Mosquée

En face du centre Hassan II. Accès réservé aux musulmans.

La Grande Mosquée a été construite à l'époque de Moulay Ismaïl. Après la libération de la ville, le gouverneur de la région du *gharb* (Kénitra et Larache) et du nord, Ali Ibn Abdallah Errifi, a été chargé comme à Tanger d'édifier un lieu de culte. Mais il semblerait que ce soit son fils qui ait construit la mosquée si l'on en juge par la forme octogonale de son minaret, un style introduit par Ahmed Errifi. À la différence du minaret de la mosquée de la casbah à Tanger, celui-ci a un décor simplifié, noyé sous les différentes couches de chaux. La porte d'entrée de la mosquée a également un décor plus simple et plus dépouillé.

VII.5.b Muraille et bastions

La muraille entoure l'ancienne ville. Place Ibn Khaldoun, prendre sur la droite, rue Sidi Mohammed Ben Marzouk, et suivre la muraille qui longe la mosquée.

La première enceinte construite à Asilah date de l'époque almohade. Elle aurait été restaurée à l'époque mérinide et renforcée par les Wattassides. Mais cette première enceinte n'a pu résister aux assauts des Portugais qui étaient en possession d'artillerie lourde. Aussi, dès leur prise d'Asilah, ils s'attelèrent, d'une part, à réduire la superficie de la ville pour être en mesure de dominer l'espace, d'autre part, à renforcer la muraille de bastions qui répondaient mieux aux tirs de l'artillerie lourde, comme les bastions de forme circulaire munis de meurtrières et de machicoulis.

C'est pourquoi on peut considérer que la plupart des murs de l'enceinte actuelle sont de construction portugaise ainsi que la majorité des bastions, sauf peut-être ceux qui se trouvent sur le front de mer et qui sont de forme rectangulaire.

VII.5.c Palais Raïssouli

Dans la rue Sidi Ben Marzouk, la porte d'entrée se trouve dans un renfoncement sur la gauche. Monument en restauration

Le palais situé sur le front de mer, au milieu de la ville, occupe une position stratégique de premier plan. Il fut construit par le fameux Moulay Ali Ibn Raïssoul, qui arriva à s'emparer du pouvoir dans le nord du Maroc et se fit proclamer pacha d'Asilah. Avec les ressources qu'il avait accumulées, il se fit construire ce palais avec une rapidité déconcertante.

Ce palais, ou plutôt cette grande demeure, comprend toutes les dépendances qui accompagnent ce type de bâtiment: une grande maison à patio, un jardin, *riyad*, des cuisines, etc.
La maison comporte un étage où un très beau salon décoré de *zellige*, de bois peint et de plâtre ciselé s'ouvre sur une vaste loggia d'où l'on découvre une belle vue sur la mer et la médina.
Les murs du rez-de-chaussée sont couverts, au lieu de faïences de Fès, qui auraient demandé beaucoup plus de temps pour leur exécution, de carreaux de faïence industriels importés d'Espagne

Cimetière marin, marabout Sidi Ahmed Ibn Moussa et tombes recouvertes de céramique, Asilah.

CIRCUIT VII *Les ports du Détroit*
Mehdia

Ruelles, porte de marabout, Asilah

et qui commençaient à concurrencer au début de notre siècle la faïence de Fès, beaucoup plus belle mais nettement plus chère.

VII.5.d Cimetière marin

À l'extrémité de la rue Sidi Ben Marzouk. Accès réservé aux musulmans. Possibilité de voir le monument dans son ensemble à partir du bastion à l'extrémité de la rue.

Tout près du bastion portugais, qui étend un bras vers la mer et qui est dénommé *Curaça*, se trouve un petit cimetière implanté auprès du marabout de Sidi Ahmed Ibn Moussa et de sa sœur Lalla Mennana. Ce cimetière et son marabout ont été aménagés sur une plate-forme construite en dehors des remparts portugais. Les céramiques d'importation qui recouvrent les tombes égaient ce lieu austère.

VII.5.e Ruelles

On peut errer, sans risque de se perdre, dans les ruelles de la médina, celle-ci étant très petite.

La ville d'Asilah n'a pas gardé l'urbanisme rectiligne de la ville portugaise. Les Marocains, en reprenant possession de leur ville, ont rétréci la largeur des rues, créé des *derbs* et des impasses et redonné à la ville l'aspect de cité islamique, avec une *qaysariya*, des rues tortueuses, des bains et des fours ainsi que des ateliers d'artisans, en particulier des tisserands.

VII.6 MEHDIA

D'Asilah, prendre l'autoroute jusqu'à Kénitra. À Kénitra, prendre la sortie Centre-Ville, puis la direction de Mehdia, à 12 km de Kénitra. À 8 km, prendre sur la gauche, la casbah est signalée par un panneau. Nécessité de passer par le gardien pour ouvrir le site.

Aucun site du Maroc atlantique n'a suscité autant de convoitises que l'estuaire du Sebou, que dominent actuellement les ruines de la casbah de Mehdia. Il fut, durant des siècles, le lieu de passage de peuples et de nations qui ont déferlé sur les cités marocaines et devint ainsi le théâtre d'événements importants de l'histoire du pays.

CIRCUIT VII *Les ports du Détroit*
Mehdia

La première localité installée, au Moyen Âge, près de l'embouchure était dénommée *Marsa al-Maamora*. Elle aurait été fondée à la fin du IVe/Xe siècle et le monarque almohade Abd al-Moumen y installa, au VIe/XIIe siècle, des chantiers navals.

Au Xe/XVIe siècle, *al-Maamora* était un petit centre commercial actif que fréquentaient des marchands européens. Devenue au début du XIe/XVIIe siècle l'un des principaux centres de la piraterie d'Afrique du Nord, elle se constitua en République autonome. Les Espagnols prirent d'assaut le fort en 1022/1614, et édifièrent, sur la colline qui domine l'embouchure, une forteresse dont les principaux ouvrages d'enceinte constituent l'essentiel du périmètre de la casbah de Mehdia. Après 67 ans d'occupation, la forteresse fut conquise par Moulay Ismaïl en 1092/1681. Libérée, elle reçut le nom d'Al-Mehdia et le nom de Maamora ne servit plus qu'à désigner la grande forêt de chênes-lièges située au nord-est de Salé.

Moulay Ismaïl restaura l'enceinte en y perçant une porte monumentale à chicane. Il y édifia un grand palais avec toutes ses dépendances et installa des chantiers navals et des entrepôts au bord du fleuve.

VII.6.a **Casbah**

La casbah se situe près du rebord de la falaise qui domine l'embouchure du Sebou, occupant ainsi une position stratégique convenant parfaitement à cet ensemble défensif.

L'enceinte qui l'entoure sur tous ses flancs et les bastions ont été bâtis par les Espagnols.

Le souverain alaouite Moulay Ismaïl, en reprenant la place, a rebaptisé la forteresse du nom de Mehdia, "La Soumise". Il a apporté des modifications à l'enceinte et remanié entièrement l'intérieur de la casbah.

La porte

La porte principale Bab Jdid est l'œuvre de Moulay Ismaïl. Porte monumentale, elle est flanquée de chaque côté de deux tours rectangulaires couronnées de créneaux à pyramidons, tout comme le corps central de la porte, et les tours sont percées, sur deux niveaux, d'embrasures et de meurtrières.

La baie d'entrée en forme d'arc outrepassé est circonscrite par une voussure à festons entrelacés. Elle est encadrée d'un

Ruelle, Asilah.

Mehdia

bandeau sculpté, portant une inscription en caractères coufiques à la louange du fondateur. Une jolie fenêtre la surmonte. La colonnette de cette fenêtre géminée est couronnée d'un chapiteau à méandre, forme caractéristique de cette époque.

La porte est construite en pierres de taille disposées en appareil alterné, consistant en une assise épaisse de pierres au-dessus d'une assise mince. Cette technique, qui avait fait son apparition avec les Almohades, a été maintenue à l'époque mérinide. Elle devient d'un usage courant à l'époque de Moulay Ismaïl dans les architectures de pierre de la côte marocaine.

L'accès vers la casbah se fait, comme pour toutes les portes traditionnelles des villes marocaines, à travers un passage coudé. Les chambres et les banquettes se trouvant dans le premier espace et le couloir latéral sont aménagés pour le corps de garde. Un escalier desservant les étages supérieurs permet d'accéder à une plate-forme d'où les défenseurs pouvaient accabler les assaillants ayant pénétré dans la cour.

Le palais

La maison du gouverneur, ou *Dar al-Makhzen*, est le bâtiment le plus important de la casbah. Elle devait être fort belle si l'on en juge par le soin apporté à sa construction et à sa décoration. Elle a été construite par le gouverneur Ali Ibn Abdallah Errifi, qui exerça sa charge dans le nord du Maroc et qui a, à son actif, plusieurs constructions à Tanger, Tétouan, Chefchaouen. On pénètre dans cette demeure, au sud-est, par une longue allée desservie par une porte en pierre sculptée, finement décorée, qui rappelle, par ses proportions et sa décoration, la porte de la médersa mérinide de Salé.

Après avoir traversé une cour, on pénètre dans un passage couvert en coude pour déboucher dans la maison, en ayant au préalable suivi un long couloir ponctué d'arcades.

La maison, dominée par une tour carrée qui rappelle les tours andalouses de Grenade, comportait un étage supérieur. Au rez-de-chaussée, les chambres s'organisent autour d'un vaste patio dallé de *zelliges* polychromes au centre duquel se trouvait un bassin.

Les quatre grandes chambres à alcôves sont flanquées chacune de deux petites chambres. Les portes d'accès de ces salles sont sculptées d'arcs polylobés surmontés de claustras à trois baies inscrites également dans les arcs à pendentifs. Un passage coudé, dans le coin nord-ouest du patio, conduit vers un petit jardin et un petit bain.

Les silos

Au bord du fleuve, et de part et d'autre de la route actuelle, s'élèvent des constructions impressionnantes sur une largeur de 3 m et une longueur de 40 m. Elles sont constituées d'une série de compartiments carrés ou rectangulaires isolés les uns des autres et protégés par des murs en pisé épais, d'une hauteur de 8 à 10 m.

Ces constructions ont été à tort identifiées à un chantier naval. Il s'agirait plutôt de murs porteurs de magasins à blé ou autre denrée, construits comme les *heris* de Moulay Ismaïl à Meknès.

CIRCUIT VII *Les ports du Détroit*
Mehdia

Lac de Sidi Bourhaba
Situé à l'intérieur des terres, à 2 km de la plage de Mehdia, le lac de Sidi Bourhaba constitue l'une des plus grandes réserves d'oiseaux du pays. Plus de 200 espèces ont été répertoriées qui viennent passer là l'hiver, dont la sarcelle marbrée, oiseau reconnaissable aux taches sombres autour des yeux. Pour faire le tour de la réserve, le lac couvrant plus de 200 ha, il existe trois sentiers balisés dont le parcours prend entre 30 et 90 minutes.

Musée Belghazi
À Bouknadel, sur la route de Kénitra/Rabat, au kilomètre 17.
Horaires: Tous les jours de 8:30 à 19:00.
Le musée appartient à une famille de maîtres artisans de Fès qui s'est spécialisée depuis des générations dans le travail du bois et compte à son actif différentes belles réalisations tant au Maroc qu'à l'étranger.
S'étendant sur 5 000 m², il renferme une collection très importante d'environ 40 000 objets d'art traditionnel, offrant ainsi un échantillonnage presque complet de l'art décoratif marocain.
Cette collection, exposée dans des salles au rez-de-chaussée et à l'étage, comprend tout aussi bien des éléments architectoniques en bois: plafonds, coupoles, linteaux, portes et fenêtres provenant de différentes régions du Maroc et principalement de vieilles maisons de Fès et Meknès, que des objets mobiliers: lits, coffres, tapis, tentures, broderies, bijoux et céramique dont certains sont de très belle facture. Il contient également des manuscrits arabes et hébraïques ainsi que du mobilier liturgique juif.

IBN BATTOUTA

Ibn Battouta, de son vrai nom *Chams Eddin Ibn Abdallah Allawati Altanji*, est né à Tanger en 703/1304. Après avoir terminé ses études juridiques et religieuses à la médersa, il quitte sa ville natale, à 22 ans, pour se rendre en pèlerinage à La Mecque accomplir son devoir de croyant. Il ne reviendra qu'en 749/1349 pour se recueillir sur la tombe de sa mère et repartira de nouveau pour terminer ce qu'il considérait comme son périple (la traversée des pays islamiques) en visitant l'Espagne andalouse et les régions au sud du Sahara. Il ne se stabilisera qu'en 753/1353 à Fès, où, sur les instances du souverain mérinide Abou Inan, le grand mécène, il dictera ses mémoires à un lettré, Abou Djuzay, qui terminera le travail d'écriture en 766/1365.

Durant ces trente années de pérégrinations, Ibn Battouta, ce voyageur hors du commun, peut-être même le premier globe-trotter au monde, aura parcouru seul 120 000 km et visité les communautés musulmanes de plusieurs pays d'Afrique, d'Asie et d'Europe.

Exploit des plus fabuleux à une époque où la majorité des pays traversés connaissaient une forte insécurité, sans compter la précarité des moyens de locomotion. Mais Ibn Battouta, qui avait fait du voyage sa vocation principale, avait comme devise: *"Parcourir la terre et aller là où personne avant lui n'avait été"* et *"ne jamais revenir par le même chemin"*.

Il accepta ainsi d'endurer les rigueurs du climat, de supporter la neige, les chaleurs torrides des déserts, les tempêtes houleuses de l'océan Indien et des mers de Chine. Il connut toutes les situations matérielles, les meilleures comme les pires, la richesse, la pauvreté. Il vécut tantôt dans des palais, comme hôte privilégié de prin-

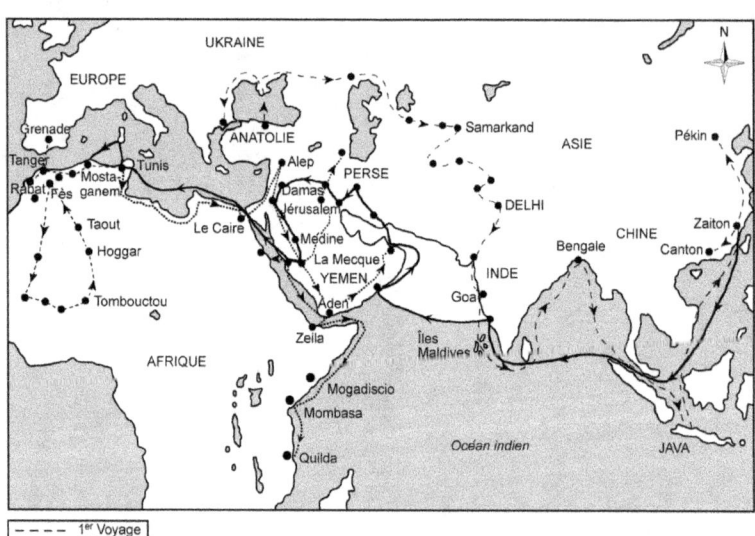

Carte des voyages d'Ibn Battouta.

ces hindous, tantôt des subsides de juge, cadi, aux Maldives, tantôt d'oboles dans des couvents de confréries religieuses.

Mais la solide formation d'humaniste qu'il avait acquise à Tanger ainsi que sa foi solide en Dieu et sa piété exemplaire l'avaient préparé à cela. Grâce au statut privilégié de la langue arabe, langue de religion et de civilisation, qui était à cette époque une langue d'échange internationale, il put se faire comprendre partout où il allait. Sa foi lui donna la confiance en son destin et la tranquillité et la sérénité nécessaires pour affronter les difficultés qu'il eut à rencontrer sur son chemin. De plus, son esprit de tolérance lui permit de se faire accepter par les communautés non musulmanes d'Afrique ou d'Asie; ce qui nous vaut, aujourd'hui, les précieux renseignements sur les mœurs hindous et les coutumes du Niger ainsi que celles des populations du Turkménistan qu'il a relatées.

Sa curiosité ne se limitait pas à la manière de vivre des populations dont il allait à la rencontre. La nature ne le laissait pas indifférent. Doté d'un esprit d'observation digne d'un naturaliste et d'un géographe, il remarquait et notait tous les renseignements concernant la flore, la faune. C'est pourquoi ses mémoires sont encore aujourd'hui d'une très grande valeur.

CIRCUIT VIII

Flux et reflux, rayonnement et éclipse
Kamal Lakhdar

Premier jour

VIII.1 RABAT
- VIII.1.a Musée archéologique
- VIII.1.b Palais Royal
- VIII.1.c Remparts almohades et portes
- VIII.1.d Mosquée Moulina
- VIII.1.e Esplanade de la tour Hassan
- VIII.1.f Mausolée Mohammed V
- VIII.1.g Chellah

Le zellige

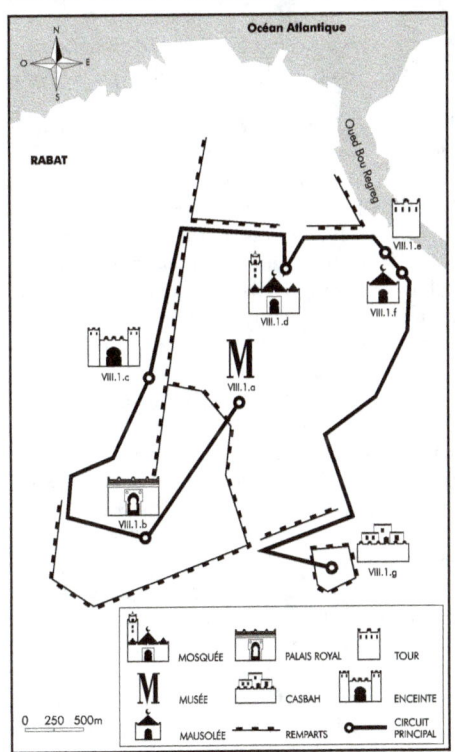

Esplanade de la tour Hassan, Rabat.

CIRCUIT VIII *Flux et reflux, rayonnement et éclipse*

Chellah, mosquée de la nécropole, galeries, Rabat.

Rabat et Salé, situées de part et d'autre de l'embouchure du fleuve Bou Regreg, furent tour à tour rivales et associées. Elles forment aujourd'hui une seule entité administrative et un ensemble touristique indissociable.

Capitale du Royaume depuis 1912, l'agglomération de Rabat-Salé a connu, à travers les siècles, un destin singulier, fait de rayonnements et d'éclipses, d'activité fébrile et de profonde léthargie, d'ambitions et d'espoirs déçus.

Ce parcours en dents de scie est attesté par les monuments et les vestiges qui donnent aux deux rives du fleuve Bou Regreg leur grand charme esthétique, leur attrait touristique et leur intérêt historique et culturel.

Le *"site de Bou Regreg"*, comme l'appellent les historiens, du nom du fleuve qui sépare les deux villes jumelles, a été partie prenante dans la culture et la civilisation andalouses à un double niveau:

1 - Au niveau du transfert de la religion islamique et de la culture arabo-berbère vers l'Espagne, sous les dynasties almoravide, almohade et mérinide, car ce site se trouve à mi-chemin entre Marrakech, la capitale almoravide et almohade, et les ports méditerranéens d'où partaient les expéditions vers l'al-Andalus.

2 - Au niveau du transfert des populations musulmanes et juives d'al-Andalus (Morisques) avec armes et bagages, modes de vie et techniques, vers l'Afrique du Nord. Après la reconquête chrétienne d'al-Andalus, l'estuaire du Bou Regreg était un port navigable et possédait une agglomération peu peuplée (casbah) pouvant accueillir bon nombre d'immigrés.

Cette double facette de la relation de Rabat-Salé avec l'Espagne musulmane se reflète parfaitement dans les monuments et les vestiges du site: ceux des conquérants almohades au style dépouillé, imposant et extraverti (tour Hassan, remparts, Chellah), ceux des Mérinides et de leurs successeurs, au style raffiné, personnalisé et introverti (zaouïas, mosquées, demeures). Le premier type est représenté par l'architecture des Almohades (seconde moitié du VIe/XIIe siècle) dont les rapports avec al-Andalus deviennent de plus en plus étroits. En effet, dans l'architecture almohade, le style hispano-marocain prend tout son essor et leurs ouvrages, à caractère militaire, religieux ou d'utilité publique, sont d'une noblesse et d'une grandeur imposantes, telle la grande enceinte de Rabat avec ses portes monumentales, ou encore les vestiges du minaret et de la mosquée Hassan.

Érigés d'un seul jet, selon des formules simples et dépouillées, dans des dimensions souvent colossales où la pierre de

CIRCUIT VIII   *Flux et reflux, rayonnement et éclipse*

taille joue un rôle important, ces monuments sont saisissants de majesté et laissent la marque d'une foi robuste, nourrissant de vastes ambitions, mais intimant à l'homme l'effacement et l'anonymat. C'est ainsi qu'aucun nom de prince et a fortiori d'architecte ne figure sur ces monuments.

En revanche, l'art mérinide, tout en souplesse, garde le souci constant d'allier beauté et utilité, de forcer l'admiration et de perpétuer le souvenir des grands bâtisseurs.

Certes, la foi demeure vive mais la jouissance des biens terrestres n'est pas dédaignée. De ce fait, il est question, non plus de majesté hautaine et de sévère élégance, mais de raffinement voluptueux et de douce harmonie. La pierre de taille et le marbre cèdent le pas à des matériaux plus dociles: pisé, brique, bois, plâtre et faïence. Ces matériaux, associés avec un bonheur rare, permettent de séduisantes variations, sans cesse renouvelées. Pour la réalisation de tels ouvrages, les artisans de tous ordres sont comblés d'égards et de faveurs, et l'on a attribué au sultan mérinide Abou Inan (752/1351-759/1358) cette déclaration: *"Ce qui est beau n'est cher, tant grande en soit la somme. Ni trop se peut payer chose qui plaît à l'homme"*.

L'art andalou est donc un art pluriel et certains, dans un rapprochement osé mais non dénué de justesse, ont voulu comparer l'art almohade à l'art roman, et mettre en parallèle l'art mérinide avec le gothique flamboyant dont il fut contemporain.

La qualité et l'originalité de ce patrimoine andalou font de Rabat et Salé une des clés majeures pour l'appréhension et la compréhension de cet héritage inestimable et toujours vivant. Mais l'héritage le plus important que Rabat ait reçu d'al-Andalus est assurément l'héritage humain. À cet égard, il est intéressant de souligner que si le site du Bou Regreg a reçu des vagues d'émigrants andalous dès le VIIe/XIIIe siècle et jusqu'au XIe/XVIIe

Esplanade de la tour Hassan, vue d'ensemble depuis le Bou Regreg, Rabat.

CIRCUIT VIII   *Flux et reflux, rayonnement et éclipse*

siècle, il semble que bon nombre aient été déçus par l'accueil qui leur fut réservé par les autochtones, et particulièrement les habitants de Salé. Ce phénomène de rejet fut particulièrement patent à l'égard des Morisques expulsés d'Espagne en 1017/1609, et qui avaient une réputation d'apostats ayant dû, à un certain moment, renier leur foi pour demeurer dans leur pays natal. C'est pourquoi ils adoptèrent d'emblée une attitude défensive et une position d'insularité à l'intérieur des nouveaux remparts qu'ils érigèrent en deçà des remparts almohades. Ce rempart dit "andalou" est d'ailleurs pratiquement l'unique vestige (d'intérêt historique) légué par les Morisques. C'est qu'ils ont toujours gardé le secret espoir de pouvoir retourner, un jour, dans leur patrie d'origine, leur terre natale: al-Andalus.
Mais plus que dans la pierre, c'est dans les traditions, les us et coutumes, et les manières d'être et de paraître que les Andalous laissèrent leur empreinte sur les rives du Bou Regreg.

Les noces, les funérailles, les costumes, la musique, les chants, les berceuses enfantines gardent les traces d'al-Andalus. De même, la survivance de certaines fêtes saisonnières comme *nayer*, le solstice d'hiver, et *ansra*, le solstice d'été, semblent remonter aux origines andalouses, voire chrétiennes, des habitants. *"La culture andalouse donne un cachet particulier aux Rbatis et fait d'eux un groupe distinct, avec ses mythes d'excellence et de descendance."* (Mariette Hayeur). Ainsi, Rabat-Salé, qui fut tour à tour la Sala phénicienne, la Sala Colonia romaine, la Mehdia almoravide, la *Ribat al-Fath* almohade, la Sala l'Ancienne et la Sala la Neuve, ou encore la République des deux rives morisques, n'a cessé d'être ouverte aux influences extérieures et a eu, en particulier avec l'Espagne arabo-musulmane, des relations d'échange et d'influence mutuelle du début de la conquête musulmane à sa reconquête par les rois catholiques et bien au-delà.
C'est cet élément d'inter-réaction, de flux et de reflux, et finalement de sym-

Casbah des Oudayas, patio intérieur du musée, Rabat.

CIRCUIT VIII *Flux et reflux, rayonnement et éclipse*
Rabat

Salé, fortifications, vue générale.

biose qui doit être gardé en mémoire par le visiteur, pour y apprécier non seulement l'architecture, la décoration et l'artisanat, mais aussi le style de vie des familles *rbati*s et leur mentalité, à la fois traditionaliste et ouverte, simple et raffinée.

Aussi, c'est selon un ordre spécifique que le circuit Rabat-Salé a été réparti sur deux journées: la première journée se rapportant à la première période, celle du "flux" musulman vers la péninsula Ibérique, avec comme point de départ la période antéislamique qui constitue la toile de fond historique et archéologique; la deuxième journée se rapportant à la seconde période, celle du "reflux" andalou vers le Maroc, avec comme toile de fond l'aventure peu commune des corsaires de Salé.

Premier jour

VIII.1 RABAT

C'est au IVe/Xe siècle que des guerriers musulmans orthodoxes, en lutte contre des tribus hérétiques, construisirent un camp fortifié, *ribat*, sur la rive gauche de l'embouchure du Bou Regreg, non loin des vestiges de l'antique cité romaine de Sala Colonia. Elle-même fut érigée sur l'emplacement d'une petite agglomération qui servait, dès le Xe siècle avant J.-C., d'escale phénicienne puis carthaginoise lorsque l'unité du Maghreb occidental, d'Alger à l'Atlantique, du Sahara à al-Andalus, fut réalisée par les Almoravides (447/1056-542/1147). Ces *Mourabitines*, "hommes du *ribat*", donnèrent au *ribat* du Bou Regreg une dimension sacrée et en firent la tête de pont de la lutte contre les Berghouata, responsables de la mort de Abdallah Ibn Yassin, fondateur de la dynastie. Les Almohades ayant supplanté les Almoravides, le *ribat* du Bou Regreg, au lieu de perdre son rôle défensif et militaire, entre dans l'Histoire sous le règne du premier souverain almohade Abd al-Moumen (524/1130-558/1163) sous le nom de "*Ribat al-Fath*", "Cantonnement de la Conquête".

En effet, c'est vers 540/1146 qu'Abd al-Moumen, le fondateur du plus grand empire musulman d'Occident qui ait jamais existé, ordonna la création d'une casbah avec ses palais, sa mosquée et ses bassins de retenue. Il la baptisa, dans un premier temps, *Mahdiya*, la ville du *Mahdi* par référence à Ibn Toumert, promoteur du mouvement réformiste musulman qui se proclama *Mahdi*, c'est-à-dire "Elu de Dieu", choisi pour prôner le Bien et combattre le Mal.

Selon le témoignage de Hassan al-Ouazzane, connu sous le pseudonyme de Léon l'Africain, le calife almohade s'attacha, d'une manière toute particulière, à la nouvelle casbah et prit l'habitude de s'y rendre chaque année entre avril et septembre, de même qu'il y tenait, de temps à autre, des réunions élargies où il rassemblait autour de lui les gouverneurs des provinces et les chefs de l'armée. De plus, le *ribat* prit une dimension guerrière accrue en devenant un lieu de rassemblement des troupes, un jalon sur le chemin de la conquête de l'Espagne où les musulmans faisaient face à un regain d'opposition chrétienne. Abd al-Moumen agrandit donc le *ribat*, fortifia la casbah, Salé et la Maamora, et édifia un important chantier naval. Les villes du Bou Regreg venaient d'entrer de plain-pied dans l'Histoire.

L'Empire almohade connut son véritable âge d'or sous le règne du petit-fils d'Abd al-Moumen, Abou Youssef Ya'coub al-Mansour (579/1184-595/1199), qui défit les Castillans à Alarcos en 591/1195, collectant à cette occasion un butin énorme qui lui permit de réaliser sa grande œuvre de bâtisseur. C'est ainsi qu'il décida, en particulier, d'édifier une véritable capitale almohade, à l'instar de la Fès des Idrissides et de la Marrakech des Almoravides. Ayant à l'esprit le destin andalou de son empire, il choisit le site du *ribat* du Bou Regreg, directement ouvert sur l'océan, pour abriter, selon lui, une des plus grandes villes du monde musulman. Il entreprit la construction d'une mosquée gigantesque qui devait être la plus grande de l'Islam après celle de Samarra en Iraq. Mais en 595/1199, alors que le minaret s'élevait déjà à plus de 40 m du sol, Ya'coub al-Mansour mourut et les travaux s'arrêtèrent pour ne reprendre, sur le même site, que sept siècles et demi plus tard pour l'édification du mausolée de Mohamed V.

Ainsi, après que *Ribat al-Fath* fut devenue une charmante cité dont les géographes de l'époque vantaient les belles demeures, la côte attrayante, les vergers variés et généreux, les nombreuses barcasses assurant en permanence la navette entre les deux rives du fleuve que reliait d'ailleurs un pont de bois, ainsi que la prospérité de ses habitants et la sécurité qui y régnait, elle se dépeupla progressivement après la mort d'al-Mansour, mais aussi et surtout après la défaite de Las Navas de Tolosa, en 608/1212, qui mit le holà à la conquête musulmane d'al-Andalus. Elle conserva toutefois une certaine prospérité économique, issue de la pêche et de l'agriculture, d'autant plus qu'elle profita des nouvelles techniques importées par les réfugiés andalous.

Avec l'effritement de l'Empire almohade, *Ribat al-Fath* entra dans une ère de morosité et d'effacement, bien que l'estuaire du fleuve gardât son caractère sacré. C'est ce prestige mythique et mystique qui incita le fondateur de la dynastie mérinide, Abou Youssef Ya'coub (656/1258-685/1286), à enterrer son épouse, al-Horra Oum al-Izz, dans l'antique site du Chellah en 682/1284 et à s'y faire enterrer lui-même à sa mort. Les différents souverains de la dynastie perpétuèrent cette tradition et, en

CIRCUIT VIII *Flux et reflux, rayonnement et éclipse*
Rabat

*Palais Royal,
Mosquée al-Fas, Rabat.*

739/1339, Abou al-Hassan fit ériger un rempart et une zaouïa. Et même lorsque Abou Inan, fils d'Abou al-Hassan, se révolta contre son père tué dans la bataille, le corps du calife fut ramené à Rabat pour y être enterré dans la nécropole.

Lorsque les Hafsides de Tunisie créèrent des troubles qui accaparèrent les Mérinides et leur firent négliger l'embouchure du Bou Regreg, la rive gauche vécut dans une sorte d'hibernation pendant que le Chellah veillait ses morts dans le silence. Mais Salé continua de connaître une activité agricole et portuaire importante, et reçut plusieurs apports de populations: Berbères, Andalous et aussi Tunisiens.

VIII.1.a Musée archéologique

*Rue al-Bihri à proximité du siège de la Télévision marocaine.
Horaires: de 9:00 à 11:30 et de 14:30 à18:00. Fermé le mardi.*

VIII.1.b Palais Royal

On ne peut accéder qu'au mechouar, une avenue de 1 200 m traversant le Palais Royal, celui-ci ne se visite pas. On y pénètre par la Porte des Ambassadeurs, donnant sur le boulevard Moulay Hassan.

Le Palais Royal est situé dans l'enceinte du *mechouar* qui couvre près de 50 ha. Cette aire où les délégations attendent avant d'être reçues par le sultan est aussi appelée enceinte des *Touargas*, du nom des guerriers du sud installés à cet endroit par Sidi Mohamed Ibn Abdallah (1170/1757-1204/1790). En 1864, le sultan Mohamed Ibn Abderrahman fit construire un nouveau palais qui a été depuis reconstruit et agrandi au XXe siècle.

Le palais est flanqué d'un certain nombre de bâtiments administratifs, Protocole Royal, Cabinet Royal, Premier Ministère, Ministère des *Habous*, Collège Royal, tous de construction récente, mais reflétant avec bonheur la pérennité de l'art architectural et décoratif andalous.

CIRCUIT VIII *Flux et reflux, rayonnement et éclipse*
Rabat

Remparts almohades, enceinte et tours carrées, Rabat.

Le palais et les bâtiments attenants laissent apparaître de très belles portes, dont celle de la salle du Trône, très richement décorée, et celle du Premier Ministère, devant laquelle se déroulent quotidiennement les cérémonies de levée et de descente des couleurs, en présence d'éléments de la Garde Royale en tenue.

Plusieurs portes permettent d'accéder à l'enceinte, dont la Porte des Ambassadeurs, construite en 1941, la seule à rester ouverte la nuit.

A mi-chemin entre la Porte des Ambassadeurs et le palais se trouve, sur la gauche, la mosquée *al-Fas*, "les gens de Fès", d'aspect sobre et de proportions harmonieuses, où se déroulent de nombreuses cérémonies religieuses traditionnelles, en particulier la prière matinale de l'*Aïd al-Adha*, *Aïd al-Kebir*, à l'issue de laquelle le roi procède au sacrifice rituel du mouton, en commémoration du sacrifice d'Abraham.

L'enceinte comporte aussi un parcours d'obstacles pour l'entraînement équestre de la Garde Royale ainsi que de vastes aires dallées agrémentées de jets d'eau où les habitants se placent lors des cérémonies, des sorties royales ou des concerts des "55", groupe musical vêtu de tenues chamarrées qui exécute avec des percussions et des instruments à vent des thèmes de musique andalouse.

VIII.1.c Remparts almohades et portes

Remparts qui longent le Palais Royal et s'étendent jusqu'à la porte Bab al-Alou près de l'océan.

L'Empire almohade connut son âge d'or sous le règne d'Abou Youssef Ya'coub al-Mansour (579/1184-595/1199) qui conçut le projet d'édifier une capitale almohade sur la rive gauche du Bou

CIRCUIT VIII *Flux et reflux, rayonnement et éclipse*
Rabat

Regreg. Il entoura alors une superficie de 450 ha d'une puissante muraille d'enceinte flanquée de 74 tours carrées, s'étendant sur 5 263 m et qui défendait, à l'ouest et au sud, la ville que protégeait, par ailleurs, la falaise, le fleuve et l'océan. Bien qu'elle ait plus de huit siècles, la muraille, achevée en 593/1197, a admirablement résisté à l'usure du temps et aux intempéries, et ce grâce à la qualité du béton avec lequel elle a été construite, fait de briques pilées au lieu de simple terre, de petits cailloux roulés et d'un tiers de chaux, mélange qui lui confère la dureté de la pierre. Sur près de 2 km, entre Bab al-Had et Bab Rouah, et le long du Bou Regreg, le rempart a une épaisseur moyenne de 2,40 m et sa hauteur varie entre 7,55 m et 8,40 m.

Les portes almohades de Rabat dégagent une forte impression de grandeur. Avec les grands minarets almohades de la Koutoubiya de Marrakech, la Giralda de Séville et de la Mosquée Hassan de Rabat, elles comptent parmi les chefs-d'œuvre de la plastique andalouse.

L'enceinte almohade de *Ribat al-Fath* ne comportait à l'origine que cinq portes, à savoir, à partir de l'océan: Bab al-Alou, Bab al-Had, Bab Rouah, Bab al-Hedid et Bab Zaers. Bab al-Hedid, "la Porte de Fer", a été incorporée à l'enceinte du Palais Royal et n'est pas accessible au public. Toutes les autres sont visibles, parfois uniquement de l'extérieur, ne remplissant plus la fonction d'issues. D'autres ouvertures, plus importantes, ont été percées à leur abord pour permettre une circulation automobile fluide.

Bab Zaers

À l'extrémité du mechouar, porte extérieure du Palais Royal donnant sur le boulevard Moussa Ibn Nosayr.

Appelée ainsi parce qu'elle fait face à la route menant vers la tribu des Zaers, à une vingtaine de kilomètres de Rabat, cette porte est l'unique ouverture pratiquée par les bâtisseurs almohades dans la face sud des remparts. Elle mesure 9,70 m de hauteur sur 18,25 m de profondeur; sa largeur de 12,60 m, seulement sur la face intérieure, atteint 18,60 m sur la face extérieure. Par son plan, la Porte des Zaers ressemble surtout à Bab al-Alou, quoique moins régulière. La partie centrale de la face extérieure rappelle, quant à elle, celle de Bab al-Had par sa composition. Elle semble avoir été souvent reprise dans le détail: deux arcs successifs se superposent et s'enveloppent, en retrait l'un de l'autre, avec des claveaux alternativement en saillie et à nu. Un troisième arc, en plein cintre et surhaussé, a été maladroitement ajouté par la suite. Une adjonction analogue a été faite sur la face

Remparts almohades, tour carrée, Rabat.

CIRCUIT VIII *Flux et reflux, rayonnement et éclipse*
Rabat

Remparts almohades, Bab Rouah, vue d'ensemble, Rabat.

intérieure de la porte, alors que des embrasures ont été ouvertes dans le parapet et la petite pièce de la terrasse. Ces transformations datent du XIIe/XVIIIe siècle, lorsque Sidi Mohamed Ibn Abdallah fit procéder à la consolidation des remparts. La Porte des Zaers est à la fois la plus petite, la moins soignée et la plus remaniée des cinq portes de la muraille de Ya'coub al-Mansour.

Bab Rouah

De la Porte des Zaers, traverser le Palais Royal et sortir avenue Moulay Hassan. La porte se trouve à l'extrémité de l'avenue et s'ouvre sur l'avenue al-Nasser.

La "Porte du Départ", Bab Rouah, avec sa largeur de 28 m, sa profondeur de 27 m et sa hauteur de 12 m, est la plus grande porte de l'enceinte almohade. Elle en est aussi la plus richement ornée, bien que la fonction militaire y soit plus frappante. La porte donne accès à quatre salles carrées de 5,65 m de côté, communiquant entre elles par deux vestibules de 4,20 m sur 2,20 m. L'arc d'ouverture, légèrement brisé et surhaussé, a été ajouté sous le règne de Sidi Mohamed Ibn Abdallah, dans la seconde moitié du XIIe/XVIIIe siècle.

Flanquée à l'extérieur de deux bastions, la porte a son arc orné d'un entrelacs festonné, de voussures imbriquées et d'un autre rang de festons; ses écoinçons d'arabesques florales sont marqués sur l'axe par une grande coquille en relief; une bande d'écriture coufique encadre l'arc et, dans les angles, des colonnettes à chapiteaux sculptés soutiennent des corbeaux lobés. Le passage intérieur, en baïonnette, se développe sous des coupo-

Flux et reflux, rayonnement et éclipse
Rabat

les dont l'une, goudronnée, repose sur pendentifs. Les quatre salles de garde installées à l'intérieur de la porte ont été transformées en galerie d'exposition, alors que d'autres ouvertures ont été percées dans le rempart pour permettre une circulation fluide intra et extra-muros. Placée pratiquement au centre de la face ouest de l'enceinte, elle possède, avec l'importance de ses dégagements, la sûreté de ses dessins et l'ingéniosité de son ornementation, une majesté qui la rend comparable aux plus belles portes almohades: celle de la casbah des Oudayas et celle de Bab Agnaoua à Marrakech.

Bab al-Had

De Bab Rouah, longer la muraille en direction de l'océan. La porte se trouve à l'intersection du boulevard Hassan II et du boulevard Misr.

La "Porte du Dimanche", Bab al-Had, appelée ainsi en raison du marché hebdomadaire qui se tenait à ses abords, a fait l'objet de nombreuses réparations et réfections:
— au XIIIe/XIXe siècle, sous le règne de Moulay Slimane en 1229/1814, comme en témoigne un médaillon ovale portant l'inscription: *"Louange à Dieu. A reconstruit cette porte bienheureuse le Commandeur des croyants, Moulay Slimane. 1229."*
— sous le Protectorat français: la porte à 4 coudes a été transformée en porte droite pour faciliter la circulation,
— enfin, en 1995-1996, des travaux de réhabilitation et de rafraîchissement ont été effectués dans le cadre d'un mécénat d'entreprise.
La baie d'accès de la face extérieure, qui mesurait 6,35 m de hauteur avant les travaux de 1229/1814, n'a plus aujourd'hui que 3,70 m. Malgré ces transformations qui détruisent l'élégante ligne de l'arc d'ouverture primitive, Bab al-Had demeure un beau monument, moins sévère que Bab al-Alou.

Bab al-Alou

Longer toujours la muraille en direction de l'océan. Dernière porte sur votre droite avant l'océan.

La "Porte de la Hauteur", Bab al-Alou, qui côtoie les ouvertures percées au XXe siècle, est construite en saillie sur les deux côtés de la muraille. Mesurant 19,20 m en façade, 20,92 m en profondeur et 10,85 m en hauteur, elle possède quatre coudes et deux tourelles qui encadrent la baie d'accès avec 3 m d'avancée et 5,30 m de front.

Remparts almohades, Bab Rouah, détail des arcatures, Rabat.

CIRCUIT VIII *Flux et reflux, rayonnement et éclipse*
Rabat

Mosquée Moulina, vue générale, Rabat.

La baie d'accès présente un grand arc brisé outrepassé tout en pierre, avec des claveaux nus, qui s'ouvre sur deux salles parallèles dont l'une était à l'origine à ciel ouvert. Monument solide au plan original, Bab al-Alou est très représentative de l'art almohade, imposant, dépouillé et un peu froid.

VIII.1.d **Mosquée Moulina**

Rejoindre le boulevard Hassan. La mosquée se trouve à 300 m de Bab Bouiba, à l'extrémité sud du parc du Triangle de Vue logé entre le boulevard Hassan II et la rue al-Mansour al-Dhahbi. Accès réservé aux musulmans

Située entre la petite et la grande enceinte de Rabat, la mosquée Moulina tire son nom de celui du propriétaire du verger au milieu duquel elle se cachait, les Mouline étant une vieille famille andalouse de Rabat. D'après la tradition populaire, cette mosquée serait aussi ancienne que celle du Chellah, et aurait été édifiée sous le règne de Youssef Ibn Tachfin. Or, en l'absence de toute indication, référence ou inscription, on peut, en la comparant à la mosquée *Jama' Sounna*, dans son état original, l'attribuer plus vraisemblablement à Sidi Mohamed Ibn Abdallah qui régna au XIIe/XVIIIe siècle.

Le monument comprend, sur une surface carrée, une cour, un minaret, deux nefs, un *mihrab* et cinq petites chambres. La porte monumentale en pierre taillée, dessinant un arc en plein cintre, est surmontée d'un entablement coiffé de tuiles vertes. Le minaret occupe l'angle nord-ouest de la cour, bloqué dans le mur d'enceinte sur deux de ses côtés. Il est construit en briques pleines et recouvert d'un enduit de plâtre.

De section carrée, robuste, la tour est couronnée de merlons triangulaires dentelés, 11 de chaque côté. Le lanternon surmontant la tour, couronné aussi de merlons, 5 de chaque côté, est coiffé d'une petite coupole. Ce sanctuaire, de dimensions modestes, presque un simple oratoire, est resté longtemps à l'état de ruine, avant d'être entièrement réhabilité dans ses structures et son apparence d'origine dans les années 1970-1980.

VIII.1.e Esplanade de la tour Hassan

Suivre le panneau Mausolée Mohamed V. Dans la rue du Bou Regreg, possibilité de se garer. Entrée gratuite. Horaires: tous les jours de 9:00 à 19:00.

On ne trouve à l'époque almohade aucune personnalité suffisamment prestigieuse pour donner son nom à ce qui devait constituer l'un des plus grands lieux de prière et de culte du monde musulman et dont il ne reste qu'un minaret inachevé. Ce projet gigantesque, pour lequel avait été choisi un promontoire s'élevant à 30 m au-dessus du niveau de la mer et situé au nord-est des remparts qui devaient protéger la grande capitale almohade en projet, mobilisait d'énormes effectifs de techniciens, d'artisans et d'ouvriers, dont 700 captifs chrétiens. Entamée en 592/1196 sous le règne de Ya'coub al-Mansour, la construction de la mosquée qui devait comporter une salle de prière de plus de deux hectares et demi, avec une toiture supportée par 300 colonnes et 100 piliers, ainsi qu'un minaret de 64 m de hauteur, et de plus de 80 m avec le lanternon supérieur, fut interrompue après la mort du monarque survenue en 595/1199. Le bâtiment inachevé subit alors de très graves dégradations dues aux réutilisations des matériaux, aux pillages et aussi au séisme qui frappa Lisbonne en 1168/1755 et dont les ondes de choc décapitèrent le minaret, ainsi qu'à un grave incendie qui détruisit les structures en bois et dont les traces ont été découvertes à l'occasion de la construction du Mausolée Mohammed V.

Actuellement, la tour Hassan s'élève à 44 m et donne, avec sa base carrée de

Esplanade de la tour Hassan, ouverture de la façade donnant sur le Bou Regreg, Rabat.

Rabat

Tour Hassan, détail, Rabat.

16,20 m, ses murs de 2,50 m d'épaisseur, une impression de majesté et de force, dominant la vallée du Bou Regreg et le front de mer. Chacun de ses quatre côtés, en pierre de gros appareil, a été patiné par le temps d'une nuance différente, allant du gris argent au rouge-ocre foncé, et est percé d'élégantes ouvertures qui éclairent la rampe intérieure que l'on pouvait gravir à cheval. Elles sont décorées de plusieurs registres d'arcatures surmontées de réseaux d'entrelacs architecturaux classiques, avec des motifs naissants d'arcs qui reposent sur des colonnettes, de marbre et de pierre, surmontées de chapiteaux dont quelques-uns, provenant d'al-Andalus, sont de l'époque du Califat de Cordoue, IVe/Xe siècle. Il s'agit du troisième ouvrage almohade du genre, après la Koutoubiya de Marrakech et la Giralda de Séville.

Son enceinte de 183 m sur 139 m devait être percée de 12 portes et son immense salle devait s'ordonner en 19 nefs de 21 travées chacune.
Les colonnes, de style romain byzantin, formées de tambours superposés surmontés de chapiteaux à peine ébauchés, constituent une exception dans l'art religieux des Almohades.

VIII.1.f Mausolée Mohamed V

En face de la tour Hassan.
Entrée gratuite. Horaires: tous les jours de 9:00 à 19:00.

À l'intérieur de l'enceinte de la Grande Mosquée disparue, en face de la tour Hassan, se dresse le Mausolée Mohamed V qui perpétue le souvenir du souverain (1927-1961) qui fit retrouver au pays son indépendance. Ce monument, édifié entre 1961 et 1969, s'inspire de l'architecture traditionnelle des nécropoles royales. Placé sur un socle de 3,50 m de haut, il est surmonté d'un toit pyramidal recouvert de tuiles vertes. Par une "galerie-balcon", on accède à la salle funéraire où se trouvent le tombeau de Mohamed V, dont la dépouille a été transférée en 1971, ainsi que celle de son fils Moulay Abdallah, décédé en 1983. Toute la richesse de la décoration marocaine traditionnelle, d'origine andalouse, y est concentrée: coupole à douze pans composée de bois d'acajou sculpté et de vitraux colorés, grand lustre en bronze de 2,30 m de diamètre et d'un poids d'une tonne et demie, murs couverts de *zellige* et de stuc, pierre tombale en onyx blanc sculptée par le grand *m'allem* Ibn Abdelkrim, sol en granit dont le polissage est si parfait que le sarcophage royal semble flotter sur un lac de turquoise.

CIRCUIT VIII   *Flux et reflux, rayonnement et éclipse*
Rabat

En contrebas du parvis dallé de la tour Hassan, une nouvelle mosquée d'une superficie de 2 200 m² jouxte le mausolée. Son sol a été abaissé de 1,20 m pour donner à la salle de prière une hauteur suffisante (7 m) sans rien enlever à la majesté du mausolée avoisinant. Cette mosquée comprend deux salles de prière: l'une pour les hommes et l'autre pour les femmes, séparées par des moucharabiehs, et une cour intérieure dallée de marbre et encadrée d'un portique en pierre sculptée. L'ensemble monumental, dédié à la mémoire de Mohamed V, est complété par un musée d'une superficie de 1 500 m² qui retrace l'histoire de la dynastie alaouite depuis le XIe/XVIIe siècle jusqu'au règne de Mohamed V. Ce musée comporte un portique, unique en son genre, formé de colonnades et d'arcades ouvertes à tous les vents, d'une conception totalement inédite mais d'un style purement traditionnel. Ce portique est bâti sur une esplanade identique à celle qui supporte le mausolée, et l'accès au rez-de-chaussée intérieur du musée est assuré par quatre escaliers menant vers plusieurs salles d'exposition décorées de *zelliges*, de bois et de plâtre, chacune avec un cachet particulier.

Avec la tour Hassan et le Mausolée Mohamed V, huit siècles se rejoignent sur cette esplanade.

VIII.1.g Chellah

En face de la porte Bab Zaers. Prendre la petite route à l'intersection de la grande avenue qui longe la muraille (l'avenue Moussa Ibn Nosayr) avec l'avenue qui pénètre dans le Palais Royal.
Entrée payante. Horaires: tous les jours de 9:00 à 18:00. Parking.

Située extra-muros, à environ 2 km du centre de la ville, la nécropole du Chellah s'élève sur le site antique de Sala Colonia, cité romaine prospère qui était directement accessible par le fleuve avant d'être désertée au IIe/VIIIe siècle et de devenir un champ de ruines au IVe/Xe siècle. Les sultans mérinides, VIIe/XIIIe-VIIIe/XIVe siècles, en firent une nécropole royale et c'est de cette époque que datent la plupart des constructions arabo-musulmanes dont il ne reste que des ruines, après leur destruction par le tremblement de terre de 1168/1755.

L'enceinte a la forme d'un quadrilatère irrégulier de 300 m environ de côté. On la franchit par une porte richement ornementée et flanquée de deux bastions

Mausolée Mohamed V, vue générale, Rabat.

CIRCUIT VIII   *Flux et reflux, rayonnement et éclipse*

Rabat

semi-octogonaux dont les angles supérieurs sont couronnés de merlons saillants aux angles sur un encorbellement à stalactites; un escalier donne accès à la plateforme supérieure; à l'intérieur, à gauche, se trouvent d'anciens postes de garde et les vestiges d'une hôtellerie.

L'inscription coufique qui décore l'encadrement de la porte nous apprend que la construction des remparts a été commencée par Abou Saïd Othman (709/1310-731/1331) et achevée par son fils Abou al-Hassan en 739/1339.

Un chemin descend dans la partie la plus basse de l'enclos marquée par une source, vraisemblablement chambre d'ablutions de l'époque mérinide, qu'avoisinent plusieurs marabouts, entre autres Sidi Yahya Ibn Younes. Sur la gauche s'élève une enceinte renfermant un vieux sanctuaire qui comprend:

1) une mosquée avec une porte encore revêtue de magnifiques mosaïques de faïence, et une source qu'ombrage un figuier sacré;

2) le tombeau de l'émir mérinide Abou al-Hassan, "Le Sultan Noir" (731/1331-752/1351), orné à l'extérieur d'un auvent à stalactites; la façade sud-est en belle pierre taillée, appareillée et sculptée, à joints de plomb, recouverte d'une belle patine ocreuse; le tombeau abrite un marbre tumulaire portant l'épitaphe d'Abou al-Hassan. Non loin de là, un autre marbre dédié à son épouse Chems al-Douha, *"soleil du matin"*, européenne convertie à l'islam, mère d'Abou Inan,

3) une zaouïa dégagée en 1930, comprenant une cour avec un bassin central encore garni de ses pavements céramiques, entourée de cellules en retrait de galeries soutenues par d'élégantes colonnes et de charmants chapiteaux de marbre, pourvue d'un oratoire dont le *mihrab* est entouré d'un cou-

Chellah, porte et enceinte, Rabat.

CIRCUIT VIII *Flux et reflux, rayonnement et éclipse*
Rabat

loir semi-circulaire; la légende dit que le Prophète pria dans cette mosquée et qu'il fut un temps où il suffisait de faire sept fois le tour du *mihrab* pour mériter le titre de *haj* donné aux pèlerins ayant fait le voyage à La Mecque;
4) un minaret haut de 15 m, surmonté d'un lanternon revêtu de faïences polychromes;
5) une stèle dite de Lalla Chellah, devenue la sainte patronne de l'endroit. En contrebas, le long des ruines, s'étend un jardin arrosé par l'eau d'une source voisine, *Aïn Mdafa'*, "Source des Canons", peuplée d'anguilles sacrées, génies aux ordres de Moulay Ya'coub, leur roi, et réputées être les gardiennes de considérables trésors enfouis dans l'enceinte sacrée.

Les fouilles ont également mis au jour tout un ancien quartier musulman avec ses places, ses maisons et lieux publics, ses bains maures, établi à une date indéterminée sur l'emplacement de la ville romaine de Sala Colonia et qui démontre que le lieu était une véritable cité funéraire plutôt qu'une simple nécropole.

Chellah, porte d'entrée de la zaouïa et minaret, Rabat.

Le Bou Regreg
Le fleuve Bou Regreg est en même temps un site naturel et un monument historique que les deux cités jumelles et rivales de Rabat et Salé revendiquent avec la même fierté et le même égoïsme jaloux. Il est répertorié par l'historien al-Marrakchi en tant que Oued Eroumane, "Rivière des Grenades", il apparaît, au VIIe/XIIIe siècle, sous le nom de Bou Regreg, tirant son nom d'Ali Rakrak. S'agit-il d'une référence au terme berbère ragage qui signifie cigogne, animal emblématique de Rabat?

Témoin et acteur d'une histoire multi-séculaire, le Bou Regreg charrie des flots de souvenirs, de rêves, d'exploits, de drames, de joies et d'angoisses, avec ses maraîchers, ses producteurs, ses bourgeois, ses hommes du pouvoir, et, toujours, cette admirable embouchure qui offre un panorama inouï de charme et d'élégance, à droite comme à gauche. C'est ce panorama que le visiteur peut admirer à loisir, à partir d'une des barques de location qui font la traversée entre les deux rives ou de petites excursions à la demande. Une flânerie sur l'eau qui permet au regard d'embrasser vingt siècles d'Histoire!

LE ZELLIGE

Casbah, musée, pavement mural en zellige, motif de l'étoile polygonale, Tanger.

Le *zellige* est une terre cuite émaillée dans différentes teintes et taillée à la main dans diverses formes qui sert à décorer les murs, les colonnes et, parfois, les pavements.

L'art du *zellige* est apparu au Maroc, comme en al-Andalus, au IVe/Xe siècle et s'y est épanoui au VIIIe/XIVe siècle. Probablement dérivé de la mosaïque byzantine, il a certainement été influencé par la majolique italienne et l'*azulejo* andalou. À ce propos, il importe de noter que les Arabes ont eu, de manière générale, le génie d'emprunter aux arts des contrées qu'ils avaient conquises: en effet, tout en imprimant sa personnalité à ce qu'il touche, l'art arabo-musulman a emprunté aux Hindous, aux Persans et aux Byzantins. Et c'est ainsi qu'après avoir emprunté à ces derniers les procédés techniques d'exécution des mosaïques, les Arabes surent créer en al-Andalus, à partir du IVe/Xe siècle, un nouvel art de la faïence émaillée utilisant non plus des pièces carrées uniformes d'un centimètre environ de côté, mais des pièces de formes diverses. Au départ, ce sont des carreaux d'argile de 10 cm de côté qui sont recouverts d'émail et cuits de manière traditionnelle (séchage, première cuisson, émaillage, deuxième cuisson). Ils sont ensuite taillés manuellement à l'aide de lourdes martelines, *menqach*.

Le tailleur de *zellige* est assis, les bras en appui sur les genoux, et à l'aide de son *menqach* aiguisé sur les deux faces, il découpe les pièces une à une, d'un mouvement continu et précis, en suivant le tracé préalablement dessiné sur les carreaux émaillés. Les diverses formes de *zelliges*, auxquelles correspond un nom spécifique, peuvent s'emboîter les unes dans les autres pour composer des motifs obéissant aux règles traditionnelles des tracés régulateurs.

CIRCUIT VIII

Flux et reflux, rayonnement et éclipse

Kamal Lakhdar

Deuxième jour

VIII.1 RABAT
    VIII.1.h Casbah des Oudayas
    VIII.1.i Médina
    VIII.1.j Muraille andalouse
    VIII.1.k Bastions du rempart andalou

VIII.2. SALÉ
    VIII.2.a Bab Mrissa
    VIII.2.b Médersa mérinide

Le tapis de Rabat

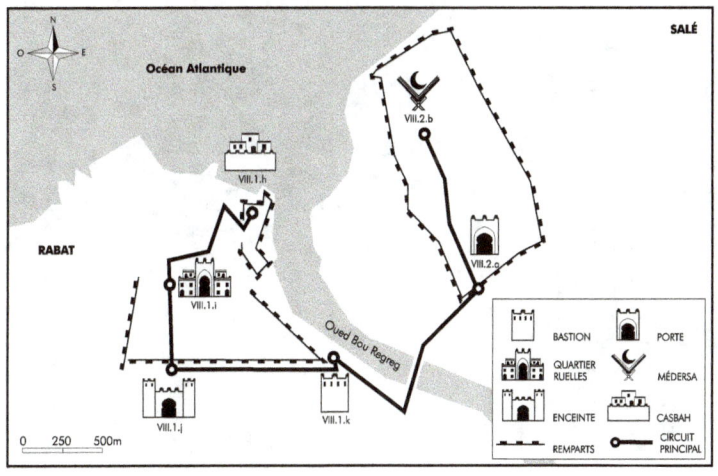

CIRCUIT VIII   *Flux et reflux, rayonnement et éclipse*
Rabat

Deuxième jour

VIII.1 **RABAT**

VIII.1.h **Casbah des Oudayas**

Suivre le panneau Casbah des Oudayas. Parking en face de la casbah sur la place Souk al-Ghezel. Le musée se trouve dans l'enceinte de la casbah.
Entrée payante. Horaires: de 9:00 à 12:00 et de 15:00 à 18:00. Fermé le mardi.

Les Oudayas étaient une tribu arabe du Sahara parmi laquelle Moulay Ismaïl (1082/1672 à 1139/1727) recruta de nombreux guerriers dont une partie fut mise en garnison à Rabat pour la protéger des turbulentes tribus voisines. La casbah actuelle est peu étendue, mais très pittoresque. Sa partie haute est de fondation almohade et la partie basse de fondation alaouite, XIIe/XVIIIe siècle. La muraille almohade qui entoure la casbah, large de 2,50 m et haute de 8 à 10 m, est bâtie avec des moellons et est bordée par une esplanade en pente où subsistent de vieux canons. La porte monumentale, en pierre de taille ocre rouge, s'élève sur un tertre et domine la ville. Elle est le premier *ribat* érigé à cet endroit et est mentionnée dès 366/977 par le géographe Ibn Hawqal qui affirme qu'il pouvait contenir jusqu'à 100 000 combattants.
En 534/1140, les Almoravides construisirent une casbah pour lutter contre la menace des Almohades. Ces derniers parvinrent à la détruire pour la reconstruire en 544/1150 en y incluant un palais et une mosquée. Abd al-Moumen lui donna

Casbah des Oudayas, remparts, Rabat.

CIRCUIT VIII   *Flux et reflux, rayonnement et éclipse*
Rabat

le nom de *Mahdiya*, y séjourna fréquemment et y reçut, en 545/1151 et en 553/1158, des délégations du gouvernement d'al-Andalus.

Après la mort de Ya'coub al-Mansour, en 595/1199, qui avait voulu faire de *Ribat al-Fath* la grande capitale de l'Occident musulman, la casbah fut pratiquement délaissée. Lorsque Philippe III prit en 1017/1609 le décret d'expulsion d'Espagne de près d'un demi-million de Morisques, 2 000 Hornacheros vinrent s'installer à Salé, puis à Rabat, où ils attirèrent 5 000 à 14 000 autres expulsés qui devinrent de redoutables corsaires, instaurant une "République autonome" qui demeura à l'écart du pouvoir central jusqu'en 1076/1666, lorsque le sultan alaouite Moulay Rachid les plaça sous son autorité. La porte des Oudayas, constituée d'un arc flanqué de deux tours, fut construite au VIe/XIIe siècle par Ya'coub al-Mansour. De proportions majestueuses, elle porte un décor sculpté répété sur la façade intérieure. Les écoinçons de l'arc sont encadrés d'une inscription coufique. À la naissance des arcs festonnés, des motifs représentant des serpents ou des anguilles constituent une curiosité rarissime dans la décoration marocaine.

Dans la casbah se trouve la plus ancienne mosquée de Rabat, *Jama' al-Atiqa*, bâtie en 544/1150 par Abd al-Moumen. Son minaret, orné d'arcatures, fut restauré au XIIe/XVIIIe siècle par un Anglais converti: Ahmed al-Inglizi.

Tour des Corsaires

La rue Jama' mène à la plate-forme qui domine l'embouchure du Bou Regreg et la ville de Salé, et sur laquelle se dresse un sémaphore du XIe/XVIIe siècle ainsi qu'un entrepôt du XIIe/XVIIIe siècle qui abrite actuellement une école et un atelier de tapis. La rue Laalami se termine en impasse sur la Tour des Corsaires. Encore appelé "Tour des Pilotes", ce *borj* date du XIIe/XVIIIe siècle. Trapu, massif, au ras de l'eau, il comporte des embrasures pour quatre canons braqués sur l'oued et sur Salé. Il est situé à 25 m en amont de la Sqala. Sa circonférence est de 13 m, sa plate-forme est à 3 m au-dessus des eaux. Dissimulé à l'entrée du port, au tournant

Casbah des Oudayas, porte de la casbah, détail du décor des écoinçons avec palmes et palmettes, Rabat.

de l'oued, il servait à attaquer les bateaux qui, ayant franchi la barre et pénétré dans le port, s'y croyaient à l'abri.

La rue Bazzo conduit au jardin Andalou, créé entre 1915 et 1918. Les escaliers mènent à deux tours crénelées dotées de canons anciens, et à un chemin de ronde qui domine les médinas de Salé et de Rabat.

Musée des Oudayas

La casbah abrite aussi le Musée des Arts marocains de Rabat, installé dans le pavillon princier que Moulay Ismaïl fit construire à la fin du XIe/XVIIe siècle. Le bâtiment fut transformé en médersa avant d'accueillir le musée. Aujourd'hui, trois salles sont ouvertes au public. Dans une première salle, le musée des Oudayas présente la reconstitution d'un intérieur marocain traditionnel avec des murs recouverts de brocarts d'or et de soie d'origine fassie.

Dans une seconde salle dallée de marbre sont rassemblés des poteries de Fès, des instruments de musique berbères, des bijoux berbères ou hispano-arabes et une collection de corans, et manuscrits enluminés. Les plus anciens datent du VIe/XIIe siècle. L'un d'eux aurait été rédigé par le frère du calife Almohade al-Saïd Omar al-Mourtada, alors qu'il était gouverneur de *Ribat al-Fath*. L'ancienne mosquée de la demeure abrite une collection de tapis qui proviennent de toutes les régions du Maroc. Ceux de Rabat et de Médiouna datent, pour les plus anciens, du XIe/XVIIe siècle. Une salle est consacrée aux costumes marocains représentant les régions comprises entre le Rif et le Sahara. Derrière le jardin andalou se trouve le café maure qui, construit sur les remparts, offre une vue panoramique sur le Bou Regreg.

LE TAPIS DE RABAT

Apparenté aux tapis islamiques de tradition citadine, le tapis *rbati* est considéré comme un des plus somptueux tapis de laine du Maroc et du monde arabo-musulman. Contrairement aux tapis berbères qui reprennent les motifs traditionnels du tatouage et du henné, le tapis de Rabat comporte des éléments floraux, zoomorphiques ou géométriques issus du répertoire turc. Il s'agit donc, très probablement, d'une technique artisanale introduite à Rabat à l'époque des corsaires de Salé et des multiples courants de visites, d'échanges et d'alliances qui s'instaurèrent au XIIe/XVIIIe siècle entre, d'une part, l'Empire ottoman et, d'autre part, le Royaume du Maroc en général et les cités du Bou Regreg en particulier. La légende dit que c'est une cigogne qui aurait apporté dans son bec, il y a de nombreux siècles, un morceau de tapis d'Orient et l'aurait laissé tomber à Chellah. Les habitants n'auraient alors eu de cesse qu'ils aient retrouvé et reproduit les techniques de fabrication de cette pièce miraculeuse, véritable "message céleste". L'explorateur autrichien Oskar Lenz, qui fit un séjour à Rabat du 29 janvier au 3 février 1880, parle en ces termes du tapis de Rabat :

"*Rabat avait jadis un rang tout à fait à part dans l'empire du Maroc et même aujourd'hui c'est encore une des places les plus importantes pour l'industrie indigène. La fabrication de magnifiques tapis, de dessins très originaux et de coloris très vifs et très variés quoique plaisants à l'œil, s'y fait sur une grande échelle. La laine et la couleur sont fabriquées sur place, et les tapis eux-mêmes ne sont pas confectionnés dans de grands ateliers, mais chez des ouvriers voués de père en fils à cette industrie. On trouve souvent sur les tapis anciens des tons tout à fait admirables, surtout dans les divers dérivés du rouge. Les tapis vont de Rabat dans toutes les directions de l'empire; ils sont rarement transportés en Europe, où les produits du véritable Orient dominent sur le marché*".

Le tapis *rbati*, au velours ras et à la texture fine, est fabriqué sur des métiers de haute lisse, verticaux et fixes, permettant à plusieurs personnes de travailler devant l'ouvrage. Les fils de trame horizontaux, qui déterminent la largeur du tapis, sont passés entre les fils de chaîne verticaux qui en déterminent la longueur. Une

Tapis à motifs floraux avec encadrement centré d'une superposition de deux losanges, Musée des Oudayas (Num. Inv. 5125).

réglementation très stricte exige un minimum de 50 000 points au mètre carré, ce nombre pouvant atteindre jusqu'à 160 000. L'architecture globale du tracé et des motifs, ainsi que les couleurs, qui à l'origine étaient quantitativement limitées, reprennent, schématiquement et symboliquement, le plan d'une maison marocaine traditionnelle, avec son patio, son jet d'eau central, ses salles, ses couloirs et ses auvents, ainsi que les motifs des décors muraux (plâtre et *zellige*).

Traditionnellement, le tapis *rbati* a un fond rouge vif, brique ou vieux rose avec, à chaque coin, un triangle; parfois une seule des deux largeurs comporte un triangle unique en son milieu, ce qui confère au tapis l'aspect d'un *mihrab*. Ce type de motif est surtout fréquent dans les petits tapis de prière. Au centre du tapis se trouve, invariablement, une rosace dont la dénomination varie selon son aspect général. Ainsi, elle est soit *limouna bouraqha*, "orange avec ses feuilles", *siniya*, plateau, *mdal al-sultan*, "parasol du sultan", *hzam Sidna Suleyman*, "ceinture du roi Salomon". Cette rosace peut aussi être entourée de petits motifs appelés *kchiouchate*, "petits ustensiles", et les bordures du tapis comportent des bandes continues, plus ou moins larges, richement décorées mais dont la polychromie est stricte; les couleurs sont normalement limitées à sept: rouge, vert, bleu, noir ou marron, jaune, orange et blanc. Néanmoins, il n'est pas rare que les teintes atteignent le nombre de treize dans les motifs finement ciselés aux noms évocateurs: *halwa*, gâteau, *chajra*, arbre, *warda*, fleur.

CIRCUIT VIII *Flux et reflux, rayonnement et éclipse*
Rabat

VIII.1.i **Médina**

De la place Souk al-Ghzel, en face de la casbah des Oudayas, prendre la rue des Consuls en contrebas sur la gauche.

En quittant la casbah des Oudayas, on débouche sur la place Souk al-Ghzel, "Marché de la filature", où les captifs des corsaires étaient vendus aux Xe/XVIe et $XI^e/XVII^e$ siècles et sur laquelle se déroule maintenant deux fois par semaine la vente des tapis à la criée. Cette place mène à la rue des Consuls, le long de laquelle les représentants étrangers étaient dans l'obligation de résider jusqu'en 1912 et qui a été bâtie à l'époque de la "République des Deux Rives", 1018/1610-1076/1666. Le premier tronçon de la rue est totalement occupé par une succession de magasins et de boutiques artisanales: tapis, cuivres, maroquinerie, habits, étoffes. Aux numéros 93 et 109 se trouvent deux *fondouk*s, anciens "hôtels-entrepôts" pour commis voyageurs. Ce sont maintenant des artisans du cuir qui y travaillent. Un autre *fondouk*, de construction moderne, abrite une *qaysariya*, galerie de marchands de tissus.
Les demeures de la rue des Consuls sont d'un style plus européanisé que celles du reste de la médina, et comportent de nombreuses fenêtres donnant sur la rue, alors que les habitations traditionnelles sont plus "introverties", avec des façades aveugles et des pièces s'ouvrant sur un patio intérieur. "L'impasse du consulat de France" est une ruelle étroite au fond de laquelle se trouve le palais du consulat, dans lequel séjourna en tant que Consul de France (1180/1767 à 1196/1782) Louis Chénier, père du poète André Chénier.
Au bout de la rue des Consuls, on peut soit tourner à gauche, pour sortir, à traverser le quartier des Forgerons, *Haddadine*, vers le fleuve par la Porte de la mer, *Bab al-Bhar*, soit prendre à droite et traverser le marché aux chaussures, Souk *Sebbat*, couvert de nattes de roseau, dans la permanente animation grouillante, et où se vendent chaussures modernes et traditionnelles, articles de maroquinerie et d'artisanat, ainsi que des bijoux en or et argent de facture traditionnelle.
En débouchant du souk, on trouve à main gauche la Grande Mosquée, *Jama' al-Kebir*, construite par les Mérinides mais sans cesse remaniée et dont le minaret ocre, très sombre, a été reconstruit en 1939.
En prenant à gauche, on débouche sur

Médina, marché aux chaussures, Rabat.

CIRCUIT VIII   *Flux et reflux, rayonnement et éclipse*
Rabat

Bab Chellah en passant devant une belle frise d'arcatures aveugles et d'entrelacs sculptés en courbure. Il s'agit du fronton d'une ancienne fontaine mérinide dont les arches sont maintenant occupées par un libraire.

VIII.1.j **Muraille andalouse**

Muraille longeant le boulevard Hassan II. Sortir de la médina place du Mellah ou bien, à l'opposé, au marché central: la muraille relie ces deux extrémités du boulevard Hassan II.

Sous les Saadiens (961/1554-1069/1659), la ville de Rabat, plus ou moins abandonnée, accueillit à partir de 1017/1609 un contingent de musulmans expulsés par Philippe III d'Espagne et qui s'installèrent dans la casbah des Oudayas. Ce sont les Hornacheros. Un autre groupe subit le même sort en 1018/1610 et occupa le périmètre de la médina actuelle.

Vivant dans la hantise d'être attaqués à n'importe quel moment, les Andalous s'empressèrent de bâtir une muraille pour se protéger contre les ennemis extérieurs et intérieurs. Cette enceinte est restée connue sous le nom de "Muraille andalouse". Notons au passage que ce mouvement migratoire s'est déroulé sous le règne du sultan saadien Moulay Ahmed al-Mansour (985/1578-1011/1603).

Longue de 1 400 m, la muraille est percée de cinq portes. *Bab Teben*, Porte du Foin, aujourd'hui disparue pour des raisons d'urbanisation, était formée de trois baies: une centrale plus large et plus haute que les deux latérales. De cette porte, encore appelé *Bab Jdid,* il ne reste qu'une salle, faisant actuellement fonction de poste de police.

Bab al-Bouiba, "le petit portail", qui s'ouvre sur le boulevard Hassan II, tire son nom de ses dimensions dont la hauteur ne dépasse pas la taille d'un homme. Bab Chellah fut elle reconstruite entièrement en 1228/1813 par le sultan alaouite

Muraille andalouse, vue générale, Rabat.

CIRCUIT VIII   *Flux et reflux, rayonnement et éclipse*
Salé

Moulay Slimane. Sa décoration fait exception aux portes construites à la même époque. Bien qu'elle n'ait pas la grandeur des portes almohades, elle présente des éléments architecturaux intéressants comme son ouverture en arc brisé, formé de claveaux nus mais finement appareillés et ses écoinçons dominés par des motifs floraux et géométriques. Longue de 11,28 m, large de 6,82 m et haute de 7,40 m, elle est accolée à l'un des *borj*s de la muraille. Les deux dernières, Bab al-Mellah, la porte menant à l'ancien quartier juif, et Bab Diouana, reconvertie en porte d'entrée d'une mosquée, ne présentent aucune particularité.

VIII.1.k Bastions du rempart andalou

À l'extrémité de la muraille andalouse longeant l'avenue Hassan II, sur la place Sidi Makhlouf, se trouve le Borj Sidi Makhlouf. Dans le prolongement de la muraille, longeant cette fois le boulevard Tarik al-Marsa le long du fleuve, se trouve le Borj Qadia.

Le rempart andalou est flanqué de 26 tours et d'un bastion de forme ronde qui porte le nom de Borj Sidi Makhlouf, du nom du patron des bateliers de l'époque.

Borj Sidi Makhlouf

Ce bastion date du XIe/XVIIe siècle. De là, les guetteurs pouvaient apercevoir le pont de bateaux qu'avait construit le Caïd al-Caceri lors de son expédition sur Salé, et qui fut bombardé par l'escadre anglaise de l'amiral Rainsborough en 1046/1637.

Dans l'enceinte du *borj* se trouve le marabout de Sidi Makhlouf, juif d'origine, d'où un petit chemin permet d'atteindre l'oued.

Borj Qadia

Il tire son nom du tombeau voisin où est enterrée Lalla Qadia. C'est là que les bateliers faisaient traverser l'oued, embarquant et débarquant les passagers. L'eau, à marée haute, vient jusqu'au pied de cette tour qui n'est pas un bastion fortifié, mais a un poste d'observation. La tour aurait été construite au XIe/XVIIe siècle.

VIII.2 SALÉ

À 3 km de Rabat dont la ville de Salé est séparée par le fleuve Bou Regreg. Possibilité de traverser le fleuve en barque.

S'il n'a fallu que trois ans (de 154/771 à 156/773) pour que l'Espagne (al-Andalus) soit soumise par les Arabes, la *Reconquista* euro-chrétienne s'étala sur plusieurs siècles, depuis la défaite almohade de Las Navas de Tolosa en 608/1212 jusqu'aux édits d'expulsion des musulmans pris par Philippe III, 1017/1609, en passant par la capitulation de Grenade en 897/1492. À chacune de ces dates fatidiques correspond une vague d'immigration andalouse vers le Maroc. Mais celle qui intéressa plus particulièrement les rives du Bou Regreg fut la dernière en date, à savoir l'exode des Morisques chassés d'al-Andalus au début du XIe/XVIIe siècle et qui allaient rendre célèbre à travers le monde le nom de Salé. Cette ville, située sur la rive droite du Bou Regreg et dont la date

Salé

de création demeure inconnue, fut probablement au IVe/Xe siècle la capitale du royaume des Beni Ifren. Elle devint, à la fin du VIe/XIIe siècle, un port animé qui excita au VIIe/XIIIe siècle la convoitise de l'Espagne. Ainsi, profitant des dissensions entre Almohades et Mérinides, Alphonse X de Castille la saccagea, en 658/1260, le jour de l'*Aïd al-Fitr*, "Fête de la rupture du jeûne du Ramadan", avant qu'Abou Youssef Ya'coub ne la reprenne quatorze jours plus tard. Ce souverain mérinide éleva alors une muraille pour protéger la cité, et édifia à l'intérieur de l'enceinte une médersa, une zaouïa, une école de médecine et un aqueduc.

Tels furent les Mérinides: protecteurs des arts et des lettres. Comme leurs contemporains, les rois de Grenade, ils embellirent les principales cités de leur royaume. Dès lors, Salé devint le port principal du Royaume de Fès, et l'entrepôt commercial le plus important de la côte occidentale; il fut fréquenté par les commerçants de tout le monde chrétien: Méditerranéens, Flamands et Anglais, qu'attiraient les aptitudes commerciales et la courtoisie des marchands salétins, qui vendaient peaux, laine, tissus, tapis, ivoire, cire et miel, et achetaient aux Pisans, aux Catalans, aux Génois et aux Vénitiens draps et objets manufacturés. Quand les Morisques (musulmans et juifs) furent expulsés d'Espagne, ce sont des familles entières venues de Castille, de Catalogne, d'Andalousie et de Murcie qui s'installèrent sur les *ribats* du Bou Regreg: Salé l'Ancienne, l'actuelle Salé et Salé la Neuve, Rabat. Sous l'impulsion des *Hornacheros*, ces riches négociants des environs de Badajoz, rompus aux techniques de la navigation maritime, ils se spécialisèrent dans une nouvelle forme de *Djihad*: la course flibustière à laquelle ils s'adonnèrent pendant plus d'un demi-siècle, autant pour faire fortune que pour se venger de ces chrétiens qui les avaient spoliés de leur terre natale. L'arrivée de ces Morisques coïncida avec les luttes fratricides entre princes saadiens, luttes qui présageaient la fin de la dynastie et se traduisaient par un grand affaiblissement de l'autorité politique centrale. Récalcitrants vis-à-vis du pouvoir espagnol christianisé face auquel ils refusèrent d'abandonner la part arabo-musulmane de leur patrimoine culturel, ils se montrèrent, de l'autre côté de la Méditerranée, de nouveau récalcitrants vis-à-vis d'un pouvoir marocain en déliquescence face auquel ils refusèrent d'abandonner la part européenne de ce même patrimoine culturel. En dix ans, plus de 1 000 navires furent capturés et *"Ces Messieurs les Andalous, gouverneurs du Château et de ses dépendances"* comme les désignaient leurs captifs, décidèrent de se détacher de l'autorité du sultan de Marrakech à qui ils cessèrent de verser le dixième de leurs bénéfices, et organisèrent en entité autonome une cité-État dirigée par un gouverneur élu pour un an et qui vint renforcer la ceinture défensive du pays contre les velléités belliqueuses et dominatrices de l'Europe. Parallèlement à ces activités flibustières, Salé a entretenu un commerce fructueux avec plusieurs nations européennes (Espagne, France, Hollande, Italie) et signa des traités de non-agression ou de trêve négociée avec les représentants de certaines de ces puissances.

Entre-temps, la dynastie alaouite avait remplacé la saadienne et cette "République des Deux Rives" finit par être considérée comme un haut lieu d'excès et de débauche par les *chorfa* alaouites, nouveaux maîtres du pays, qui occupèrent les rives du Bou Regreg en 1076/1666. Ils

CIRCUIT VIII *Flux et reflux, rayonnement et éclipse*
Salé

Bab Mrissa, vue d'ensemble, Salé.

placèrent les corsaires sous leur tutelle, leur confiant, à l'occasion, des missions politiques comme l'ambassade du Raïs Abdallah Ibn Aïcha auprès de Louis XIV, en 1109/1698.

C'est à cette époque, comme le note Charles-André Julien, que se situe l'origine du Maroc moderne, un Maroc qui ne cessera de se heurter aux visées impérialistes des États européens qui s'évertueront à le dominer et à le morceler. Moulay Ismaïl (1082/1672-1139/1727) confia la garde de la forteresse à des membres de la tribu nomade des Oudayas et ses successeurs la consolidèrent, la fortifièrent et en développèrent l'armement.

Après avoir été un des principaux pôles des échanges commerciaux avec l'étranger et contribué à l'ouverture du Maroc sur l'extérieur, le port du Bou Regreg vit ses activités décliner avec la création du grand port d'Essaouira (Mogador) en 1177/1764. Les deux villes du Bou Regreg tourneront de plus en plus le dos à la mer, mais resteront un lieu de passage obligatoire entre Fès et Marrakech.

Rabat devint cité royale sous le règne du sultan Sidi Mohamed Ibn Abdallah qui y construit la mosquée Sounna, inaugurée en 1199/1785. Mais l'épidémie de peste qui sévit de 1211/1797 à 1214/1800, décimant plus du tiers de la population du pays, évaluée à l'époque à 5 millions d'âmes, réduisit la population de Rabat à moins de 20 000 habitants et la fit entrer dans une nouvelle période de léthargie. En 1248/1833, le sultan Moulay Abderrahman sédentarisa des éléments de la tribu des Oudayas entre Rabat et Témara pour faire bouclier contre les turbulentes tribus des Zaers.

Ce sont les autorités d'occupation françaises qui choisirent Rabat comme capitale du royaume en 1912, afin de pouvoir y asseoir leur Protectorat loin de ces sym-

CIRCUIT VIII *Flux et reflux, rayonnement et éclipse*
Salé

boles des grands empires marocains, Fès, Marrakech, Meknès. La casbah des Oudayas fut alors restaurée et transformée en musée, agrémentée d'un jardin andalou, et Salé s'adonna à des activités plus pacifiques: la religion et l'artisanat.

Mais la paisible agglomération bourgeoise de 20 000 âmes deviendra vite le berceau du nouveau mouvement nationaliste d'indépendance, et connaîtra après l'indépendance, en 1956, un grand essor qui perpétue, en particulier, l'empreinte profonde de la civilisation arabo-musulmane d'al-Andalus, aussi bien dans les édifices du culte que dans ceux du pouvoir ainsi que dans certaines demeures particulières, sur les deux rives du Bou Regreg.

VIII.2.a Bab Mrissa

Arrivé place Bab Rih, se diriger vers le rempart qui encercle la médina. Bab Mrissa ouvre la médina sur la rue Ach Charid Ahmed ben Aboud.

Sans doute le plus ancien monument connu de l'époque mérinide, cette porte monumentale a été construite entre 658/1260 et 668/1270 et permettait l'accès intra-muros aux bateaux par un canal qui reliait le Bou Regreg à un arsenal maintenant ensablé. Actuellement partiellement enfouie, elle n'en demeure pas moins frappante par l'ampleur de son arcade, aussi large que haute avec une ogive de 8 m d'ouverture. Sa construction est due à un architectes sévillan qui a su adapter la structure de la porte marocaine traditionnelle à une fonction nouvelle, évitant en particulier les coudes qui caractérisent les portes défensives. Flanquée de deux tours rectangulaires comme le sont les portes almohades, mais sans qu'aucune arcature ne vienne doubler les claveaux lisses, elle comporte sur l'une de ses façades un décor floral très riche alors que l'autre en est totalement dépourvue. Si le roman de Daniel Defoe, *Robinson Crusoé*, publié en 1719, n'est pas une fiction, c'est devant Salé que son héros a été capturé et c'est par Bab Mrissa qu'il est entré dans la ville avant de s'en évader pour échouer ensuite sur une île déserte.

VIII.2.b Médersa mérinide

De la porte Bab Mrissa, prendre la rue Haddadine (rue des Forgerons) menant au souk al-Kebir, ancien marché aux esclaves. Prendre la rue Kechachine qui aboutit à la place où s'élève la Grande Mosquée et la médersa.
Entrée payante. Horaires: tous les jours de 9:00 à 12:00 et de 14:30 à 18:00.

Cet institut d'enseignement, qui s'était spécialisé dans la théologie, la philosophie et la linguistique a été fondé vers 733/1333 par Abou al-Hassan, le fameux

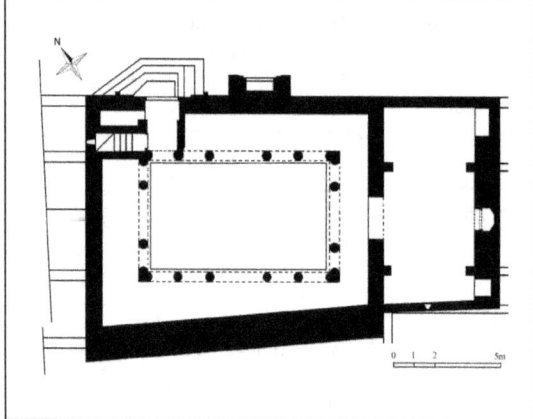

Médersa mérinide, plan du rez-de-chaussée, Salé.

CIRCUIT VIII   *Flux et reflux, rayonnement et éclipse*
Salé

"Sultan Noir" dont le tombeau se trouve dans la nécropole du Chellah. La médersa est restée en activité près de six siècles grâce en particulier aux biens *habous* légués par son fondateur. Située face à la Grande Mosquée datant de l'époque almohade, elle fait ressortir le contraste des styles des deux dynasties: puissante sobriété almohade, délicate finesse mérinide. D'ailleurs, les inscriptions gravées dans la pierre témoignent de cette volonté de recherche esthétique: *"Les merveilles de cette médersa troublent la raison et captivent les ascètes et les pieux"* affirme l'une, tandis que l'autre souligne: *"Ma construction est celle d'un palais étagé et étincelle comme les rangées de perles du collier d'une fiancée"*.

L'élégante porte d'entrée se distingue par son arc brisé outrepassé qui s'inscrit dans un encadrement rectangulaire, portant dans sa moitié supérieure un texte en écriture coufique et surmonté d'un très bel auvent de cèdre sculpté, protégé de tuiles vertes vernissées. L'accès se fait par un vestibule richement décoré et débouchant sur une cour rectangulaire bordée de galeries, soutenues par des colonnes revêtues de *zellige* et décorées de stucs en forme de rayons de miel. Le décor, spécifiquement mérinide, est entièrement couvrant et utilise tour à tour le *zellige* (noir et vert), le plâtre ciselé et le bois sculpté. La salle de prière, de petite dimension, comme l'ensemble de l'édifice, possède une niche, *mihrab*, finement décorée.

Par l'escalier du vestibule, on peut accéder aux chambres d'étudiants puis à la terrasse d'où l'on peut jouir d'une vue saisissante sur Salé, Rabat et l'estuaire du Bou Regreg.

Bab Mrissa, décor floral et écoinçon de l'arc, Salé.

245

CIRCUIT VIII   *Flux et reflux, rayonnement et éclipse*
Salé

Musée de la céramique
Logé dans le borj nord-ouest des remparts, le Musée de la céramique, ouvert en 1994, renferme une collection de pièces rares des poteries provenant de Fès, du Rif et du Moyen Atlas. Autre attrait, le monument offre une vue spectaculaire sur les toits de la médina. Pour s'y rendre: de la médersa, traverser le cimetière musulman, le musée est accolé au rempart.

La Fête des cierges
La Fête des cierges est une procession solennelle mais aussi populaire qui se déroule à Salé, la veille du Mawlid, jour anniversaire de la naissance du Prophète Muhammad. Au cours de cette cérémonie, des lustres monumentaux en cire, richement décorés, sont portés par des tobji (terme turc désignant les artilleurs mariniers) et promenés en fanfare à travers la ville jusqu'au sanctuaire du premier saint patron de la ville, Sidi Ahmed Ibn Achir, médecin et mystique émigré d'al-Andalus au VIIIe/XIVe siècle. Cette tradition a été introduite à la fin du Xe/XVIe siècle par le sultan saadien Mansour al-Dhahbi, le vainqueur de la Bataille des Trois Rois (30 Yumada 986/4 août 1578) qui avait assisté à une cérémonie similaire à Istanbul.

Le souverain souhaitait qu'une procession de cierges fût organisée dans sa capitale, Marrakech, ainsi que dans les principales villes du Royaume, à l'occasion du Mawlid. Mais seule la ville de Salé perpétua cette célébration, et ce grâce à Sidi Abdallah Ibn Hassoun, grand mystique contemporain de Mansour al-Dhahbi, qui décida de transférer une partie de ses biens aux Habous (biens de mainmorte) pour servir annuellement à la confection des cierges. C'est dans son mausolée, qui date du XIXe siècle, que se déroule dans l'après-midi la danse incantatoire des cierges au son de la musique andalouse, et c'est là aussi que les lustres sont entreposés. La préparation de la cérémonie passe par différentes étapes et requiert plusieurs semaines de travail, mobilisant charpentiers, papetiers et artisans de la cire qui se transmettent leur savoir-faire de génération en génération. Les cierges prennent la forme de lustres, véritables pièces montées composées de milliers de petits motifs de cire sculptée, aux couleurs chatoyantes, avec des motifs architecturaux (arcades, colonnes, coupoles), géométriques et calligraphiques donnant à l'ensemble l'allure d'un modèle réduit de sanctuaire, érigé en hommage au Messager de l'Islam et des saints patrons de la ville.

DAHIR (DÉCRET ROYAL) PROMULGUÉ EN L'AN 637 DE L'HÉGIRE (1239) PAR LE SOUVERAIN ALMOHADE AL-RACHID ET METTANT LE SITE DE *RIBAT AL-FATH* A LA DISPOSITION DES ÉMIGRANTS D'AL-ANDALUS

Traduction: Kamal Lakhdar

Ce prestigieux décret a été établi sur ordre du Commandeur des Croyants, fils, petit-fils, arrière-petit-fils et arrière-arrière-petit-fils du Commandeur des Croyants –puisse Dieu leur accorder bénédiction et assistance– au profit des émigrants de Valence, de l'île de Chakd et de Chabta, ainsi qu'au profit de tous ceux qui, de la même manière, sont venus des pays d'Orient après avoir connu des mauvais jours similaires. Ainsi, et après que le détenteur des deux vizirats, le très noble, très considérable, très respectueux et très généreux Cheikh Abou Ali, fils du très noble et très généreux Abou Jafar Ibn Khalas –puisse Dieu perpétuer sa fortune et sa générosité– eut narré les affres de l'exil qui les a frappés et les mauvais traitement que les ennemis leur ont infligés, et après qu'il eut sollicité pour eux, au titre de bon voisinage, l'octroi d'un havre d'attache où ils pourraient enfin abandonner leur bâton d'errance, il a bien voulu ordonner –puisse Dieu élever ses ordres et perpétuer sa gloire– qu'ils se rendent avec armes et bagages à *Ribat al-Fath* –puisse Dieu en développer le peuplement– qu'ils y prennent possession de logements et de terres en lieu et place de leurs propres logements et terres, et qu'ils y érigent une cité accueillante et conviviale –et ils sont, certes, dignes du meilleur accueil et aptes à la plus grande convivialité.

Ils y trouveront les conditions adéquates pour le négociant et l'agriculteur, et le lieu de rencontre du nomade et du sédentaire.

Ses équipements terrestres et maritimes sont disponibles en toute saison et permettent à l'habitant de jouir de la quiétude et du confort. Le(s) bénéficiaire(s) des obligeantes dispositions présentes –puisse Dieu en perpétuer les effets– y connaîtront un sort aussi favorable que ce qu'ils ont connu de meilleur auparavant, de sorte que les puissants y auront la latitude d'augmenter leur puissance, et que les faibles y bénéficieront de tant de bienveillance qu'ils pourront y acquérir aisance et richesse.

Ils auront le loisir de s'y adonner à la culture de la terre, car les espaces y sont larges et abondants, et y exercer toutes les activités lucratives et rentables, y plantant figuiers et autres arbres selon les traditions de leurs pays.

Ils sont en mesure d'acquérir des propriétés en leurs noms et aux noms de leurs enfants et de leur progéniture, toute propriété agricole, immobilière ou foncière qu'ils auront ainsi acquis devant revêtir un caractère officiel, définitif et pérenne sans qu'il leur soit réclamé une quelconque contrepartie ou contrevaleur, hormis les redevances légales que Dieu a commandé de prélever sur les fortunes des musulmans. À cet égard, il sera fait confiance aux déclarations qu'ils feront au sujet du montant de ces redevances, de même que leurs vœux et ceux de leurs successeurs seront pleinement exaucés.

Les *wali*s et les gouverneurs –que Dieu les protège– sont chargés de les prémunir contre tout dol qui pourrait les affecter d'une manière ou d'une autre, ou qui les empêcherait d'accomplir une quelconque tâche, fût-elle grande ou petite. Ils sont de même tenus d'honorer leurs savants et leurs notabilités, et de faire preuve à leur égard d'une hospitalité et d'un bon voisinage capable de leur ôter la nostalgie de leur pays, de leur faire perdre le souvenir des injustices qu'ils y ont subies et de les faire jouir en même temps des droits acquis de l'autochtone et des privilèges dus à l'hôte. L'application de sa magnanimité —puisse Dieu glorifier son pouvoir et répandre sur lui la reconnaissance— s'étendra à l'ensemble de leur groupe et de leur élite et les portera à demeurer attachés aux dispositions de cet éminent décret —que Dieu en perpétue les effets et les bienfaits. Quiconque y fera référence, de l'étudiant au gouverneur —puisse-t-il être couvert de largesses— devra s'y conformer et en respecter les généreuses orientations, avec l'aide du Tout-Puissant, Lui dont on requiert le soutien, Lui le Dieu unique.

Rédigé le 21 *cha'bane* de l'an 637

Cité par A. Kriem in "*Ribat al-Fath, Assimat al-Mamlaka al-Maghribiya*" (1988).

GLOSSAIRE

'Abid	Esclaves convertis
Adan	Appel à la prière
Adwa	Rive
'Alim	(pl. 'oulama'): Savant, docteurs de lois et de sciences théologiques musulmanes
Alj	Renégat
Amir al-Mou'minin	Prince des croyants
Amir al-Mouslimin	Prince des Musulmans
Anza	Kiosque en bois
Bab	Porte
Bestella	Tourte à la pâte feuilletée farcie de poulet ou de viande
Berchla	Greniers
Bhou	Alcôve
Bled	En Afrique du Nord, pays, région, intérieur des terres, campagne
Bokhari	Cuir algérien, tient son origine de Bokhara (Asie centrale)
Borj	Bastion
Cadi	Juge musulman
Caïd	Chef militaire de haut rang, responsable administratif dans une province
Caravansaray	Voir fondouk
Casbah	Forteresse, citadelle
Cheikh	Vieillard, homme respecté pour son âge et ses connaissances. Chef de tribu ou de confrérie
Cherif	(pl. *chorfa*): Descendant du Prophète Muhammad
Chkayri	Maroquinier
Dbagh	Tanneur
Dar	Maison
Derb	Ruelle ou impasse; par extension, quartier
Dharih	Mausolée
Djebel	Montagne, terrain montagneux
Djihad	Guerre sainte menée pour protéger, défendre les territoires de l'islam. Effort en vue du perfectionnement moral et religieux. Il peut conduire au combat "sur la voie de Dieu" contre dissidents ou païens. *Ijtihad:* (même racine que *djihad*) Effort d'interprétation personnel de la loi musulmane.
Fondouk	Terme particulier de l'Afrique du Nord pour désigner une hôtellerie où peuvent loger bêtes et personnes, magasin pour marchandises et centre de commerce, analogue au caravansérail ou au khan de l'Orient musulman
Fouta	Pièce d'étoffe dont on se ceint les reins en guise de tablier, spécifique à la région du Rif. Serviette

Glossaire

Fqih	(pl. *fouqaha'*): jurisconsulte versé dans le code musulman
Habous	Bien de mainmorte
Hadith	Litt. "dits". Tradition relative aux actes, paroles et attitudes du Prophète
Hammam	Bain public ou privé
Hanta	Corporation
Heri	Grenier à provisions
Horm	Espace sacré
Jama'	Mosquée où l'on célèbre la prière quotidienne et la prière du vendredi
Jbalas	Gens originaires de la région de Djebala au nord du Maroc
Jdid	Neuf; Fès-Jdid, Fès la Neuve
Jellaba	Vêtement traditionnel de dessus, longue robe à manches longues et à capuchon, portée par les hommes et les femmes en Afrique du Nord.
Khalifa	Fonction administrative; lieutenant, vicaire, représentant, successeur
Kharraz	Babouchier
Kibla	Direction de la Ka'ba (Litt. "Cube"), temple de La Mecque devenu le centre du culte musulman, vers lequel se tournent les croyants en prière
Koubba	Dôme, coupole, par extension monument élevé sur la tombe d'un marabout
Ksar	(pl. *ksour*); palais
Lahri	Silo à grains
Lekbir	(masc.); *lekbira* (fém.): grand, grande
M'allem	(pl. *m'almin*): maître-artisan
Makhzen	Gouvernement du sultan, vient du makhzen (silo à grains)
Maq'ad	Pièces ouvertes sans porte, située sur les côtés du patio
Maristan	Hôpital
Matmora	Grenier souterrain, par extension, prison souterraine
Mechouar	Place où les délégations attendent avant d'être reçues par le sultan
Meda	Salle d'ablution
Médersa	École de sciences islamiques (théologie, droit, Coran, etc...) et lieu d'hébergement pour étudiants, an Moyen Âge. Aujourd'hui, école
Médina	Ville. En Afrique du Nord partie ancienne d'une agglomération par opposition à l'extension européenne des villes
Mellah	Terme générique désignant le quartier juif au Maroc

Glossaire

Menqach	Marteline utilisée par les tailleurs de *zellige*
Mesria	Pièce indépendante, destinée généralement à loger les hôtes de passage
Mihrab	Niche placée au milieu du mur de fond, dans les mosquées, et indiquant la direction de La Mecque
Minbar	Chaire d'une mosquée d'où l'imam adresse le sermon aux fidèles
Minzah	Pavillon avec jardin. Élément caractéristique du *riyad* des grandes demeures citadines du Maroc
Moucharabieh	Claire-voie faite de bois tourné et assemblé
Mouhtassib	Contrôleur des marchés, chef des corporations et contrôleur des mœurs
Mounia	Villa de plaisance
Mouqarnas	Stalactites
Moussem	Fête patronale
Mrouzia	Viande de mouton cuite avec sept épices appelées ras al-hanout, des amandes, des raisins secs et du miel
Muezzin	Fonctionnaire religieux musulman, chargé d'annoncer du haut du minaret de la mosquée les cinq prières quotidiennes
Mufti	Jurisconsulte versé dans le code musulman
Nadir	Fonctionnaire chargé du contrôle et de l'administration des habous
Noria	Mécanisme permettant de puiser de l'eau. Une roue dentée horizontale entraîne une roue verticale munie de godets se déversant dans un récipient prévu à cet effet
Oued	Cours d'eau souvent temporaire dans les régions arides
Qsur	(sing. *qsar*); bourg
Riyad	Jardin à l'intérieur des habitations
Ribat	Forteresse construite sur les zones frontières, d'où les "moines-guerriers" qui l'habitaient partaient faire la guerre sainte. Le nom de la ville de Rabat vient de Ribat al-Fath, Ribat de la "Conquête"
Sabat	Passage couvert
Sahn	Patio ou cour intérieure d'une mosquée
Sahrij	Grand bassin d'eau
Seffar	Relieur de livres
Selham	Habit traditionnel masculin
Serraj	Sellier
Soufisme	De souf, laine, vêtement des ascètes (soufis). Nom donné au mysticisme musulman à partir du VIIIe siècle.

Glossaire

Souk	Marché
Stuc	Revêtement décoratif réalisé à base de plâtre et de chaux, permettant de couvrir les murs d'ornements en faible relief
Tal'a	Montée; *Tala'a Lekbira,* "Grande Montée": axe principal de la médina de Fès
Taleb	(pl. tolba); étudiant
Tawhid	Unicité
Toshabim	Juifs marocains
Waqf	Bien de mainmorte
Woudou'	Ablutions pratiquées avant la prière
Zaouïa	Établissement religieux sous l'autorité d'une confrérie, affecté à l'enseignement, aux prêches et à la rencontre des adeptes
Zellige	Petit carreau de céramique émaillée servant à la décoration

PERSONNAGES HISTORIQUES

Abd al-Malik
Sultan saadien, régna de 983/1576 à 986/1578.

Abd al-Moumen Ibn Ali
Premier monarque de la dynastie almohade, régna de 524/1130 à 558/1163.

Abdallah Ibn Yassin
Sultan almoravide, propagandiste malikite, mort en 450/1059.

Abdelkader Achache
Gouverneur de Tétouan, régna de 1261/1845 à 1267/1851 puis de 1862 à 1864.

Abou al-Abbas al-Sabti
Savant, un des plus importants représentants du soufisme de l'époque almohade, protecteur des aveugles et l'un des patrons actuels de la ville de Marrakech.

Abou al-Hassan
Sultan mérinide, régna de 731/1331 à 752/1351.

Abou Bakr al-Korachi
Médecin andalou.

Abou Djuzay (721/1321-757/1356)
Rédacteur de Ibn Battouta, secrétaire du sultan mérinide Abou Inan.

Abou Inan
Sultan mérinide (fils de Abou al-Hassan), régna de 751/1351 à 759/1358.

Abou Saïd Othman
Sultan mérinide (père de Abou al-Hassan), régna de 709/1310 à 731/1331.

Abou Ubayd al-Bakri (431/1040-486/1094)
Historien et géographe. Auteur du *Livre des routes et des royaumes* (*Kitab al-Mamalik wal-l-masalik*).

Abou Ya'coub Youssef
Sultan almohade, régna de 558/1163 à 579/1184.

Abou Ya'coub Youssef
Sultan mérinide, régna de 684/1286 à 706/1307.

Abou Youssef Ya'coub
Sultan mérinide, régna de 656/1258 à 684/1286.

Abou Zakariya
Sultan wattasside, régna de 831/1428 à 852/1449.

Ahmed al-Mansour al-Dhahbi
Sultan saadien, régna de 985/1578 à 1011/1603.

Ahmed Errifi (Ahmed Ibn Ali Errifi)
Gouverneur de Tanger, Larache et Tétouan de 1124/1713 à 1155/1743, fils du gouverneur Ali Errifi.

Al-Boukhari
Traditionaliste, auteur du *Sahih* (recueil de *hadith*s authentiques).

Ali Errifi (Ali Ibn Abdallah Errifi)
Gouverneur de Tanger, Larache et Tétouan de 1090/1680 à 1124/1713.

Ali Ibn Youssef
Sultan almoravide, régna de 500/1107 à 537/1143.

Al-Naciri (1250/1835-1314/1897)
Lettré, historien et fonctionnaire chérifien. Auteur d'une histoire générale du Maroc, *Kitab el-istiqsa li-akhbar douwal el-Maghrib el-aqsa*.

Alphonse X, dit Alphonse le Sage (1221-1284) Roi de Castille et de Léon, de 1252 à 1284, et empereur germanique de 1267 à 1272; il rétablit l'université de Salamanque et fit dresser des tables astronomiques, appelées "Tables alphonsines".

Aurillac (d'), Gerbert (938-1003)
Pape de 999 à 1003, promu sous le nom de Sylvestre II.

Bouloughin (Ibn Ziri)
Prince ziride de Fès vers 369/980.

Chénier, Louis
Consul français à Rabat au XVIIIe siècle.

Defoe, Daniel (v.1660-1731)
Écrivain anglais, aventurier, commerçant, et agent politique. Il est l'auteur de récits, d'essais, de pamphlets et d'un roman d'aventures dont la réputation est restée universelle, *Robinson Crusoé* (1719).

Fatima al-Fihri
Fille d'un riche négociant kairouanais, fondatrice de la Qaraouiyine en 242/857.

Foucauld (de), Charles (1858-1916)
Explorateur et missionnaire français. Auteur de la *Renaissance au Maroc*.

Ibn el-Khatib (712/1313-775/1374)
Chroniqueur andalou, écrivain, médecin et ministre à Grenade. Auteur de *Mi'yar al-Ikhtiyar*.

Ibn Marzouk (né à Tlemcen en 709/1310)
Écrivain et poète à la cour des princes mérinides Abou al-Hassan et Abou Inan. Auteur de *Musnad as-Sahih al-Hassan*.

Ibn Rochd, dit Averroès (520/1126-594/1198)
Illustre philosophe arabe, vizir et médecin du souverain almohade Abou Ya'coub Youssef. Auteur de *Découverte de la méthode*.

Ibn Tofaïl (503/1110-580/1185)
Maître de Ibn Rochd. Auteur de *Le philosophe autodidacte* (*Risalat Hayy Ibn Yaqzan*).

Ibn Zidane
Historien de la dynastie alaouite. Auteur de *Al-Ithaf*.

Idriss 1er (Idriss Ibn Abdallah)
Sultan idrisside, régna de 171/788 à 174/791.

Idriss Ibn Abdallah
cf. Idriss 1er

Idriss II
Sultan idrisside, régna de 192/808 à 213/828.

Imam Ahmed Abou Bakr
Sultan zénète, mort en 479/1087.

Julian, comte
Gouverneur de Ceuta en 710.

Kheireddine, Barberousse (880/1476-952/1546)
Corsaire d'origine grec et gouverneur d'Alger. Il fut nommé, par Soleïman le Magnifique, "Grand Amiral de toutes les flottes ottomanes".

Louis XIV, dit le Roi-Soleil
Roi de France, régna de 1643 à 1715.

Lyautey (1854-1934)
Maréchal de France, résident général de la République française au Maroc.

Maïmonide (Moshe Ibn Maïmoun) (529/1135-600/1204)
Auteur de l'*Épître sur la persécution*.

Meryem al-Fihri
Sœur de Fatima al-Fihri, fondatrice de la mosquée des Andalous en 244/859.

Mohamed al-Nassir
Prince almohade, fils de Ya'coub al-Mansour, régna de 595/1199 à 609/1213.

Mohamed el-Mouttaouakil
Sultan saadien, neveu de Abd al-Malik, régna de 981/1574 à 983/1576.

Mohamed Ibn Idriss
Sultan idrisside (fils d'Idriss II), régna de 212/828-221/836.

Mohamed Ibn Toumert (472/1080-524/1130)
Sultan almohade, *fqih,* penseur et *mahdi* des Almohades qu'ils surnommèrent "l'Imam Impeccable".

Mohamed III
Sultan alaouite, régna de 1170/1757 à 1204/1790.

Mohamed IV
Sultan alaouite, régna de 1859 à 1873.

Mohamed V
Sultan alaouite, régna de 1927 à 1961.

Moulay Abdallah
Sultan alaouite, régna de 1140/1728 à 1170/1757.

Moulay Abderrahman
Sultan alaouite, régna de 1237/1822 à 1275/1859.

Moulay Abdessalam Ibn Mchich
Chérif idrisside de la tribu des Beni Arouss, mort en 622/1225.

Moulay Hassan
Sultan alaouite, régna de 1873 à 1894.

Moulay Ismaïl (1055/1646-1139/1727)
Sultan alaouite, régna de 1082/1672 à 1139/1727.

Moulay Rachid
Sultan alaouite, régna de 1076/1666 à 1082/1672.

Moulay Slimane
Sultan alaouite, régna de 1206/1792 à 1237/1822.

Moussa Ibn Nosayr (19/640-98/717)
Gouverneur de l'Ifriqiya en 78/698.

Naqsis, el-Mokadem Abou al-Abbas Ahmed Ibn Aïssa
Chef guerrier tétouanais, régna au XIe/XVIIe siècle.

Omar Loukach
Andalou, descendant des califes omeyyades. D'abord secrétaire de Moulay Ismaïl, puis chef des douanes et du califat du gouverneur Ahmed Errifi.

Philippe II (1527-1598)
Fils de Charles Quint, roi d'Espagne de 1556 à 1598; et roi de Naples, de Sicile et du Portugal de 1580 à 1598.

Salah Eddine al-Ayyoubi, dit Saladin (531/1137-589/1193)
Sultan d'Égypte et de Syrie, fondateur de la dynastie des Ayyoubides.

Sebastião, Dom
Roi de Portugal, régna de 1557 à 1578.

Sidi al-Mandri
Originaire de Grenade, fondateur et symbole de la ville de Tétouan, mort en 916/1511.

Tarik Ibn Ziyad (Ier/VIIIe siècle)
Affranchi du général omeyyade Moussa Ibn Nosayr.

Ya'coub al-Mansour
Sultan almohade, régna de 579/1184 à 595/1199.

Youssef Ibn Tachfin
Souverain almoravide, régna de 453/1061 à 500/1107.

ORIENTATION BIBLIOGRAPHIQUE

AFRICAIN, L., *Description de l'Afrique*, 2v., Paris, 1956

AZZIANI, *Turjuman al murib an diwal al-Machriq wal Magrib, Le Maroc de 1631 à 1812*, éd. et trad. O. Houdas, Paris, 1886

BEL, A., *Inscriptions arabes de Fès*, Paris, 1938

BUSNOT, A., *l'Histoire du règne de Moulay Ismaïl, Roy du Maroc, Fès, Tafilalet, Sousse*, Rouen, 1714.

GAILLARD, H., *Une ville de l'Islam, Fès*, Paris, 1905.

AL-GHAZALI, *Le Livre du licite et de l'illicite (Kitab al-halal wa-l-haram)*, traduction R. Morelin, Paris, 1981.

IBN BATTOUTA, *Récit de voyages (Rihla)*, traduction française et édition par C. Defrémery et B. R. Sanguinetti, 4 v., Paris, 1853-1859.

IBN HAWQAL, *Livre de la configuration de la terre (Kitab surat al-ard)*, traduction française G. Wiet, Paris-Beyrouth, 1964.

IBN KHALDOUN, *Prolégo-mènes,* traduction de Slane, Paris, 1863.

IBN QUZMAN, *Le Diwan d'Ibn Guzman*, texte, traduction, commentaires D. de Gunzburg, Berlin, 1896.

AL-IDRISSI, *Livre de Roger (Kitab Rudjar)*, traduction A. Jaubert, 2 v., Paris, 1836-1840.

JULIEN, CH-A., *Histoire de l'Afrique du Nord*, Paris, 1956.

MARÇAIS, G., *Architecture musulmane d'Occident : Tunisie, Algérie, Maroc, Espagne et Sicile*, Paris, 1954.

— *L'Art musulman*, Paris, 1962.

MÁRMOL CARVAJAL, *Des-cripción general de África*, Grenade, 1573.

MIÈGE, J L., *Les activités maritimes et commerciales de Tétouan XVIIIe, XIXe siècles*.

— *Le Maroc et l'Europe (1830-1894)*, Paris, 1961.

MIÈGE, J L., BENABOUD, M., ERZINI, N., *Tétouan, ville andalouse marocaine*, Tétouan, 1996.

MOÜETTE, M., *Relation de la captivité de S. Moüette dans les royaumes de Fès et du Maroc*, Paris, 1682.

PIDOU DE SAINT-OLON, *État présent de l'Empire du Maroc*, Maroc, 1694.

TERRASSE, H., *Histoire du Maroc, t. I et II*, Casablan-ca, 1950.

— *Islam d'Espagne. Une rencontre de l'Orient et de l'Occident*, Paris, 1958.

ZAFRANI, H., *2000 ans de vie juive au Maroc,* coédition Eddif et Maisonneu-ve et Larose, Casablanca, 1998.

OUVRAGES COLLECTIFS

Fès médiévale, Autrement, Série Mémoires, n° 13, 1992.

Histoire du Maroc, Hatier, 1990.

AUTEURS

Naïma El-Khatib Boujibar
Archéologue et historienne de l'art, Naïma El-Khatib Boujibar a occupé différents postes au sein du Ministère des Affaires Culturelles avant de diriger le centre du Patrimoine Maroco-Lusitanien (1997).
Auteur de *Deux mille ans d'art au Maroc,* éd. Charpentier, Paris, 1963, elle a, par ailleurs, collaboré à différentes revues d'archéologie et a publié de nombreux articles sur les arts mobiliers du Maroc, sur l'architecture antique ainsi que sur l'art et les traditions au Maroc dont notamment:
Mémorial du Maroc, éd. Nord Organisation, Rabat, vol. 1, 1983, 128-167 et 177-189 et vol. 8, 1985, 228-249.
"Les fouilles de Dchar Jdid 1977-1980", *Bulletin d'Archéologie Marocaine,* Éd. marocaines et internationales, Tanger, 1984, vol. 14, 169-2454.

Mhamad Benaboud
Professeur-chercheur à l'université de Tétouan, Mhamad Benaboud est historien et spécialiste de la ville de Tétouan. Il est l'auteur de nombreux ouvrages dont notamment:
Tétouan, ville andalouse Marocaine, CNRS éditions, Paris, 1996.
Kalila wa dimna, Rabat, 1996.

Kamal Lakhdar
Historien, membre de l'association Ribat El-Fath, il a longtemps été un haut fonctionnaire de l'administration publique au Maroc. Kamal Lakhdar est l'auteur du livre *Rabat: le temps d'une ville,* Eddif, Casablanca, 1991.

Mohamed Mezzine
Docteur ès-lettres de l'Université de Paris VII-Jussieu en histoire moderne, Mohamed Mezzine est actuellement doyen de la faculté de Lettres Modernes de Fès-Saïss. Prix du Maroc en sciences sociales pour le livre *Fès et sa campagne 1549-1637. Contribution à l'histoire du Maroc Saadien,* Dar al-Maarif al-Jadida, Rabat, 1986, il est coauteur du volume *Histoire de l'Encyclopédie du Maroc,* 1988 avec les articles suivants:
"Les Saadiens : XVIe et XVIIe siècles", pp. 83-96
"L'avènement d'une nouvelle dynastie, les Alaouites, 1660-1727", pp. 98-108.

Abdelaziz Touri
Docteur ès-lettres de l'Université de Paris-IV Sorbonne en archéologie et Histoire de l'Art, Abdelaziz Touri est directeur du Patrimoine au Ministère des Affaires Culturelles. Directeur de nombreuses missions de recherche archéologique au Maroc, il est auteur de nombreux articles sur l'archéologie marocaine et l'occident islamique ainsi que coauteur de certains ouvrages dont:
Abdelaziz Touri, M. Ameziane Hassani et Gian Carlo Barbato, *Le projet pilote de restauration et réhabilitation du palais Dar Adiyel à Fès (un exemple de coopération internationale tripartite),* éd. Diagonale, Rome, 1999, 25-41.
"L'oratoire de quartier", *Fès Médiévale. Entre légende et histoire, un carrefour de l'Orient à l'apogée d'un rêve,* dirigé par Mohamed Mezzine, éd. Autrement, série Mémoires, n°. 13, Paris, 1992, 100-109.

Les Itinéraires-Exposition et guides thématiques de *Museum With No Frontiers (MWNF)*
L'ART ISLAMIQUE EN MÉDITERRANÉE

Ce cycle international d'Expositions Musée Sans Frontières permet de découvrir les secrets de l'art islamique, son histoire, ses techniques de construction, son inspiration religieuse.

Portugal
DANS LES TERRES DE LA MAURE ENCHANTÉE.
L'art islamique au Portugal. *200 pages*

Huit siècles après la «Reconquête», les villages de l'ancien *Gharb al-Andalus* perpétuent la légende d'une belle princesse mauresque dont l'enchantement était invariablement rompu par un prince chrétien : le souvenir artistique de la présence musulmane au Portugal s'exprime aussi par une subtile symbiose avec les techniques constructives et les programmes décoratifs de l'architecture populaire régionale. L'exposition fournit au visiteur une vision claire de cinq siècles de civilisation islamique (califale, mozarabe, almohade, mudéjare). De Coïmbra aux confins méridionaux de l'Algarve, palais, mosquées christianisées, fortifications et centres urbains témoignent de la splendeur d'un passé glorieux.

Turquie
GENÈSE DE L'ART OTTOMAN.
L'héritage des émirs. *252 pages*

Cette exposition privilégie les œuvres et les monuments représentatifs d'une époque majeure de l'Anatolie occidentale, véritable pont culturel et artistique entre les civilisations européennes et asiatiques. Aux XIVe et XVe siècles, la transition vers une société turco-islamique conduit les artistes des émirats turcs à élaborer les prémisses d'une brillante synthèse qui culminera dans un art ottoman extraordinairement productif.

Maroc
LE MAROC ANDALOU.
À la découverte d'un art de vivre. *264 pages*

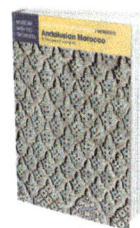

Dès le début du VIIIe siècle, l'islam marocain porte ses regards au-delà des colonnes d'Hercule et s'installe sur la péninsule Ibérique. Les deux rives partagent dès lors leur destin. De l'incessant mouvement d'échanges culturels, humains et commerciaux qui animera ce Maghreb extrême pendant plus de sept siècles naîtra l'un des plus brillants foyers de la civilisation musulmane, et un art authentiquement hispano-maghrébin qui a laissé des traces dans une architecture monumentale flamboyante, mais aussi dans un urbanisme et des traditions d'un raffinement extrême. L'exposition reflète la richesse historique et sociale de la civilisation andalouse du Maroc.

Tunisie
IFRIQIYA.
Treize siècles d'art et d'architecture en Tunisie. *312 pages*

Dès le IXe siècle, sans aucune rupture avec les traditions héritées des Berbères, des Carthaginois, des Romains et des Byzantins, Ifriqiya a été en mesure d'assimiler et de réinterpréter les influences de la Mésopotamie —à travers la Syrie et l'Égypte— et de l'Andalousie : une forme unique de syncrétisme abouti dont les témoignages abondent dans l'actuelle Tunisie, de la majesté des résidences beylicales de la capitale à la rigueur architecturale de l'ibadisme jerbien. *Ribat,* mosquées, médinas, zaouïas, *ksour,* et *ghorfas* jalonnent une terre pétrie d'histoire.

Espagne | Andalousie, Aragon, Castille La Manche, Castille et León, Extrémadure, Madrid
L'ART MUDÉJAR.
L'esthétique musulmane dans l'art chrétien. *320 pages*
L'art des Mudéjars (population musulmane restée en al-Andalus après la Reconquête) tient incontestablement une place singulière parmi toutes les expressions de l'art islamique : il est la manifestation visible d'une réelle cohabitation culturelle, d'une forme de compréhension entre deux civilisations qui, au-delà de leur antagonisme politique et religieux, vécurent une romance artistique féconde. Appliquant des schémas rigoureusement islamiques, les maîtres d'œuvre et artisans mudéjars, célèbres pour leur remarquable savoir-faire dans l'art de construction, ont bâti pour des nouveaux venus chrétiens d'innombrables palais, couvents et églises. Les œuvres sélectionnées, par leur variété et leur abondance, témoignent de l'exubérante vitalité de l'art mudéjar.

Jordanie
LES OMEYYADES.
Naissance de l'art islamique. *224 pages*
Après la conquête arabo-musulmane du Moyen-Orient, le siège de la dynastie omeyyade (661-750) fut transféré à Damas où la nouvelle capitale hérita d'une tradition culturelle et artistique remontant au moins aux périodes araméenne et hellénistique. La culture omeyyade a ainsi bénéficié du déplacement des frontières entre la Perse et la Mésopotamie, et entre les pays du monde méditerranéen : une situation propice à l'émergence d'un langage artistique novateur dans lequel le subtil métissage des influences hellénistiques, romaines, byzantines et persanes produit un ordre architectural et décoratif parfaitement original. À travers la diversité des oeuvres présentées, l'exposition fournit aussi l'occasion d'une intéressante réflexion sur l'iconoclasme.

Égypte
L'ART MAMELOUK.
Splendeur et magie des sultans. *236 pages*
Sous la domination mamelouke (1249-1517), l'Égypte devient un opulent centre de passage et de routes commerciales. De grandes richesses arrivent au pays. Le Caire est l'une des villes les plus puissantes du bassin Méditerranéen, l'une des plus sûres et des plus stables. Des érudits du monde entier viennent s'y installer, attirant à leur suite disciples et étudiants. L'architecture et l'art décoratif mamelouks témoignent de la vitalité commerçante, intellectuelle, militaire et religieuse de la période. Caractérisées par une élégante et vigoureuse simplicité, dont la pureté des lignes approche les canons modernes, les œuvres sélectionnées entre le Caire, Rosette, Alexandrie et Foua représentent l'apogée de l'art mamelouk.

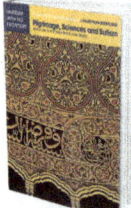

Autorité Palestinienne
PÈLERINAGE, SCIENCES ET SOUFISME.
L'art islamique en Cisjordanie et à Gaza. *254 pages*
Sous le règne des dynasties ayoubides, mamelouke et ottomane, d'innombrables pèlerins affluent en Palestine de tous les horizons du monde musulman, et ce fort courant de religiosité donne un essor décisif au développement de la pensée soufi à travers les *zawiyas* et les *ribats* qui se multiplient par tout le pays. Accueillant les plus grands érudits, de nombreux centres d'études jouissent d'un prestige considérable et favorisent l'épanouissement d'un art raffiné qui conserve encore aujourd'hui tout son pouvoir de fascination. Les monuments

et l'architecture islamique proposés par l'exposition, reflètent clairement ces dimensions majeures de pèlerinage, de la science et du soufisme.

Italie Sicile
L'ART ARABO-NORMAND.
La culture islamique en Sicile médiévale. *328 pages*

Au centre de la Méditerranée, la Sicile est une terre de rencontres où diverses cultures se sont rencontrées et modifiées avant d'atteindre une nouvelle harmonie. Uniques dans le panorama européen, les réalisations architecturales arabo-normandes sont aussi relativement différentes de celles rencontrées dans le monde islamique. L'exposition les présente sous l'angle de leur unicité, et propose des codes d'interprétation permettant de les identifier. Le visiteur attentif n'en apprécie que mieux l'admirable fusion d'éléments issus des sphères culturelles byzantines, arabe et normande en œuvre dans cet art, aussi spécifique que raffiné.

Algérie
UNE ARCHITECTURE DE LUMIÈRE.
Les arts de l'Islam de Algérie. *252 pages*

Le patrimoine artistique de l'Islam au Maghreb central est lié aux événements cruciaux qui ont marqué l'histoire de l'Algérie, depuis l'essor des mouvements religieux dissidents et le règne des grandes dynasties, en passant par le rôle des grands axes de commerce et de pèlerinage et jusqu'à la présence ottomane dans les cités du pourtour méditerranéen. La synthèse des influences arabe et berbère, africaine, andalouse et orientale a façonné des modèles artistiques et architecturaux qui s'expriment dans la pureté et l'harmonie de l'architecture ibadite, des mosquées almoravides et des palais ottomans sur la côte.

Syrie
THE AYYUBID ERA.
Art and Architecture in Medieval Syria. *288 pages*

Ce nouveau guide de voyage MWNF a été conçu peu de temps avant le début du conflit. Par conséquent, tous les textes se réfèrent à la situation antérieure à la guerre ; ils n'en expriment que davantage notre espoir de voir la Syrie, une terre témoin de l'évolution de la civilisation depuis les débuts de l'histoire de l'humanité, redevenir rapidement un lieu de paix, et le fer de lance d'un renouveau véritablement pacifique pour toute la région. Au cours des XIIe et XIIIe siècles, Bilad al-Cham est le fruit d'un programme stratégique de reconstruction urbaine et de réunification parfaitement élaboré. Au milieu d'une période d'instabilité et de fragmentation, l'Atabeg Nour al-Din Zangi sut imposer un leadership visionnaire pour rétablir les villes syriennes dans leur rôle de maintien de l'ordre et de la sécurité. Après sa mort, son plus brillant général, le Kurde Salah al-Din (Saladin), assuma le pouvoir et mena à bien l'unification de l'Egypte et de Cham en une force unique capable de reprendre Jérusalem aux Croisés. L'empire ayyoubide, en plein essor, poursuivit la politique de mécénat. Bien que d'une durée très brève, cette période a marqué la région d'une empreinte durable. Son esthétique architecturale immédiatement reconnaissable – d'une robuste et austère perfection – a survécu jusqu'à aujourd'hui.

www.ingramcontent.com/pod-product-compliance
Lightning Source LLC
Chambersburg PA
CBHW052231230426
43666CB00035B/2636